大生

爱国实业家张謇的奋斗人生

燕　杰◎著

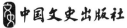

中国文史出版社

图书在版编目（CIP）数据

大生：爱国实业家张謇的奋斗人生 / 燕杰著． —北京：
中国文史出版社，2023.12
　ISBN 978-7-5205-4579-2

　Ⅰ.①大… Ⅱ.①燕… Ⅲ.①张謇（1853-1926）—
生平事迹 Ⅳ.①K825.38

中国国家版本馆 CIP 数据核字（2023）第 245555 号

选题策划：陈红晓
责任编辑：梁　洁　　　　　装帧设计：程　跃　王　琳

出版发行：中国文史出版社
社　　址：北京市海淀区西八里庄路 69 号　　邮编：100142
电　　话：010 - 81136606　81136602　81136603（发行部）
传　　真：010 - 81136655
印　　装：廊坊市海涛印刷有限公司
经　　销：全国新华书店
开　　本：787mm×1092mm　1/16
印　　张：19
字　　数：263 千字
版　　次：2025 年 3 月北京第 1 版
印　　次：2025 年 3 月第 1 次印刷
定　　价：72.00 元

目 录

第一章　恩科状元

四十一岁取得了仕途的敲门砖，是喜？是悲？

一

初夏的上午，南通城的一户人家门前热闹非凡。

那还是光绪二十年（1894），大街上锣鼓一阵阵上演，就像今天唱戏的大舞台，张彭年带领全家接圣旨。虽已接近半晌，但整个南通城还蒙有淡淡的薄雾，一股神秘的色彩掺杂在喜悦的气氛中。

张彭年看上去七十来岁，是一家之主。虽然头发几乎全白，脸上布满皱纹，但也可以看出年轻时俊朗的轮廓。有些病态的身躯，透露出曾经饱受沧桑。后面，依次是妻子葛氏，儿子张誉、张暮、张詧、张警……

这件事还得追溯到这年阴历年初，张詧督办慈禧太后六十寿辰庆典贺礼，随员进京，得知开恩科考试。

消息一准属实，张詧就快马加鞭奔回家里，顾不得满身风尘告知父亲："父亲，今年增设恩科考试，愿弟进京应试。"

张彭年大喜，觉得上天又给了儿子一次机会，随嘱咐道："长春（张詧原名）啊，一路劳累了，你先去歇息歇息，我找四儿谈谈。"

正值这年朝鲜又燃战火，日本国有吞并朝鲜之嫌。张謇从袁世凯那儿得到这一消息，愤恨不已，流下了不甘的眼泪。为自己不能前往杀敌，充满愤怒和愧疚。对于父亲走进来，毫无觉察。

父亲看见张謇正在奋笔疾书，眼角还挂着泪，不知发生了什么。走过去拍了拍张謇的肩膀，张謇回过头来，拭着泪说："父亲，您啥时过来的？"

"我刚刚走进屋，见你写字没打扰你。写的什么啊？"

"哦，朝鲜又燃战火，日本国明目张胆地出兵朝鲜，视我们大清若无物，可耻可恨！"

张彭年向前一步，见宣纸上写着：

暗淡江天血雨飞

逐权鼠眼病唯巍

清愁蔓目无人说

折戟沉沙话突围

张彭年沉默了一会儿，他理解儿子志向高远，这更加笃定了他让张謇参加应试的决心，说："今皇恩浩荡，增设恩科考试，吾儿尚年轻，还可一试。"

张謇皱起眉头，低眉垂首道："父亲，自从上次折戟沉沙，应试之具都已毁，我已无意科举仕途。"

"儿呀！潘、翁二公一直提携，怎辜负贵人之意？为父之愿，也是你高中魁元呢！"

张詧就立在门外，虽然父亲让他休息，但他心中确实放不下，听见张謇不想前往京城应试，轻挪脚步走进来，立在父亲左手侧，面对张謇说："四弟，父亲之意我也赞成，希望还是参加恩科考试为好，以完成一生的夙愿。"

"父亲？三哥？"张謇欲言又止，沉默了一会儿，说："父亲！三哥！我去就是了。"张謇看着父亲由紧蹙转为舒展的双眉叹了口气。

入夜，张詧为张謇精心准备行囊，考试用具现买就得耽误一天行程，但还是和张謇商量明天尽量给他备齐。

张謇笑了笑说："三哥，这应该是我最后一次考试了，重新买一套考试用具，既浪费时间又浪费银两，我去朋友家借一套就行。"

"那怎么行呢？借来的不一定趁手，还是买一套吧。"

"三哥放心，早年同学李良臣和我考试用具是一样的，他已去县衙当差，我明天一早借来就是了。"

"那样也好，如不成，我再去置办。"

张謇虽然无心应试，但已答应父兄，就要认真对待。一大早，他估摸着李良臣还得一个多时辰去衙门，就梳洗了一番，穿上一件蓝色长袍，脚蹬一双黑色圆口布鞋，白色布袜外面扎了裤腿，整个人显得干净利索。张謇虽没有几身换洗衣服，但都铺整得整整齐齐，这是他做幕僚多年养成的习惯，毕竟是在官府做事，不能怀有随随便便的心态，那样会让同僚看轻。张謇原本就很帅气，国字脸上一双眉毛如玄月，浓郁而弯曲，大而漆黑的眸子包在双眼皮里，透着俊气，鼻梁挺直，下颌圆润，嘴巴恰到好处，一看就让人亲近。

走出家门向南五十米是大街，这五十米虽然是一巷子，但西边一户人家已搬走，是一闲置宅院，宅院里生长着几棵桂花树。虽说在南通宅院里种植桂花树的人家很多，但这几棵树有些年岁了，足足有十几米高，一到中秋时节，丛桂怒放，清可绝尘，浓香远溢，堪称一绝。有几雅士，夜静月圆之时，常常置酒赏桂，有时张謇也在其列，那真是陈香扑鼻，令人神清气爽。又加上这户人家，已搬至江苏苏州，只有一个老仆人留下打理，而老仆人又善结人缘，所以，赏桂之人也放浪形骸，饮酒作诗。"丹花声鹊俏，九月若冰明。……"五律、七绝常常飞入巷子，让人驻足观望。张謇已几天未出家门了，忍不住向几棵露出围墙的桂花树多看了几眼，真是"有木名丹桂，四时香馥馥"。虽是初春，但还是禁不住猛吸几口。

街上几家不大不小的布店正在营业，张謇心中有种怪怪的感觉，仿佛前世自己就是一家布店老板，而且生意还很红火，布卖到很远很远的关东。一没注意，脚下被一东西绊了一下，他收回神来，低头一看是一只鞋子，刚想抬头看怎么回事，一蓬头垢面者捡起来就跑了，张謇摇了摇头，苦笑了一下，继续向前走。大约走了一千多步，一个哑巴在那儿比比画画，衣服破烂，面容消瘦，一看就是忍饥挨饿的那种。张謇心口有点发堵，眼睛有些潮湿，他的理想似乎在大脑意识外打转儿，模模糊糊没有具体的影像。

李良臣家，正准备吃早饭。这是一家四合院，虽不奢华，但也透着古韵，说明李良臣家祖上还是比较殷实的，推门进来的那一刻，张謇感到的是浓郁的烟火气，不用说大家也会猜着，这家人丁兴旺，齐头巴脑围了一桌，十口人。

见张謇进得门来，李良臣赶紧招呼："季直兄来了，吃过了没有？"

张謇赶紧回礼："良臣兄，叨扰了！"

"快，堂屋里坐。"

"哈，不坐了。我来是借您考试用具一用。"

"哦，您这是？"

"啊，是这样，今年增设恩科考试，我想进京会试，怎奈考试用具已毁，所以借用一下您的。用完当奉还。"

"真的啊！恭喜您啊！"李良臣两眼发亮，露出羡慕的亮光。他只是个秀才，当然没资格进京会试，但并不妨碍他羡慕张謇。

张謇苦笑道："良臣兄也晓得，我已无意科举。这都是父亲大人的意思，我也不能忤逆。这不，用具都得借用了！"

"季直兄之高才响彻江南，谁人不知？谁人不晓？并且坊间多传潘、翁二公更是举贤若渴，这次一定高中！"

"借良臣兄吉言，耽搁您吃饭了。"

"看季直兄说的。香莲啊，把考试用具拿给季直兄。"

不一会儿，李良臣的妾室香莲把考试用具交到张謇手中。李良臣一直送到大门外，羡慕的亮光一直没有消失。张謇笑了笑，又摇了摇头，折回家去了。

张詧正在家焦急等待，见张謇进门，就接过考试用具，仔细检查。张謇说："三哥，您不用查了，我了解良臣，这考试用具就像他的命，他一定保存得完好，一有考试会第一时间用上。如果我久不归还，他会新置备一套的，到时候望三哥给他折成银两。"

"我也了解他，也就是你能借到，换作别人未必能出借啊！"张詧笑着说。

"我这江南名士的头衔，也不是白给的。总会给些面子吧。"张謇拍了下额头去见父母双亲。这要离家了，他要给父母磕个头。

一辆马车已停在大门口，一个敦实的车夫正在用玉米秸喂马，一木桶井水放在一边，车夫问张詧："三先生，可有烧开的水？"

张詧说："何用？"

"噢，饮牲口。"

张詧一愣，"用开水饮牲口？"

"三先生有所不知，这井水太凉，对上点开水，叫阴阳水。这水呀，牲口喝了不生病。"

"噢，是这样啊。"张詧转身取了一壶开水给车夫。这次进京，张詧和张謇同去，一来好有个照应，二来张詧还有公务在身，这次他是请假回来的。行李很简单，除了换洗的几身衣裳，再就是日常花销的银两了。

太阳露出红彤彤的脸，阳光穿过宅院，透过门洞，洒到巷子里。两棵高达4米左右的蜡梅，花影在晨风中时疏时密，偶尔晃下几滴露珠。大门并不气派，两扇敞开并不阔的黑漆门，正中一个红圆心，在蜡梅树荫罩盖下显得有些古朴。没有守门的石狮，门旁倒是有一块垫脚的青色方石。方石上有茶壶和茶杯，是施给过路人解渴的，茶壶放在围了毛巾的小竹筐里，车夫看了有些感动，知道这家人家行善积德。晨光清爽宜人，看来又是一个朗朗的晴天。

其实，大哥张誉和二哥张蓍也来送张謇了，虽说已分家，当然那是在张家最困难的时候。但如今不同了，张謇已是名士，又是权贵争相笼络的人才，两位哥哥也盼着张謇飞黄腾达，毕竟手足情深。

家里没有仆人，张彭年自然嘱咐车夫，路上多留心。车夫诚心诚意道："老太爷放心，这紧赶慢赶得半月的行程。如若三先生、四先生路上还有巧遇，拜访友人，就说不准了。不过，去京城的路，去年冬天还跑过，还算安全。"

"啊，安全就好！安全就好！"葛氏看着哥俩禁不住拭泪，每次哥俩离家，她都会难过一阵子，虽说不是亲生的儿子，当娘的还是放心不下。

他哥俩已习以为常，也不多劝，拜别双亲后，嘱咐车夫出发。车夫吆喝："驾——得儿，驾——得儿……"又甩了几下清脆的鞭梢，纵身一跃坐到了前辕上。徐端默默地转过头，心里有些许不舍，丈夫常年在外奔波，膝下又无子嗣，更让她有些凄凉。

走出了几百米，张謇挑开帘布向后看了看，心中升起些许的愧疚，这么多年了，自己一直在考试路上奔波，四次会试都名落孙山，连累父亲备受煎熬。自己考试，倒是父亲和三哥意志更加坚定，对自己的信心更是超乎自己的预料。他不知道这时三哥心里正七上八下，这是张謇最后一次机会了，如果不中，科举这条路就彻底堵死了。这么多年来，四弟付出了多少努力，是常人的几倍，为的什么？不就是为了高中魁元嘛。从一上车，他就默默地为四弟祷告，盼着老天保佑。

当然，张詧更是佩服四弟，虽说读书很苦，但他从没放弃，起五更爬半夜，一直下苦功，即便决定放弃会试，也没有放弃读书。再一个，他能淡然放下，更能让人佩服。更让他敬重张謇的是，张謇在读书的同时也成长为一名享誉全国的干实事的江南名士。

由于潘祖荫、翁同龢二公极力提携张謇，几次想点他为状元，反而事与愿违，适得其反，闹出了许多乌龙，这是张謇决定放弃会试的直接原因。光绪十一年（1885），张謇终于在乡试中考中了第二名举人。此后张謇开始参加礼部会试，向科举的最高阶段进发。很富戏剧性的是，当时翁同龢、潘祖荫两位位高权重的贵人对他着力延揽，在礼部会试中暗中识别他的卷子，结果却连着三次误认了别人的卷子，将别人取中。光绪十五年（1889），张謇参加会试，结果一心想取中他的考官们将无锡孙和的卷子认作张謇的，孙和考中而张謇落第。潘祖荫因此气愤不已，拒绝接受孙和的拜见。光绪十六年（1890），第三次会试，这次陶世凤的卷子被误认了，结果陶世凤考中会元，张謇又落第。光绪十八年（1892），第四次会试，考官们又误认了刘可毅的卷子，张謇再次落第。这一桩桩一件件让张謇觉得会试索然无味。对这些乌龙事件，传闻也很多，大多是二位老师是不是真心点中张謇，还是另有蹊跷？大凡张謇未考中，满足一下虚荣心，会不会传出小道消息？这是皇帝眼皮底下，状元乃殿试产生，潘、翁二公再属意张謇，用脚趾头想想也断不可能做此事啊！其真实内幕只有潘、翁二位心里明白是吧？就连张謇也在云里雾里吧？

　　天渐渐黑下来，马车进入了如皋县城。一看见如皋县的城门楼，就勾起了张謇的悲伤往事——冒顶族籍之事。张謇自幼聪颖好学，为的就是考取功名。同治七年（1868），张謇准备考秀才，家里人都高兴得像过年，苦读这么多年，终于盼到有出头之日。张彭年嘱咐张詧割肉置酒，办了一桌好菜，专门庆祝张謇到了能报名考试的年龄，言语之间充满了兴奋和爱怜。

　　但没想到的是张謇被认定为"冷籍"。过去的科举考试，最初的一步叫"小考"，考生的三代之中没有做过学官或者进过学的，那么他的子弟就不能随便去考，要么多交许多考试费用，要么就要"认保"。当时，如果张謇前去应考，就必定找同族人中有资格的或是廪生去承认，叫作认保；同时学使又怕发生弊端，再有同县廪生连环出保，这叫"派保"。其实这二层关键就是限制。当然，有许多人，就假此留难、弄钱、行贿，一些不良行为，便滋生出来。

　　张謇十四五岁时，远近同族中都晓得他读书优秀，必定考试需要"认保"。大家都认为机会来了，不约而同都想捞一笔。当时族人中人品比较高一点的两家要来"认保"，张彭年没有立刻答应，而是和张謇老师商量，老师怕他们趁机敲诈钱财，没有赞成。经他介绍认识了如皋人张驹，讲好价钱，让张謇认他为一族，到如皋去考。可张謇到如皋后，张驹改变了主意，他看张謇很有前途的样子，就让他改名张育才，认张驹作祖，以张驹孙子的身份冒名参加考试。

县州院各试，张謇都考过了。这时候，张謇父子感觉冒名顶替大为不妥，想更正此事。可这时张驹父子却变了脸，百般敲诈，勒索钱财，成了填不满的沟壑。最后，张彭年实在忍无可忍，只好撕破脸皮。张驹父子敲骨吸髓的伎俩无法得逞，就将张謇告上公堂，甚至索性把张謇软禁在学宫居仁斋里，说张育才忤逆不孝，还要革去秀才，下狱问罪。

有一次，张驹和儿子一起来到张謇家，狮子大开口，让张彭年拿出150两白银，说是张謇冲撞他的赔偿金。张彭年手头也没多少钱，说是给他借借凑凑，并且说跟张謇聊聊，让他少惹是生非。张驹想给张彭年一个下马威，为以后继续敲诈钱财容易得手。就跑到如皋县衙诬告张謇，说他大逆不道，违背伦常。那年头和现在不一样，"孝"被认为是科举考试中的必备品行。在科举制度之前，也就是隋唐以前，录用官员的方法叫"举孝悌"。那些非常孝敬父母的人，尊敬长辈的人（孝），敬爱兄弟或晚辈的人（悌），就会受到同乡长老级的人物推荐，有可能去衙门里做官。

隋唐以后，虽然科举考试代替了"举孝悌"制度，但是，孝仍然作为科举者必备的资格，跟考试成绩一样重要。如果某人一旦被打上"不孝"的标记，考试资格就会被取消。正因为如此，"不孝"也就成了张驹敲诈的撒手锏。

就这样，张驹轻描淡写的一句话，如皋县衙就派出捕快捉拿张謇过堂。张謇听到这个消息，立刻逃跑了。张謇知道只要被捉到县衙，大堂上一跪，先招来一顿打，那是不问青红皂白的。他没有往家跑，因为他知道捕快一定在家门口等着。趁着夜色，直奔顾家埭，一路逃亡到朋友顾延卿那儿。岂料屋漏偏逢连阴雨，出门不久大雨就哗哗下个不停，狂风暴雨的黑夜里，他分不清地面与水面，失足掉进了护城河里，河里的泥水没到腰，在河里每移动一小步都扭动全身，并且辨不清河岸，向前移动几步，向右移动几步……上天还是眷顾，几经挣扎，爬出了烂泥坑，最终逃到了朋友家，躲过了这场灾难。两人相见感慨万分，张謇当场写了一副对联："半世仇人张世德，一生知己顾延卿。"

这次逃难令张謇心有余悸，三里多的路程，他足足走了四个时辰，估计没少走弯路。等到了朋友家时，双脚全是血泡。风吹雨淋后，他着了凉，大病一场。好歹是挚友喂水端饭照顾了十几天，病才勉强好了，差一点儿就耽误了考试。

这次经历与另一次逃难的经历相比，跑了四个时辰还是小事。另一次，张驹用了同样的手法。为了逃避追捕，张謇一下子跑到一百三十里以外，差点儿把腿跑断了，仗着有时干点农活，身子骨还算硬朗，要不真的折了小命。

最后，张謇实在没有办法，不愿再忍受欺辱，乃上呈学官，详叙被骗、被逼、被辱的种种事实和苦衷，请求矜怜成全。这件事终于引起了他求学的海门书院领导重视，山长王崧畦和训导赵菊泉认定张謇是个好学生，是可造之材，内心充满了十二分的同情，一直找到知州孙云锦府上，孙云锦做出了一个改变张謇一生命运的决定，亲自出面调停，并上报江苏学政彭九余，彭九余冒着风险向礼部行文。1873 年，礼部才批复：张謇重填履历，恢复原籍，与如皋县脱离关系，成为一名通州秀才。这件事幸亏得到学使知州孙云锦和各位师友的惜才相助，一层一层地逐级呈核、咨转、疏释、证明，五年后张謇才得以回归本籍。

一想起这事，张謇就如鲠在喉，如今又进如皋县，不能不悲从中来，问车夫："海安离这儿还有多少行程？"

"四先生，海安还有大约五十里。天色已黑，我们已赶了一百六七十里路了，就在如皋县城落脚吧。"

张詧理解四弟，那段心在滴血的岁月，很难放下。就对车夫说："受些累，到海安住下吧。明天我们晚走会儿。"

车夫为难地说："三先生，不是我不愿意继续赶路，照这样赶夜路，到海安就得下半夜了，再说夜路也不安全啊。"

张詧又说："其实，我们又没带多少银两，三个大男人，没啥可劫的。"

车夫见张詧没言语，也不好再说啥。虽说心里不愿意，但还是唱道："好咦！驾——得儿……"

夜晚的月光亮得出奇，不远处惊起几只大鸟。

"站住！"

车夫正专心赶路，马蹄声"嘚嘚"的响，没想到被树林里跑出来的十几条黑影拦住了去路。

车夫吓得一哆嗦，立马逮住缰绳，跳下车来。张詧也大吃一惊，他署理贵溪知县，和如皋、海安几县也有往来，没有听说这一带闹土匪啊，怎么就让他们碰上了呢？再说，这要是被劫了，张謇会耽误会试。张詧一下子紧张起来，心都提到嗓子眼了。张謇也睁开一直在养神的双眸，掀开帘布跟在张詧后面走出来，车上高挂的马灯照亮了他的脸。

领头的土匪已走近马车，抬眼注视着张謇，愣在那儿，过了好一会儿叫出声来："四先生！您是四先生！"

张謇看着脸上蒙着黑布的土匪，愣在那儿，"你是？"

"我是秦大力，您不记得我了？"带头的土匪摘下脸上的黑布。

"秦大力？"张謇在脑海中搜寻了一遍，忽然记了起来：当时，袁世凯投奔吴长庆的时候，带着十几个散兵游勇，说是他的哥们儿。吴长庆怕他影响庆字营军纪，不想收留袁世凯，但碍于和其嗣父袁保庆是换帖兄弟，又抹不开面子。正在左右为难之际，张謇见袁世凯长相英俊魁梧，就出主意让袁世凯留下，把他的那些随从发放路费遣散。有一天午饭时分，袁世凯面色慌张地找到张謇说："有一件天大的事，请先生想法子帮帮忙。"

张謇满脸疑惑地问："是什么事？"

袁世凯说："我带来的几十个旧部，并没有走开，而是一直住在破庙里，如今连饭都吃不上了，先生看怎么好？"

张謇发现袁世凯对朋友有情有义，就帮他再次和吴长庆说情，拿了钱分给这些人，劝说他们回家乡了。这些人目睹张謇两次拿钱给他们，从内心敬重张謇的为人，同时，又见袁世凯非常敬畏张謇，所以就对张謇产生了敬畏之心。

"噢，你们是慰亭的朋友啊！"

"啊，四先生可别这么说啊，我们是袁统领的旧部。"

"你们这是？"

"噢，弟兄们吃官粮习惯了，不愿意回家种地，再说家里也没地可种，就到处游荡，没想到在这儿遇上您了。"

二

张謇三人受了不小的惊吓，要不是巧合中的巧合，可能要被洗劫一空了。这让张謇也不敢再固执己见，只在白天赶路。又赶了三天路程，太阳还挂在西天，一行三人进了盐城。盐城离建湖还有八十里呢，也就不急着赶路，张謇也想看一看盐城的风景。

盐城最有名的客栈是大吉生，张謇一行并没有住进大吉生，而是选择了它旁边一家不大的客栈。这家客栈装饰古朴，很有江南风味，它能够在大吉生旁边生存下去，价钱合理就不必说了，很重要的一点就是特色。

一进门，店小二就跑过来，把桌子重新抹了一遍，说："客官，住店？还是吃点什么？"

"来三间客房，窗户邻街的。"

"好咧，客官这是要看街景啊，你们还真是找对地方了，小店处在最繁华的地段，三楼客房无死角，但只有一间。二楼也不错，还有两间。楼上请。"

这一路上，张謇让车夫一块儿跟着吃饭，也给他安排了一间客房。一开始车夫一再推辞，但看张謇不是普通人，哥俩没有一点架子，也就千恩万谢地答应了。

放下行李，小二端上洗脸水，洗漱完毕，张謇打开窗户。尽管太阳已接近远处的西屋脊，街上却依旧热闹非凡。有推车的，有挑担的，有匆匆赶路的，也有东张西望的……张謇正要下楼吃饭，远远看见从西边走来一队人，打头的非常面熟，仔细看来，正是沈敬夫。这沈敬夫也是张謇的故交，字燮均。早年敦朴向学、刻苦攻读，以图仕途。1860年左右，沈敬夫将祖上家产让与其弟，来海门江边垦荒，逐渐聚有田产，后又在姜灶建造宅邸。通海地区生产棉花，家家户户以纺织土布为生计，需要布商参与流通搞活发展。眼见有利可图，沈敬夫便放弃举步维艰的科举仕途下海经商，做起了土布生意，成为海门巨商，是南通创立同心红大牌的恒记布庄大老板。

清乾隆七年（1742），原科举制度选拔秀才进入国子监深造由7年一次改为12年一次。此后很长一段时间，海门很少有人被选上去京师国子监深造。1872年起两年间，沈敬夫等海门乡贤请求增加拔贡。当时张謇已为名士，沈敬夫拜会张謇，两人一见如故。当沈敬夫说明来意，张謇毫不推辞，连续两年鼎力支持沈敬夫，一起向江苏督学黄瑞安争取，终于得到黄瑞安的支持，同意增加学额和贡生名额，海门走科考之路的人才看到了希望。从此，张、沈两人结下友谊。

另有一事使他们友谊更进一步。随着通海家庭纺织业的兴起，布商逐渐壮大，官府眼红，加重了"厘捐"收费，导致布商亏本，布业日衰。万般无奈，众布商公推德高望重、一言定曲直的沈敬夫与官府交涉，申请减捐。可费了九牛二虎之力，官府仍毫不让步。无奈之下，清光绪九年（1883），沈敬夫又上门向张謇求助。张謇对其促进地方产业之举所面临的困境十分同情，随即亲笔写了《呈请代奏核减海门花布厘捐禀》，言之凿凿，据理力争，历经数年努力，方得遂愿。这件事，让沈敬夫更加敬重张謇的人品。

张謇没想到沈敬夫也在盐城，赶紧收拾一下走下楼来，来到街上。可街上已没了沈敬夫的踪影，一盏茶的工夫，去哪儿了？张謇若有所思地走回客栈，张謇和车夫已坐在桌旁等他。

"四弟啊，你刚才去哪儿了？"

"我在楼上看见了沈敬夫，等到街上又不见了。"

"啊，沈兄也来到盐城了。我想他应该住进大吉生了吧。"

"对呀，应该是。"

"要不要邀他过来？"

"不了吧，那会又让他破费。吃过饭，我们过去拜访一下就是了。"

"客官，小店的东台陈皮酒地道得很，伍佑醉螺也是特色。"

"好，来一壶。再来一盘醉螺。听说本地的炒干丝也很正宗，也上一盘。再上一盘锅贴。"其实，晚餐很少点锅贴的，但张謇节俭惯了。再说吃过饭还要拜访沈敬夫。

"陈皮酒、伍佑醉螺来了！"店小二唱道。

张謇给张謇斟上一杯，也给车夫倒了一杯，自己也满上。车夫搓了搓手，一脸喜悦，跟着哥俩吃住都上了档次，要不然自己打算睡马车上，多省下几两银子。没想到这趟进京成了美差，掉福窝里了。看着橙黄晶莹的陈皮酒，眉梢上挂上媚态，也许他觉得这是感激。一杯酒下肚，车夫滋溜一声，然后咂巴咂巴嘴，没说什么。倒是张謇说道："这酒稠绵醇厚，香味独特啊！"

张謇也舒展眉宇道："落口甘畅，余味悠然。"

正在旁边忙活的店小二转过身说："这陈皮酒啊，集黄酒、药酒之优点，理气开胃，舒筋活血啊。以东台产地最为上品。"

车夫又咂巴咂巴嘴，感觉这酒甜丝丝的没多大劲，嘟囔了一句："就是劲头小点！"店小二不知实情，既然是同一桌，想来不是哥们也是朋友，就说："小店也有劲大的五醍浆，客官来一壶？"

张謇看了看车夫，也不只是喝酒的原因，车夫的脸红了，一阵慌乱，不停地搓手。

"店家，再上一壶五醍浆。"

"好咧！一壶五醍浆。"

车夫这会儿坐立不安了。

张謇先给车夫斟上一杯，又给张詧斟上一杯，自己也斟了一杯。车夫竟然流下了泪，用衣袖拭着泪哽咽着说："四先生、三先生，我——"

张詧说："老把式啊，我可听说这五醍浆有200多年酿酒史了，与双沟、汤沟、高沟、洋河并称江苏五大名酒，俗称：三沟、一河、五醍浆。"

张謇豪爽地说："来，喝！"

车夫也不再虚让，端起酒杯放在鼻息处闻了闻便一饮而尽，感觉绵甜爽净、柔和纯正，咂摸咂摸嘴，又感觉窖香浓郁、回味悠长。车夫禁不住又抹了一把泪。其实啊，这车夫赶了有三十年的马车了，就好喝点酒，尤其是好酒。今日四先生能赐其如此美酒，在他心里真如洞房花烛夜……

张謇也不是生在富贵人家，因为求学，从小吃过很多苦头，今见车夫如此情景，刺痛了柔软之处，索性问道："店家，有什么特色好吃的？"

店小二赶紧走过来恭维地说道："爷，小店有草炉饼、杨五香肠、东台鱼汤面、奇园蟹黄包、野鸭灌汤包、大冈脆饼、伍佑糖麻花……"

张謇笑了，"拣几样最具特色的每样来一点，饱饱口福。"

"好咧！"店小二麻麻利利地忙去了。

饭饱酒微醺，车夫唱着小曲儿去查看马儿的情况，顺便再加点夜草。张謇和张詧一块儿踱步向大吉生酒楼走去。都到了掌灯时分，街上依旧人来人往，非常热闹，灯光在月华初上的时候更加明亮显眼。离大吉生只有一条巷子，但还是有几个端着破碗的乞丐跑到他面前乞讨，张謇毫不犹豫地施舍了些铜钱，衣不遮体的乞丐与这金碧辉煌的街道很不和谐，尤其是近在眼前的大吉生更是显示出强烈的反差，这让张謇的心有些触动。

进大吉生的门来一打听，果不其然，沈敬夫正在雅间用餐。再往里走，另一跑堂的早已告知沈敬夫，沈敬夫赶紧走出雅间相迎，老远就拱手寒暄："季直兄、叔俨兄，真是他乡遇故知啊！"

张謇、张詧赶紧还礼道："燮均兄，好久不见了，没想到在这儿相遇啊。"

"快，快，里边请。小二！撤席换席！"

"啊，慢着！燮均兄，我们已用过饭了。真的打扰了！"

"这样啊，我们也刚用完餐。那就喝茶叙叙旧吧。"

"燮均兄，夜晚天气还算凉爽，我想邀您在盐城的大街上走走。"

"啊，我也正有此意，虽然路过盐城几次，却没仔细瞧过。"

沈敬夫是做土布生意的海门巨商，也是同心红大牌的恒记布庄大老板，这次结伴而行的自然也是做土布生意的同行，不等张謇询问，也都自己报了名号，分别是鼎茂、天和等几家，他们这是一块儿结伴去关东。通州城内，几乎家家织布。农闲时，四乡的织户夜间就载布入府，各布庄行天未亮就纷纷点火交易，形成通州城早府的一大奇观——火庄。狼山一带，更是机杼之声不绝于耳。土布的行销为外路客帮垄断，形成威震一方的庄号行帮。北销关外的关庄布，坐断东三省布业霸主地位已达百年，销量年达几百万匹。这几位老板就是关庄布的大巨头，这次就是结伴前往关东继续巩固府场的。

春、秋两季，盐城上午以东南风为主，下午以西北风为主。这会儿正是初春，夜晚还是西北风，风里带有丝丝寒意。虽说大街上红色的灯笼高挑在门两侧，店铺的窗户里透出浓浓的灯光，但行人已明显减少，乞丐也不知躲到哪儿去了，也许去享用一天乞讨来的几个铜板吧。这貌似安静下来的夜晚，勾起张謇的许多心事，他慨叹道："背灯和月就花阴，已是十年踪迹十年心。"

"季直兄，此次会试定能高中魁元，一了您苦读的心愿。"

"燮均兄，您是了解我的，我心已凉，无意功名，只是不敢忤逆父兄心愿罢了。"

"季直兄心性高洁，学问精厚，这次恰逢恩科，是上天恩赐，定能遂愿。"

"'丹墀对策三千字，金榜题名五色春'。可现在不这样想了，倒是想在家乡做些实业。"

"季直兄有此想法？"

"日本国乃一岛国，却屡屡窥视我大清，实乃民富国强。富民才能安邦，要想富民就要办实业。而中国振兴实业，其责任须在士大夫。"

对于张謇学而优则商的想法，沈敬夫也着实吃了一惊。自己当年弃学从商，实属无奈，可张謇不一样，他是江南名士，科举中的佼佼者，又是翁、潘二公提携的人物，能这样看得开，真让人心生佩服。接下来二人又谈论了盐城的一些风土人情，盐城从西汉武帝元狩四年（前119）建立盐渎县，当时这里遍地皆为煮盐亭场，到处是盐河，"渎"就是运盐之河的意思。东晋安帝义熙七年（411）时更名为盐城县，以"环城皆盐场"而得名。盐城历经了两千多年的历史沉淀，处处散发着浓郁的海盐文化。以盛产"淮盐"而享誉华夏，古称"淮夷地"。早在战国时期即"煮海为盐"，《史记》载"东海有海盐之饶"。秦汉时则"煮海兴利、穿渠通运"，已成为渔盐兴旺之地。唐时，"甲东南之富，边饷半出于兹"的淮南盐场，仅盐城就有"盐亭一百二十三所"。唐宝应年间，境内设有海陵监、盐城监，每岁煮盐百余万石，其时盐城已成为东南沿海重要的盐业生产中心。这次路过，也让张謇产生了煮盐的念头。盐利之丰厚，少有可及之行业啊。

大街上逛了大约一个时辰，二人后又置茶谈至深夜，张謇和张詧方回店休息。第二天，沈敬夫一行朝着滨海方向一路向北去，张謇三人却向着西北方向的建湖县奔去。一路上经过淮安、泗阳、徐州、微山到达滕州，进入山东地界，又赶了两天多路程到了曲阜。曲阜，东连泗水，西抵兖州，北望泰山，山清水秀，真真是个好地方，难怪圣人会在这儿诞生。这座城是明代以孔庙为中心建成的，北、东、南三面环山，泗河、沂河汤汤流过，敬畏之心油然而生，张謇也不例外，何况他是读书人。

张謇和张詧沐浴更衣，太阳跃到三尺竿头的时候前往孔庙祭拜。在尊师重道方面，张謇和张詧从小就受到张彭年的影响，张彭年让张謇兄弟对待老师宋郊祁"尊之若父执，朝夕必问饮食，服御必时其喜好，病调其医药"。他不仅命张謇兄弟为老师打扫屋院、清除粪便等，而且宋郊祁病逝时，张彭年带着张謇兄弟连夜前去奔丧，不但承担起老师的丧葬费，而且还要"岁时必祭"，以遵从儒家尊师之道，诚如孔子的弟子为孔子守丧三年以行弟子的孝道。这种身体力行的榜样对张謇的教育是深远的。如今兄弟俩要祭拜孔子，必定怀有一颗诚挚的心。

　　去孔庙的路途尽管十几里，但张謇和张詧还是徒步前往。没走出多远就看见一道观，这道观香火并不鼎盛，门前冷清，还长有枯败的杂草，有一花白胡子道人在大门口摆一卦摊，旁边竖着一个破旧的幡，上面写着"茅山宗传人"。道人老远看见张謇路过，喊道："无量天尊！贵人呐！"

　　张謇向他看了看又笑了笑，脚步并没有停留。但张詧却拉了一下张謇，意示过去算一卦，张詧知道既然道士喊他们贵人，此卦肯定是上上卦，正好给张謇鼓鼓劲，讨得一个心安，何乐而不为呢？

　　道士见张謇和张詧穿着得体，一尘不染，便充满神秘地说："二位这是去祭拜孔圣人吧？"

　　张謇觉得这个道士有点意思，还能看出个一二来，就问："道长何出此言呢？"

　　道士右手捋了捋胡须，没有接话。点了点头又出一句："这是要进京会试吧？"

　　这一下让张謇有点吃惊，这么聪明的道士怎么混得如此落魄呢？

　　"你一定想问为何道观门前如此冷落？"

　　张謇更加惊奇，这道士难道会读心术？

　　"二位再向前走二里多路有一寺庙，就会明白了。"

　　张謇也来了兴致，就拿起桌上的笔写下一个"謇"字。道士看这个字，笔力老到、清秀隽永，标准的馆阁体。大吃一惊，说了一句："天意啊！"

"道长指的是？"

"我踏金鳌海上来。"

张謇拱手谢道："多谢道长。"

张謇放下银两，拽了一下三哥，笑着走开了。

原来，张謇十岁那年，正好学习对对子。先生出一上联"月沉江底"，张謇很快对下联"日悬天上"，先生听了非常惊奇、高兴，连说孺子可教。先生又起了个上联"人骑白马门前去"，少年张謇一点儿也没思考，顺嘴就说出下联"我踏金鳌海上来"。古代脚踏金鳌头指代高中状元，那时的父亲满心欢喜，一直以为儿子张謇一定金榜题名、光宗耀祖、前程似锦，小小"状元郎"的美名已不胫而走。

张詧多少的有点蒙，就问张謇"为何这么匆忙走开？"

"三哥，这道士是个聪明人，见多识广，我和他打了个哑谜，故而写了一个'謇'字。他已猜出我的名字，再逗留下去没有意义。"

"噢，这样啊。你是江南名士，天下尽人皆知，猜到是你也不足为奇。只是这么聪明的一个道士混到这份上，有点……"

"我也这样想。"

三

"三哥，你看。"

张詧顺着张謇指的方向望去，只见一座宏伟的寺庙门前，熙熙攘攘的人流穿梭而过，和刚才的道观形成了鲜明的对比。张詧立刻明白过来，但还是觉得不可思议，也终于明白太后娘娘为什么叫老佛爷。张謇也没想到，善男信女会如此受到皇家的影响，几乎把发端于本土的道教挤兑到犄角旮旯儿了。

这回倒是张謇提出过去看看，看看这和尚到底比道士高明在哪儿？

一进庙门，就见两个年轻和尚合掌低眉分列两旁。张謇和张詧并没有直接走进去，而是合掌还了礼，两个和尚也向前欠身高诵佛号："阿弥陀佛！"

再向里走是寺庙的正殿，中间有一道大门，不时有和尚出入，张謇知道这道门叫空门，也只有出家人能走。两旁有两道小门，那是供香客进出的，进门也有忌讳，那就是女迈右脚、男迈左脚，一定不能踩在门槛上，那会对佛不敬。张謇和张詧随着拜佛的人流走进大殿，一位慈眉善目的老和尚见张謇走进来，步伐平稳、不急不躁，衣服虽不华丽，却透着一股英气，就径直走到张謇面前，合掌高诵佛号："阿弥陀佛！施主可是要进京会试？"

张謇吃了一惊，果然是圣人的地片，这和尚、道士都这么通灵。"大师何出此言？"

"施主可是江南名士啊！"

"大师可曾相识？"

"天下读书人谁不知道张謇啊？我祖籍如皋，我们一块考过秀才。说来惭愧啊，您十六岁中秀才，那年我已三十五岁。"

"哦，原来是这样啊。不知大师何时出家了？"

"说来话长，那年我并未考中，情绪异常低落。有一游方僧人路过我家门前，向我母亲化缘，见我母亲总是叹息，就问明缘由。说我岳父是一屠夫，杀生太多，我家三代不会有人考取功名，只有我随缘出家，方能破解。阿弥陀佛！"

张謇没想到，那游方僧人一句说辞，这就撇家舍口的做了和尚。"施主一定困惑，我为什么就真的出家做了和尚？"

"哦，大师，人非草木，孰能无情，您怎么放得下红尘？上有高堂，下有妻儿。"

"阿弥陀佛！施主，我既然不能给家人带来福报，还能带来厄运，舍得方能解脱。"

"大师解脱了吗？"张謇摇了摇头，满眼的疑惑。

"阿弥陀佛！施主，我已了却红尘，自勿挂念。只是观施主面相，印堂微露红光，日后如有我佛保佑，定有锦绣前程。"

"大师，您的意思是——"

"我想让施主为我佛上十三炷香。"

张謇愣了一下，心想这十三炷香要花费不少银两啊，心下有些犹豫。

张詧看出来了，赶紧上前一合掌说："大师，不知这十三炷香有何讲究？"

"香的数量是有讲究的，三炷为自己祈福，六炷为两辈人祈福，九炷为三代人祈福。而十三是一个极致，十三炷香就是功德圆满的高香。张施主此次去京城，如有我佛保佑，肯定高中魁元，日后更是前程无量啊。"

张謇知道三哥的意思，看来这十三炷香是烧定了。于是，上前取了十三炷香，在灯火中点燃，拿在手里，走到佛前，内心恭敬诚恳，两手举香，怀着一颗纯净的心向佛，心中默念所求，手如问讯状。两手之食指及中指夹着香脚，两大拇指抵住香脚之尾端，将香平举至眉间，与眉平齐，双目净观佛像庄严，眼观鼻，鼻观心，诚信想着心中所求。将香放下，右手拿香脚，左手插香。然后双膝跪在蒲团上，双掌合十手心处呈空心状，高举过头顶，向下至嘴边停顿，许下愿望，再向下至心口默念，再摊开双掌，掌心向上，上身拜倒，头往下磕，来回三次方起身站立，又向老和尚行了礼，看着张詧把香油钱交给老和尚。

老和尚更加慈眉善目了，高声诵佛号："阿弥陀佛，善哉，善哉！"

张謇也没再说话，转过身去急匆匆离开寺院。走在半路上，方把心事放下，方知圣人出生的地方深不见底。阳光普照下，生机乍现的树木又一次扑面而来。

读书人认为，求学要有恭敬心，要尊师重道，尊师就要从见贤思齐做起。孔子是大圣人，读书人自然要向孔子看齐，读书的最大目标就是做圣贤之人。如今路过曲阜，怀有虔诚之心的张謇、张詧祭拜孔子也是一大心愿。

"嗨，借光借光——"一短衣打扮的壮汉，推着一独轮车，一条攀绳斜挂在肩上，后颈下有一馒头状肉瘤。右边坐一中年男子，左手把着车笼，右手扶着右腿，双眉紧蹙。就这样独轮车斜着从身边一阵风过去了。

没走多远，又有一老者骑一瘸驴，哒哒地走来。花白胡子，背有些驼，看上去已有八十多岁，就那驴也无精打采，像是饿了好久。

张謇和张詧相互笑了笑，脚下加把劲，也匆匆赶去，大家都像要讨得头彩。

远远地就看见棂星门，六楹四柱，柱的顶端屹立着四尊天将石像，巍巍生威，自带光环，柱下石鼓抱夹，整个大门稳重端庄。张謇内心陡生敬意，伴随着心跳加快眼睛有些潮湿，整理了一下衣冠，大步走过去。

从礼门进来，当来到大成殿的时候，张謇还是惊了一阵子。这大成殿重檐九脊，黄瓦飞彩，斗拱交错，雕梁画栋，周环回廊，巍峨壮丽。特别是柱子上的龙雕，都是二龙对翔，盘绕升腾，似脱壁欲出，精美绝伦。殿内高悬"万世师表"等十方巨匾，三副楹联，都是乾隆帝手书。殿正中供奉着孔子的塑像，七十二弟子及儒家的历代先贤塑像分侍左右。让张謇更生敬畏的是祭拜的人流没有一点杂音，静得只有钟声。每个人都注意听钟声，看哪一次的声音最响亮、最经久入耳……

在回来的路上，张謇和张詧倍感意外的是在寺庙门外又碰上了坐手推车的和骑驴的，心生好奇就过去打招呼，原来二位都是进京参加会试的考生。坐手推车的叫柳生元。推车的叫王魁文，一身的腱子肌，以推单车为生，人送外号"车千里"。两人是同乡，尽管柳生元家境殷实，但出行就爱坐王魁文的单车。骑瘸驴的叫贾张果，因为与张果老同名不同姓，也莫名其妙地爱上了骑瘸驴。原本张謇想约他俩一块儿进京，一路免得寂寞，但二人死活放不下自己的爱好，也就不了了之了。过后，张謇和张詧都感觉比天下之大无奇不有还要惊奇，奇就奇在二人都在为数不多的举人行列，又都有常人很难理解的爱好。

因为张詧还有公务在身，这次进京会试赶得比较早，所以路上就不那么急躁。泰山也是张謇心之向往的去处,这次路过自然不会错过。张詧也大多待在南方,很少到北方走走,既然是陪四弟进京,在江西巡抚德馨面前也能圆过此事,所以也就随了张謇想法,无妨游历一番。

泰山的气势令张謇新生浩然之气,挥毫泼墨赋词一阕:

沁园春·泰山

晨露初藏,淡绿浓薹,旅尽茶消。

踏遍尘世梦,茫茫仙境;天河流瀑,纵涧潇潇。

山走蛟龙,虫声销匿,尧舜乘云月谢邀。

当如愿,看穷花瘦柳,自在逍遥。

尊山偶遇林魁,降墨客文人画意高。

戏秦文汉赋,丽华辞藻;诗唐词宋,气短情夭。

遗梦朝霞,约兄张詧,会劲松精描茛茗。

法天地,与山神共舞,尽显风骚。

四

张謇一行三人中午的时候进入济南府城。虽已初春,北方的重镇济南仍是寒意逼人。从泰安五点启程,一路向北,马儿跑了 160 多华里,进城没多久,竟然纷纷扬扬飘起了雪花,这在春天的济南还是很少见的。

马儿打着响鼻,雾气从两个鼻孔里喷出来,消失在飘雪中。张謇不是第一次来济南,他已进京参加过四次会试,每次都在济南落过脚,但心情从没有像今次这么放松,这真是:

南山阴岭秀,飘雪降云端。

林木髯逾白,泉声悦耳欢。

很快就行进到芙蓉街，踏着青石路，马蹄声"嘚嘚"清脆。

"三哥，我们今天就住会仙楼饭庄吧。看这天，一时半会儿雪也停不了。"

"是呀，'白雪却嫌春色晚，故穿庭树作飞花。'没想到这会儿竟然下这么大的雪，这真是天降奇迹啊。人不想留，天留人啊！"

"这会仙楼饭庄始创于同治八年，有几道正宗的鲁菜拿手得很，前几次路过济南，也是住在这儿，饱了饱口福。"

"四弟一向节俭，难得有此雅兴。倒是想让我饱口福是真吧？"

"看三哥想的，再节俭，美食总得尝尝吧，又不是天天吃。"

张謇看着三哥挂满笑容的脸，许多往事在脑海中拂过：因冒族籍考试遭敲诈事件过后，张驹父子逃走。自己原以为就此摆脱了厄运，哪知道如皋学官杨泰煐又跳出来制造流言，试图阻挠自己归通州原籍，而如皋县知县周继霖又是学官一伙的，于是事态又迅速恶化，不几日，如皋便发出传签拘捕，要置自己无他遁之途。所幸自己还算机敏，及时察觉到风声不对，连夜逃脱了出去。

愤怒难平之下，张謇甚至产生过持利刃砍仇人头的念头，是父亲那座大山最终熄灭了自己胸中的怒火，劝慰自己，前途为重，不值与鼠头并碎。

这一场劫难，直到张謇二十一岁时才彻底烟消云散，但遭此劫难，整个家庭已成危垒，负债累计千金。

贫苦之家，总有世态炎凉。

见家中穷困潦倒，大哥、二哥和五弟不愿一同受苦，提出要分家，而三哥却在这个时候站了出来说，误籍所负外债皆由他和四弟张謇共同承担。不仅如此，三哥还听从母亲的意见，不再读书，与父亲一同持家，将读书的机会让给张謇。此情此意，张謇想起来就眼窝潮湿，久久不能平静。

马车停在会仙楼饭庄前，车夫一看这个气派，内心一下矮了半截，有些许的紧张。张謇下得车来，看到飘雪中的这座老店。古朴的店面风格，透着新意，青石板铺得比较规整，几棵垂柳虽然挂满雪花，但长长的枝条也透露着生机。这时早有跑堂的迎出来，停车、卸马、喂料，一切安排停当。走进饭庄，小桥流水、楼阁亭台、墨迹、古韵相得益彰。

"客官，打尖还是住店？"

"这天气，当然是住店了。"

"还有几个雅间，客官楼上请。"

"小二，我要一间下房就行。"车夫有点不好意思地说，搓了搓手。

张謇看了看车夫，说："尽量安排舒适一些，一直赶路，很累的。"

"爷放心，我们店的下房也是不差的。"小二知道这位是车夫，这两位才是爷。其实，看行头心里也明白。

安顿下来，来到一楼。跑堂的赶紧过来，"几位请上座。"

"小二，上几个拿手的鲁菜。"

"爷，我们店有几样菜，就是神仙都想尝一尝。一道是九转大肠，一道是甜沫，一道是糖醋黄河鲤鱼……"

张謇笑了，说："就上九转大肠、罐蹄、明湖荷叶酥鱼，外加两个青菜。"

张謇笑了笑，又看了车夫一眼说："再来一壶景芝白干吧。"

"一看爷就懂酒，我们店有产于章丘霸王台附近的上等景芝白干，那可是一口老泉井的水酿的。"这小二能说会道。

"哦，这里面有典故？"

"这个说来话长了。霸王台源于修炼于泱泱浯河中的一只千年寿鼋，传说百年前某夜，月朗星稀，云图轻舒，冰轮射电，星宿归隐。忽然浯河上空一阵狂风刮过，刹那间，风起烟云动，浪激波涛涌，千年寿鼋真身浮现，摇头摆尾，伸缩自如，飞升只在今朝。凡夫俗子扼腕仰望，顿首仰望，股战仰望，奔走仰望。岂料，寿鼋未能熬过九道雷劫，渡劫失败！寿鼋冒着青烟坠于障浯门南落而化作霸王台。这酒也就有了仙气。"这店小二像是在说书。但车夫一直在咽唾沫，眼睛已开始蒙眬。

"啊，那就快上一壶吧！"

"好咧，马上就来。"

"爷，您的酒菜齐了，请慢用。"

张謇一看，除了点的酒菜外，还先上了三小碟凉菜，就是点的五盘菜，也是先荤后素，上菜先后很有讲究，张謇不禁点了点头，果然是老字号。

"哈，好酒啊！"车夫在张謇哥俩面前，虽还有些拘泥，但明显比一开始放得开，吃菜前，自己先整了一口，禁不住喊出了声，自觉失态，又笑着向张謇哥俩下了下腰。

"确实是好酒，酒香幽雅，丰满醇厚，纯净回甜。"张謇一口酒下肚，也赞了一句。

"爷，您再咂摸咂摸，还有啥味道？"小二凑过来插了一句。

"还有独特的芝麻香味，对吧？"

小二翘起了大拇哥，又说："爷，您再尝尝这九转大肠。"

"三哥，趁热尝尝吧。来，吃。"

张謇夹了一块放到嘴里，仔细咀嚼着，品味着。这是他第一次这么认真地品尝一种食物。"嗯，香啊，真香啊！外酥里嫩、肥而不腻，筋道啊！"张謇和车夫都在等着，并没有动筷子。

车夫见张謇动了筷子，自己也火急火燎地夹了一块，果然香得口水丰盈。他长这么大，也吃过许多香的食物，但今天这种香，至今他还没有记忆，很机械地用粗糙的大手抹了一把嘴，脸上的媚态更加浓厚了些。

一顿饭吃过，雪还不紧不慢地下着。

张謇问车夫，这种情形啥时候能走？车夫扳指头算计了一下行程，确信停了雪，第二天一早就可启程。

张謇本想和三哥一起登一次千佛山，但张謇怕雪天路滑有危险，就劝阻了张謇，心里想着如果四弟在京城做官，哥俩有的是机会游览此山。张謇看也无事可做，就要了一壶茶，哥俩一块聊天，邀来一位年长一点的掌柜，聊些济南府城的事。得知这芙蓉街是济南府城最繁华的地段。芙蓉街的青石板，想来也奇特，都是往外渗着一股股泉水的，那才是真正的清泉石上流呢！炎热夏天的清晨，光脚走在冒着泉水的青石板上，好惬意的！还得知芙蓉街上有一家卖布的瑞蚨祥老字号，"至诚至上，货真价实，言不二价，童叟无欺。"如果做生意的话很值得去看看。

早在十九世纪初，孟氏家族挑着一种土布，到处赶庙会做生意。后来孟家在济南院东大街创办庆祥布店，批发、零售民间自纺自织的土布。再后来又在西门大街开办隆祥老号。直到孟家将周村的万蚨祥迁至济南，再凭着经营上不择巨细、一概执行"顾客即财神"的理念，生意大为发迹。后又取"青蚨还钱"的典故，店铺正式改名为"瑞蚨祥"，批发零售土布、绸缎。听说刚刚在北京开了分店，想是赚了大钱。

瑞蚨祥的来历，激起了张謇的兴致，茶喝淡之后，张謇约三哥去瑞蚨祥拜会一下。这时瑞蚨祥的掌门人是孟洛川，巧的是张謇哥俩正好碰上孟洛川坐车来店铺。当然，他俩并不认识孟洛川，但看到一穿绸缎、戴瓜皮帽的早早在店外迎接，并拱手道："世叔，这下着雪呢，快里面暖和着。"

张謇看来人走进瑞蚨祥，知道此人大有来头，就赶紧几步也进了瑞蚨祥，张詧也随后跟上。张謇询问柜台里的伙计，来人是哪一位？伙计审视了几眼张謇和张詧，见二位也是体面的外地人，就说："那是我们大东家——川爷。"

张謇没想到会这么巧，就拱手道："烦请通报一下，就说通州张謇拜访大东家。"

伙计也很快反应过来，走出柜台做了个请的手势说："两位先生这边请，稍坐片刻。"

过了一会儿，孟洛川从里面走出来，后面紧跟着刚才那位戴瓜皮帽的。"哪位是张謇兄？"

张謇忙站起来拱手道："在下张謇，想来您是洛川兄吧？"

"哈哈，幸会幸会啊。真江南名士风采啊！"

张謇也没有再客套，就介绍了三哥张詧。

"这样吧，想必二位就住在会仙楼吧？我们一块儿去会仙楼喝茶。"戴瓜皮帽的向旁边走了一步说。

张謇见这人能说出这话，便觉得此人在瑞蚨祥的地位不低。就问："这位仁兄怎么称呼？"

孟洛川笑了，说："你看，光与二位兄台亲近了，忘了介绍。这位是世侄孟觐侯，负责京城大栅栏瑞蚨祥绸布店，昨天刚回济南来，我呀过来看看他，顺便了解了解京城那边情况。走吧，会仙楼坐吧。"

大家都做出向外请的手势，张謇和孟洛川并排走在前面，后面是张詧和孟觐侯，说说笑笑向南走去。

几人相谈甚欢，张謇非常佩服孟洛川的雄才伟略，这位比自己大两岁的巨贾，是一位真真切切的儒商，他亲手建立了一个集经营布匹、绸缎、刺绣品、皮货、棉纱、纺织、印染、钱庄、当铺、茶叶、金银首饰等众多项目之大成的商业王国，他的许多经营方式开风气之先。

谈笑间，听会仙楼掌柜说起一句谚语："山西康百万，山东袁子兰，两个财神爷，抵不上旧军洛川。"孟洛川听后也只是一笑了之，说是只能当作玩笑话，可见其胸襟气魄。这也勾起了张謇内心深处的梦想。

虽然生活在南方，张謇和张詧还是从孟洛川身上找到了一个北方人把一个南方故事由神话变成神化。张謇还是十几岁的时候，读到"青蚨还钱"，不甚理解。虽然钱又飞回，但钱并没变多。认识孟洛川后才猛然醒悟：钱生钱，钱又生钱，生生不息，可为大生。

五

今天会试，考场设在礼部贡院。举子们进入贡院前要接受搜身检查，他们排着长长的队伍，都穿拆缝衣服、单层鞋袜，只带篮筐、小凳、食物、笔砚等，看着一丈半高、布满荆棘的外墙，有些人额头上早已渗出豆大的汗珠，紧张得心脏似乎要从身体里跳出来。监考大人可不理这一套，仍是仔细得出奇，搜完全身后，再解开辫子，生怕遗漏了什么。好歹有人还会把辫子再编回去，依旧梳得油光。可有一项让人尴尬得心慌，让斯文扫地。到了这项检查，有一位山西的举子涨得满脸通红，似乎不想配合，这让监考官更加觉得有些猫腻，非查个明白不可，事后才知道这位举子害有痔疮，这点隐私让他羞涩忐忑、不愿示人。

贡院外墙内还有一道高一丈的内墙，墙上同样布满荆棘，这也是贡院称"荆闱"的来由，贡院四角的望楼更是显眼。进入贡院内是一排排号房，为考生住宿、答题之所，每个人都已安排停当。

这一切张謇是比较熟悉的，因为他已参加过四次会试。这一次，张謇比较放得开，那种志在必得的心思早已放下。其实，张謇每次参加会试之前，翁同龢都去会馆看望他，这让他非常感动，翁同龢对他的学问很是肯定，加上又是同乡，举荐之心写在明面上。

这次会试张謇初试被取中第六十名贡士，总算进入了圈子。西太后六十大寿，所有贡生都要写对联贺寿。思前想后，张謇灵机一动，自己是第六十名贡生，又赶上太后六十大寿，应该把自己六十的名次和太后寿庆的六十联起来才好，他觉得自己这个主意一定开挂，摆开文房四宝写道：

太后寿诞六十花甲轮流转返老还童千千岁
佛祖治国二圣临朝天地应大清江山万万年

写到"年"字的最后一笔，落笔时高了一些，成了出头"年"。他左看右看，皱起了眉头，但众官员眼皮底下，又不能再改动，不免心情有些焦躁，为自己的一时疏忽而懊恼，一直拿着笔愣在那儿，思虑良久喜上眉梢。

西太后在百官陪同下前去观赏贺幛贺联。贺幛贺联全部挂在乾清宫厅堂里，张謇的对联挂在第六十位贡生位置。西太后兴致很高，一副一副地观赏，但一副副都一般，没看到引发兴趣的，当看到第六十副时，眼睛突然一亮。这副对联不但字写得好，内容更是充满新意：六十花甲轮流转，让自己六十岁后从头活起，又把佛祖、二圣用得恰到好处。不是有人反对她垂帘听政吗？此联说她垂帘听政顺天应人，唯其如此，才使大清江山万万年哩。西太后一看落款——张謇，忍不住脱口说："好！好！"想见见这个张謇，就让翁同龢宣张謇觐见，这时的张謇正在乾清宫外候着，心里正忐忑不安，听见宣召就匆忙叩见。当问到"年"字为什么出了头时，翁同龢看着慈禧怒意的脸，心里凉了半截，心想这下完了。

张謇听得明白，连忙跪地叩头说："启奏太后，年字头上本无点，只缘玉帝施恩典，敬祝太后福寿添，百姓人家出头年。"

"出头年"乃民间俗语，意思是苦日子好容易过去，从此步入好光景。此话好像蘸了蜜糖，慈禧太后听了心花怒放，变得慈眉善目，随口说："哈哈，倒有状元之才！"

翁同龢一拽张謇衣角，张謇立刻领会，一同谢太后恩典。群臣一看这光景也齐刷刷磕头谢恩。

慈禧太后一愣，本是随口一说的玩笑，没想到大臣们当起真来了。要点状元，那是五更三点皇帝的事，你是谢个啥恩？但转念一想：金口玉言，君无戏言。将错就错算了，于是收起笑容正色道："众卿听了。多蒙皇帝孝道，文武忠心，在本后六十大寿之际恩科取士，又特地将状元郎排在六十花甲之位，借此吉日良辰，要我恩准加封。为上应天意、下顺民心，准各位所请。但祖宗之法不能废，点状元是皇帝的事，张謇继续参加复试、殿试，这样的人才，我想皇帝会恩准的。"她之所以把点状元的事推给皇上，实则也盘算着这次恩科考试会招到什么样的势力？对翁同龢这帮人心里开始有所忌惮。

三月礼部复试时，张謇又中了一等第十一名。一心想提携他的翁同龢将他改为第十名。四月殿试时，翁同龢的提携之心已经迫不及待。他命收卷官坐着等张謇交卷，然后直接送到自己手里，匆匆评阅之后，大呼："神卷！神卷也！"其他阅卷大臣也随之把张謇的卷子定为第一。翁同龢特地向光绪介绍说："张謇，江南名士，且孝子也。"光绪帝亲自主持殿试的时候，出的题目涉及内容非常广泛，有河堤、有农垦、有金钱、有选举等，别的考生总答得结结巴巴，但张謇能够从容不迫，对答如流。所以，光绪皇帝当场就赐张謇为恩科状元。当然，光绪皇帝早已知道慈禧太后的口头承诺，内心还是觉得张謇当之无愧。

张謇在四十一岁的时候，终于得中一甲一名状元。其实，试想一下，翁同龢和潘祖荫是当时清廷的两大权臣，先抛开都是江苏的同乡不说，二人一直想提携张謇，十年间，想方设法让其中状元，虽然前四次事与愿违，甚至还发生了潘祖荫拒见自己点错的状元，但足以说明张謇在当时无论是文章、书法和能力都是不可多得的人才。

话又说回来，张謇这次殿试成功，翁同龢功不可没。可这事并没完，眼看就要发皇榜了，张榜一公布，就要跨马游街。忽然后宫里传出懿旨，慈禧太后要新科状元觐见。张謇听了没感到有什么惊讶，可翁同龢听了心里有点发毛。他心里明白得很，"清流"一派与后党矛盾重重，如果慈禧有意刁难，那就麻烦了，弄不好张謇到手的状元又要泡汤了。虽然慈禧已口头承诺点中张謇状元，但以她刁钻的性格，还不知道出什么幺蛾子。翁同龢心里七上八下，硬着头皮领着张謇去后宫觐见慈禧太后。

到了后宫，只见慈禧正襟危坐，翁同龢小心翼翼地请安后，就将这科的考试情况表述了一下，同时，拐弯抹角地把张謇的文章赞扬了一番。慈禧太后哼了一声，让他不要再啰唆。翁同龢赶忙传张謇觐见，自己弓着腰站在慈禧太后一边。张謇跨步向前行了君臣大礼，慈禧坐在上面眼皮都没抬。停了一会儿开口问道："张謇？"

"微臣在。"

"你是哪里人氏？"

"微臣是直隶通州人氏。"

"这次皇上点了状元，是为本宫祝寿，你可明白？"

翁同龢心想这不是明摆着说皇上点张謇状元是你太后的意思吗？但张謇回答也很机灵："太后有言在先，皇上英明。"

"嗯，很好。既然点中状元，你肯定很有才学了。"

"承蒙圣恩，托太后洪福，微臣才疏学浅，愧不敢当。"张謇弓腰回答。

"哦，说自己才学疏浅，说明你还真有点学问。我倒要问问你：读了几年书？"

张謇不假思索地回答："微臣读了二十年书。"

这时，站在旁边的翁同龢有点不解，一脸的疑惑。

慈禧太后有点冒火："怎么这么巧？正好读了二十年书，一天不多？一天不少？"

翁同龢大惊，这不是挑刺吗？

张謇不慌不忙地说："微臣善读经书，十年寒窗。刚才听了太后一席教诲，又是胜读十年书，加起来正好读了二十年。"

翁同龢这才松了口气，感觉这学生挺机灵的，是块当官的料，心下窃喜。

慈禧又问："张謇，你既读了二十年书，那认识多少字？"

翁同龢一听差点惊掉下巴。心中暗想：老佛爷，你也太刁钻了。状元郎不是《康熙字典》，一个人到底识多少字，谁统计过呀？就是问我，我也回答不出啊！心中暗暗叫苦，这是有意的刁难啊，多年的栽培要毁于一旦啊。

只听张謇慢而稳地说："小臣识字不多。"

还没等他说完，慈禧勃然大怒："混账，你既然识字不多，还中什么状元！"

翁同龢大惊失色，心想这下完了，张謇的状元肯定做不成了。

只见张謇微微一笑说："太后息怒，我识字虽不多，但是……"

"但是怎样？"

"但是我用字不白呀。"

慈禧太后微微点了点头，才抬起眼端详起张謇，见他气态不凡，拜见她从容不迫，口齿伶俐，回答又很巧妙，晓得真是个人才，觉得翁同龢过分偏袒的想法才放下来。以后拢在自己麾下，也是一员干将。翁同龢偷偷看了一眼慈禧，见她脸色阴已转晴，露出欢喜的样子，这才一块石头落了地，用手抹了一把额头。

……

"放榜喽！放榜喽！"

榜文由轿夫抬着，士兵守护着，在鼓乐声中缓缓走来，这种盛大严肃的仪式感有很强的冲击力。这些天来，变得豪爽、放肆，甚至粗野、任性的举子们一下子紧张起来。这也让京城的治安到了最后的冲刺阶段，那种考试结束之后的放荡不羁带来的不稳定已到了极点。这正像孟郊在《登科后》一诗中描绘的那样："昔日龌龊不足夸，今朝放荡思无涯。春风得意马蹄疾，一日看尽长安花。"放榜的地点就在榜棚街，考中者的名字就贴在棚子里——为避免棚子被挤坏，中间有道栅栏相隔。考中者当场穿上由布政司提前备好的顶戴衣冠，由专人到家报喜。张詧看见三鼎甲第一名写着张謇的名字，自然是中了状元。

"吭吭吭……恭贺张謇高中状元郎。"忽闻锣声震天响，迎面走来一群官人，身着锦衣，手牵枣红大马。张謇骑在枣红马上，脸上带着淡淡的笑容，那种大喜大悲早已成为过往。带刀侍卫行走两侧，"肃静、回避"仪仗高举前后。

"哎呀，不得了！这是新科状元游街啊。"大街上围观的人流呼喊着。那风光劲就不必说了。

京城街道两边的茶楼、酒馆、当铺、作坊顿时热闹起来，挑担赶路的，驾牛车送货的，赶着毛驴拉货的，驻足观赏、纷纷面露喜色。高中恩科状元，这可是天大的喜事。百姓闻之，一起恭贺讨个吉利。热闹非凡的场面、光宗耀祖骑马游街的视觉冲击让张詧看得如痴如醉。在张詧心里，张謇所受的罪、张家所受的苦统统一笔勾销了，张家从此有了一个开挂的进程。

第二章　与狼共舞

与狼共舞，与虎谋皮，经济恐慌。

一

张謇心头像压了块儿石头，他已几天几夜没有合眼了，通海关庄布的销路是悬在头上的一把利剑，这个面纱府场真可谓有大生纱厂立业之本的分量。对于大生纱厂来说1922年是一个大坎，69岁的张謇已明显感觉精力大不如以前，人像纱厂一样在走下坡路。但这些年他还是想多投资一些新实业，当然除了企业以外，还有教育、文化、慈善、公益等地方事业，争取把通州建成大清的样板。可他能做到吗？他静下来时常问自己，也时常叹息！

已是深夜，他睡意全无。白天烦心的事太多了，心中久久不能平息，这已到了深冬，窗外的月亮冷得人心里掉下冰碴，目光投去，月光就像流冰一样泻下，大有冷冻这个世界的意思，其实在苏中地区并没有多冷。

吴氏的房间也亮着灯，此时的她虽不能为丈夫分忧，但也心神不宁，知道要发生大事，更关心丈夫的身体。现在，相濡以沫的吴道悟，更是把丈夫奉若神明，他的烦心事就像扎在自己心口的骨刺，钻心地疼痛。

老仆富财一直看着他这边的窗户，不敢惊动，但最后实在看不下去了。没等吴夫人传唤，轻轻地敲了敲房门，低声喊："夫人，是不是给先生准备点夜餐？"吴夫人惊了一下子，才知道已经午夜，就隔着门说："富财，你知道先生爱吃什么，就去外面买来吧。"

"好吧，夫人。我知道了。"

富财悄悄地走出院子，叫开一家老字号店铺，弄了一盘西亭脆饼、一盘正场熏糕，思虑良久端进张謇的屋子里，又悄悄地退出来。张謇瞅着这两盘食物，西亭脆饼每只不足两厘米厚，竟有十八层，这种脆饼选料讲究、加工精细、形态别致、层次分明、香甜松脆，是他很喜欢的一种美食；另一盘有着"胜似宫廷糕点"美誉的正场熏糕，也是他喜欢的，但此时一点胃口也没有。突然叫道："富财啊！去请三先生来。"

富财在外面听得清楚，就进门劝道："老爷，您已几天几夜没合眼了。"

"哦，让你去你就去嘛！"

富财转过身擦了擦眼泪，走出院门。

没多久张詧走进门来，看着神形消瘦的张謇，心疼地说："四弟啊，你可要保重身子骨，事情会一件一件解决的。"

"三哥呀，您坐！我不要紧，只是这几天怎么也理不出头绪！"

张詧慎言道："通海关庄布的销路大跌是个导火索啊！这几天我一直在想，最主要的是日资厂纱对我们府场的吞噬啊。这布没有销路就等于先断了我们的回流资金啊！这样不但布卖不出去，还无钱进棉花，久而久之非把我们拖垮不行。而日资纱厂似乎得到了许多日本政府的贷款啊。他们在行情不好的情况下压低棉价存储大量棉花啊。"

张謇一下子眼前多了一道光线，他问："这快年底了，您让账房做出一个准确统计，看看我们最重要的纱厂一厂和二厂今年亏损多少？负债多少？"

张詧眼睛捕捉到了张謇眼里的光亮，就问："四弟是不是有了对策？"张謇略思索一下说："既然日本人热衷于兼并我们的纱厂，已有五家被兼并，他们更像狼一样盯着我们，我们何不将计就计，引进日资，先解燃眉之急，置之死地而后生呢？"

张詧为之一动，但也满腹疑虑地说："日本人如狼似虎，对我国家虎视眈眈，更不会放过大生这只领头羊，这会不会就像与虎谋皮呢?"

"三哥，我知道与豺狼为伍是很危险，但狼毕竟是狼，它也急于冒险吃掉大生。俗话说:'舍不得孩子套不住狼啊'!"

张謇虽然感觉到了风险太大，但也没有别的出路，只有按照张察的意思了。就说:"那好，明天我就去找宫本一郎。让他与日方疏通一下。"

张察知道，欧战结束以后，西方列强再次把魔爪探向中国，尤其是日本势力对东北的入侵，是通海关庄布销路大跌的罪魁祸首。再就是西方列强支持和怂恿下的军阀混战，在这兵荒马乱、哀鸿遍野的情况下，"布疲纱跌，无人问津"也是在所难免。这些张察也都看到了。但他觉得实业主要是受到日本的排挤和打压，从心底对日本充满了民族愤恨。

张謇先来到大账房，让他们快速拢出一个准确数，也好为借款理出一个头，做到心中有数。大账房里通宵忙碌起来，这些人都是张察多年培养的心腹，他们算得很仔细，精确到了每一块银圆。本来张謇年轻的时候就在二甲镇丁裕花布行"司账"，后来又掌管大生沪账房，大生沪账房是整个大生系统的神经中枢、金融调剂中心。大生鼎盛之时，上海等地的银行、钱庄争相给大生沪账房提供贷款。大生掌握的现金最多的时候有两三千万两白银，能透支的款项在五六百万两白银。所以，张謇对账目上的事很在行，又加上账房大掌柜的是四大关庄之首的恒记布庄老板，没几天就把账目理清了。不过，当张謇拿到账目后，大惊失色，双手哆嗦着，额头上渗出了汗珠，心中感叹:"上天要亡大生啊!"

张謇并没有把账目立刻拿给张察，因为张察这几天一直没休息好，他想把这件事先搁几天，先去拜访宫本一郎，看能不能有意外的收获。

他通过人约了宫本一郎在海安大酒楼就餐，海安大酒楼的包子那可是响当当的有名气，在这酒楼宴请宫本一郎，张謇也是别有用意，因为这儿掌柜的是大生的一股东，因为大生是商营，股东都有一定的权利和义务。张謇要在海安大酒楼宴请贵宾，老板何海安亲自站门外迎接张謇，虽然今年没有分到红利，但何海安对张謇也是毕恭毕敬，大生红火时自己也没少分得花红，再说现在这情形不分花红也是情理之中。

宫本一郎做事一向隐忍，他是日本政府在通州的代言人，甚至在整个江苏他的势力也不小。前几年，他一直想在大生集团插一杠子，多次在张詧面前流露想贷款给大生，但那时大生不缺钱，更重要的是他是日本人，这让张詧很是排斥，总感觉日本人就没安好心。张詧的判断是正确的，宫本一郎的最终目的就是要收购大生，就像在青岛的大日本内外棉株式会社和日本国光纺织株式会社一样，成为日本几乎独资经营的纱厂。宫本一郎就是日本蚕食中国民族企业和资本的工具。

太阳雾蒙蒙的，有些慢阴天。这样的天气在江苏通州是常有的。半晌时分张詧就踱步来到海安大酒楼，没有带任何仆从，一个人左顾右盼地走到酒楼门口，上身穿丝绸夹袄，下面露出丝绸长袍，青鞋白袜，一尘不染。与何海安见面拱手客套了一番，来到酒楼一雅座喝茶聊天，静等宫本一郎的到来，一直等到日近中午，仍不见宫本一郎的影子，张詧不免有些焦躁不安起来。以他的直觉，这小日本在耍心眼，但大生有求于人家，只能忍着，要是搁在以前，那宫本一郎得追着自己，而不是自己在这儿傻等，禁不住又叹了口气。何海安见此光景，就说："三先生莫急，也许宫本先生有要务缠身，不时就会到了。"

正在这时，一伙计领进一日本人，拱手向张詧说："宫本先生今天有重要公务，实在抽不开身，忙完后回请三先生。"

张詧想起张謇在大生纱厂的《厂约》中说到的办厂宗旨："通州之设纱厂，为通州民生计，亦即为中国利源计。通产之棉，力韧丝长，冠绝亚洲，为日厂所必需。花往纱来，日盛一日。捐我之产以资人，人即用资于我之货售我，无异沥血肥虎，而袒肉以继之。利之不保，我民日贫，国于何赖？"更加体会到了日本的狼子野心。

其实，宫本一郎不来赴约，是他改变了对大生的策略。大生红火的时候，他是想渗入资金，一是为了获利，二就是最终控股吞并大生。在日本人眼里，大生是一块摆在盘里的肥肉，一直看着却不能下嘴，但如今情形不一样了，大生到了无钱买棉、无米下锅的境地。日本人的策略就是抄底收购大生。这样看来，宫本一郎必定不会给大生注入资金，而是静等其变。

张詧回过神来，也察觉了日本人的伎俩，只能给张謇如实地汇报了。当张謇拿到财务报表后，也大吃了一惊。到去年为止，大生对外负债已经达到 400 万两白银，危机开始出现。张謇本来想在今年举办地方自治第 25 年报告会，全面展示南通地方自治的成绩，一场突如其来的暴风雨，将南通的许多水利工程摧毁。也是在今年，北京、上海报纸举办的成功人物民意测验中，投票选举"最景仰之人物"张謇得票数最高，张謇走到了人生的顶峰。也正是这一年，持续走红的府场突然走黑，棉贵纱贱，向来盈利的大生一厂亏损白银 39 万多两，二厂亏损白银 31 万多两。一厂负债总额高达白银 1242.87 万两，二厂负债总额为白银 352 万两，黄金时代戛然而止，从此大生走向衰落。

今年的棉纺织业危机，让张謇的实业面临全面崩盘。在这个过程中，政府却没有为他提供任何有价值的帮助。这是因为张謇所代表的社会阶层没有得到足够的社会权力，也没有好的融资环境和渠道，国家的经济政策仍未走出小农时代的框架，商业活动处处受到牵制，整个商业就像戴着镣铐跳舞，无法舞出风采。恰巧的是，日本在这个阶段也发生了经济恐慌，而日本政府却采取了大规模的紧急救济措施，为各行业提供经济贷款援助。日本的大型企业、商业银行、股票交易所已经摆脱了困境，特别是纺织业更是迎头猛进，很快露出了吞并中国纱厂的獠牙，像大生这样的肥肉，他们怎么肯放过？这时的宫本一郎，已经有势在必得的信心，肯定不会再向大生注入资金，就一直拖下去，这也是张詧没有见到宫本一郎的真实原因。

从现代商业模式来看，张謇没有从利润中留出足够的发展和应对风险的备用金，过分透支了支柱产业的信用成本办了社会公益。强烈的社会责任感使他过分强调了实业的社会责任。

当然，张謇也不能坐以待毙。他知道日本人正窥探着这块肥肉，只要给他们足够的好处，他估摸着他们还是会投资的。于是张謇让张詧备上一份厚礼直接登门拜访，这一次将宫本一郎堵了个正着，宫本一郎正在家中宴请日本驻上海总领事船津辰一郎。当然，他们私下里早已谈论过大生纱厂，总结了一个字"拖"，但口头上佯装贷款支持。

双方寒暄之后，张謇说明来意，承诺给足了宫本一郎好处，宫本一郎表面上似乎并不热乎，私下里却喜上眉梢，翘着眉毛说："张謇先生太客气了，我和张詧先生是老朋友了。这件事情我还要慎重考虑一番，您也知道当下棉比纱贵，越生产越赔钱，我也不想做赔本的生意啊！"

船津辰一郎笑着说："宫本先生这次怎么变得婆婆妈妈了，中国有句俗话叫'士为知己者死'，不就是让您出一部分钱嘛！张謇先生在上海也是'最景仰之人物'啊，给我点薄面，贷部分款应应急嘛！"

"既然船津辰阁下有意帮一把，就请阁下向大日本政府申请一笔贷款吧。"

"好，张謇先生是我们大日本的朋友，我回去后就筹划这件事。"

张謇和张詧后背上都吱吱地冒着寒意，这等于答应了吗？能等得及吗？

二

"芮恩施先生，有关大生纱厂贷款一事，不知您考虑得怎样？大生很需要您的帮助。"张謇今天宴请这位美国公使，更想寻求他的帮助。因为趣味相投，他和这位美国公使私交不错。芮恩施过去是张謇银行计划的支持者，甚至成了他重要的目标之一。在芮恩施极力的推动下，美国对中国导淮提供过贷款。张謇再次找到芮恩施是迫不得已，一年多过去了，日本方面的贷款如泥牛入海，没有一点眉目。

"四先生，贷款的事我会尽快考虑。美国银行那边也要了解行情的。这不同于导淮贷款，那个是由政府贷款。这个是一个纯企业行为，所以还得由银行对大生做出评估。"芮恩施显然也听到了许多风声，疲惫的面容下隐藏了很多无奈。

"芮恩施先生，去年垦牧公司又遇飓风大潮，圩内积水难排，棉花普遍受淹，六七堤受灾较重，积水三四天后，虽长势恢复，但棉桃脱落。大多佃农一年忙到头，秋收产棉却大减，生活困难，公司为惠及棉农，打折实收，按 8 折计收，并将麻包、绳索一起算作棉花重量计算，增加了佃农收益。公司收购棉价上升了，可纱价却下降了，这也是公司急需资金周转，渡过难关的一大原因。"张謇隐去了大生纱厂过分透支的缘由，而是讲了一个最能博得同情的实例。因为他知道，大生必须注入资金，否则就会破产，破产了孰对孰错，对于大生来说已无实际意义。张謇知道对于大生的现状，如果银行介入评估，放贷的几率很小。

当初，导淮工程时，张謇一再表示说："我愿意和美国合作，我准备聘请美国专家来制订这些计划，并由他们担任管理工作。不过请记住，如果美国或其他国家不提供大部分必需的资金，这些工程是无法进行的。"最终芮恩施还是支持了张謇。这次，张謇也是本着一样的观点说服芮恩施。也就是让芮恩施认为，只要注入资金，大生一定能挺过去，再次走向辉煌。张謇还深深记得芮恩施写下的一段话："我和总长（张謇）经常会商。我们很仔细地讨论了工程合同、借款条件和借款保证金。草拟合同时每个句子都经过推敲，每个字都经过仔细的选择；终于在 1914 年 1 月 27 日由张謇以总长名义、我代表美国红十字会共同在合同上签字……这是一个有着远大希望的事业的开端，也是一个在新的方向上的开端。"这些可以让张謇想象到芮恩施是一位理想主义者。

但是，这次芮恩施似乎并没有表现出像导淮工程那么热乎，而是处处表现出一种谨慎的态度，但他的意识中又觉得张謇是一位值得信赖的中国朋友，所以也没有立刻回绝，而是持有等等看的想法。

这次见面后，张謇还是对芮恩施抱有很大的幻想，他了解这位老朋友，与其说他是一位外交家，还不如说他是一位名副其实的学者，有着一种天然悲悯。一个星期下来，张謇更加坚定了想法。

接下来，芮恩施关于给大生贷款的事一直萦绕在心里，非常郁闷。"一战"结束后，或者说凡尔赛—华盛顿体系形成后，暂时调整了各国在西亚、太平洋等地的矛盾，大量资本开始涌入中国，各国于1922年2月6日签订的《九国公约》，实质上是要挟中国政府执行门户开放、机会均等原则。可是日本在政府的支持下，在华商业活动势头凶猛，通过很多手段并购了中国的很多实业，特别是纱厂，使其他国家利益受到排挤，这时候如果美国政府再不插手，那么美国的在华利益就会受到损失。芮恩施是美国利益的在华代表，所以他内心充满了纠结。而且，他的身体每况愈下，心情更像上海的天气湿气浓浓的，让人憋闷。

最终，芮恩施还是在上海的公寓里约见了花旗银行上海总经理，讨论了大生的问题。这次虽然是一次私人约会，但还是登上了上海《申报》头条。

当张謇读到这条信息后，犹如注入了一针强心剂，激动得浑身颤抖，在房间中不停地走来走去，赶紧让富财请三先生过来。

张詧一走进房间就听到张謇说："三哥，贷款的事有希望了！"

张詧愣了一下，也立刻喜上眉梢："有消息了？"

张謇摆摆手请张詧坐下，说："只是有些眉目。您看过今天的《申报》吗？"

"还没有呢，怎么说？"张詧有些疑惑。

"《申报》头条登了芮恩施为了大生问题约见了花旗银行上海总经理。"

"哦，芮恩施先生不愧为老朋友了！"

"是啊，现在我们急切要准备的是银行的评估啊。"

张詧沉思了一会儿说："债务问题瞒是瞒不住了，关键是我们要放大大生的实力，让银行明白只要注入资金，大生就会有不错的回报。"

"这个——我想应该把我们的所有实业盘点一下，壮大大生的声势，不能让银行只盯着一厂、二厂啊。"

……

"四先生，上海那边传过消息，芮恩施先生过世了！"富财气喘吁吁地进来说。

张謇一阵眩晕，差一点儿倒下。这才两天不到，芮恩施怎么就过世了？

第三章　内耗与屈辱

帝党骨干，不顾生死上谏，屋漏恰逢连阴雨，雨打芭蕉处处坑。

一

张謇被光绪帝授翰林院修撰，正六品官职；而榜眼、探花二人则封授为翰林院编修，正七品官职。就这样，张謇在京城做官了。二十六年的苦苦追求，41岁变成了现实，但张謇并没有狂喜万分，他在当天的日记中写道：栖门海鸟，本无钟鼓之心；伏枥辕驹，久倦风尘之想。一旦予以非分，事类无端矣。那些落第的打击，那些蹉跎的岁月让张謇彻底改变了，在大起大落面前，他的内心都能平淡处之。

会试后期，张詧以庆典随员为名出差北京陪考，等候发榜。得悉三弟考中状元，并亲眼看见三弟跨马游街，便日夜兼程赶回家准备庆事。

江苏通州张家。张謇的爷爷张朝彦以上世世代代都是农民，可以说都是大字不识的文盲。张朝彦对三个儿子要求非常严格，要求他们一定好好种地。但好几次，张朝彦发现彭年的两个弟弟在干活，可彭年却不见踪影，仔细寻找，发现他跑到一所私塾外听课。张朝彦就责怪他，为什么荒废农活，去做些与农事不相干的事。因张朝彦觉得就是读书人家想考取功名，那也是千里挑一的事，况且人家有闲钱供应子弟读书，而自家这种情况断断不可能考中功名，只能实实在在地种好地。但彭年读书的热情并没有因为父亲的责怪而消减，日后仍跑去听课。这时一位姓丁的先生为彭年的精神所感动，主动来做张朝彦的工作，承诺免费教彭年读书。开始张朝彦并不同意，他总是认为农民哪有不干活的？丁先生建议，让彭年稍微学一点，教他能够写诗了就作罢，就这样从张彭年开始，张家才重视读书，而恰巧张彭年对读书特别钟爱，非常重视仕途，这与张謇中状元和以后干实业是密不可分的，可以说父亲是张謇的第一位老师，并让他终身受益。

七十六岁的张彭年，坐在一张太师椅上正在品茶。明清之时，通州不产茶叶，却有了茶文化，因有徽商来通州经营茶叶。这儿有洪立大、方生大、方振大、高隆吉等多处店铺，都能买到"明前""雨前"的龙井、碧螺春、黄山毛峰等名贵的茶叶，城里官宦、财主人家都饮用，一般的平民百姓，喜欢的是珠兰茶叶，有的甚至只买"粗茶"与茶叶末。但张家自从张謇开始幕僚生涯以来，已变成了通州的大户，又加上张謇在官府任职，很自然张彭年品的也是名贵茶叶，他最爱的是黄山毛峰。因为这黄山毛峰，外观纤细清秀，像美人一样，茶汁淡黄浓郁，茶香清淡，正适合他的品位。

张彭年和三儿子张詧最支持张謇求取功名，张詧有彭年之风，宽厚正直，也有能力。张彭年内心深处多么希望张謇点中魁元。在家中一直忐忑等待，直至茶汁味甘。

张彭年也相信一些掌故，知道儿子在朝廷中有贵人赏识提携，脑子里有一个字"中"挥之不去，已有成"疾"之象，进而多半睡眠不足，身体走下坡路的迹象。清早的雾气已散去，太阳匆匆忙忙爬上竿头，由于是深秋，透射力特别强。至于掌故就是整个宅子都布置了迎接状元的格局。好像冥冥之中已经断定自己的儿子能拔得头筹。

忽然，锣鼓响起，由远而近……

张彭年身子一震，内心极度紧张。虽然，他没有听过中状元的动静，但这种铜锣声、鞭炮声他还是听说过的，胸中有痰直冲喉咙，茶杯摔在地上，昏死过去。葛氏从内屋急匆匆地赶过来，嘴里喊着老爷，六神无主。

正在主仆混乱的时候，张詧一步迈进了屋门，看见父亲的光景。飞奔过去将父亲的头抬高，一边抚着胸膛，一边轻轻地唤爹爹，又掐父亲的人中穴，赶快吩咐家人去请大夫……

大夫来了后，张彭年已醒过来。大夫搭脉，发现左右手脉搏都浮大而软，按之中空如葱管，中央空而两边实，是典型的芤脉。这种情况就是脱血之象，生命危矣，可以说已无回天之力。大夫把张詧拉到一旁小声说："令尊本来身子虚，又加喜极而悲，气血攻心，已入膏肓，我已无能为力。"

张詧也知道，父亲年事已高，经不起大喜大悲，四弟张謇高中状元，完成了他多年的夙愿，喜极而病，看来已无药医治，只能静养了。他把两个哥哥以及母亲叫到一起，在西厢房里商量。母亲葛氏一直掩面哭泣，不能自已。最终决定，还是冲喜，以丝竹代替铜锣，张灯结彩三天。虽然张詧不信这个，但母亲葛氏坚持这样做，两个哥哥言语之中又想帮衬，实际无非是张扬一下张謇中状元的威仪，给自己脸上贴些光彩，他是了解两个哥哥的秉性的，但母亲的话不能不听。

张彭年虽然元气大伤，但他头脑似乎清醒了许多，回想起张謇小时候的事：当他发现三子、四子有读书的潜质后，他只有苦心，没有厉行。一年夏天，私塾先生离塾出去办事，这俩兄弟趁机逃课到外面玩耍去了。自己知道后，心里很不是滋味，就想给兄弟俩上一课，叫俩兄弟顶着烈日去田里锄草。待到俩兄弟汗流浃背，背如火炙，面赤而痛时，将俩兄弟叫到身边，先问："读书辛苦，还是种田辛苦？"完了又言："父亲之苦，是为儿子之乐也，而惰而嬉，何以为子？"从此之后，张詧、张謇俩兄弟专心致学，再未荒废过学业。自己内心是多么的高兴。然而，寒门出状元，这一条漫漫长路所要经历的艰辛与苦难，注定是常人难以承受的。如今，儿子张謇真的中了状元，这真是从小看苗啊！也是祖上阴德和自己积善行德修来的，他心里已非常满足，已没什么遗憾了。

张謇衣锦还乡的场面，自然是轰动了整个通州城。

"张彭年接旨，奉天承运，皇帝诏曰……"张詧向前紧迎几步，磕头谢恩。

"状元衣锦还乡。"张謇首先想到的是父亲，但左顾右盼没有看见父亲的身影，心中激灵一下，他感觉不妙，一定是出事了……

跪在父亲的病榻之前，张謇思绪万千，父子秉性相同，心中都有梦，都把读书当作第一要务，在家境并不丰裕的情况下，父亲不断地给张謇找到当地最好的老师。坚信读书能改变命运，从小就给张謇点燃了考取状元的火种。

有一次，张謇没有去上学，他想跟着父亲去一块做买卖，一直以为父亲也就是收些别人不成用的东西，并没有多少技巧可言，买买卖卖就可养家糊口，让他们生活得还不错。一路上蹦蹦跳跳地玩耍，并没太在意父亲的讨价还价，也没有观察到父亲收到称意的东西而喜悦之色。

可天公不作美，下起了雨，这时父子俩离开家已几十里路，返回家也得需要几个小时，而且还要经过十几里的荒野，这要是回去晚了赶夜路是件多可怕的事，张謇心里开始犯嘀咕。因为天已接近傍晚，父亲还没有想返回的意思，一直为收到了几件称心铜器而兴奋，觉得接下来还会收到好东西。

可爷俩就这样顶着大风，冒着雨，跌跌撞撞地行走在村子里，还不停地吆喝着收废铜烂铁破衣服。当返回的时候，大多数人家已关门闭户。雨依旧在下着，父亲挑着担子歪歪斜斜地刚想上一座桥，不料一脚踩空，没走到桥上去，却跌到了泥泞的河床上。收的物件都散落在泥水里，父亲不顾摔伤的腿，招呼张謇一起把物件捡到提篮里。这一折腾，又过去了一个多小时，真是饥肠辘辘。张謇见父亲受伤，就想替父亲挑担子，十几岁的他勉勉强强能担起七八十斤的扁担，可是想迈开腿走路就难了，没走几步就压得肩膀疼痛不已，真想两只手举起扁担，走了几步，脚下一打滑，"咕咚"一声，他就倒在泥水里。父亲赶紧把他扶起来，问他伤着了没有，张謇这时真的想哭，没想到做这小买卖这么艰难，父亲常年累月是怎么熬过来的。

还好，这个时候风停了，月亮也出来了，照亮了坑坑洼洼的路面和路上的两个黑色的人影，张謇看着一瘸一拐的父亲，心里很不是滋味。

父亲知道自己受了伤，挑着担子走非常费力，而张謇实在没有能力挑起担子走，就说："儿呀，前面有一个村子，你去村子里喊人来帮忙吧。要不咱爷俩非撂在这儿不可。"张謇哭了，再等下去真的会出事，也只有这个法子了。父亲把自己的草帽扣到张謇头上说："去吧，我在这儿等着你。"张謇看了看父亲，抹着眼睛向村子里奔去。

此时，路上积水较多，非常泥泞绊脚，积水少的地方，路滑。自己几乎是一路小跑，在泥泞地上走路很不方便，他几乎是两步一个趔趄，三步一个跟头，终于找到了前面的村子。村子里大多数人家已经熄灯，找了好半天，才找了一家没有大门的人家，敲开屋门，说明来意，可这是一户老人家，显然不能给张謇提供啥帮助。张謇有点失望地向外走时，老人家发话了："孩子，你等等。我一个远房的侄子也住在这村里，我领你去找他。"就这样张謇又跟着老人家到了他侄子家里。他侄子听了情况后，赶紧穿上衣服跟随张謇去找父亲。

赶到村子里时已是半夜时分，父亲没办法，只好先把担子寄放在老人家处，连夜和张謇赶回家中，脚踝半个月后才消肿，方来取回担子。让张謇把收购到的物件打磨并登记在册。

从那以后，张謇才知道父亲的不容易，也才懂得读书是改变命运的"唯一"途径，考取功名是穷人的"唯一"选择。更加用功，潜心学业。至于父亲，也知道这样的生活磨砺是对张謇最好的教育，心中更多的是欣慰。当然，这件事对自己也是一次人生阅历，更坚定了让自己攻读仕途的决心。

如今自己真的实现了愿望，实现了父亲的愿望，可父亲却病倒了。

"父亲，儿子回来了。"

"儿呀，我高兴啊！祖宗有灵啊！"张彭年握着张謇的手，眼里的泪再也止不住。张謇赶紧拿一布巾给他拭泪。

"父亲，您尽快好起来。以后的日子，该享享清福了。"

"父亲老了，这把老骨头够本了，有你这样给祖宗争光的儿子，知足了。"

"父亲——"

"嗨，父亲明白。你放心，我还得使劲活呀，享儿子的福呢。"张彭年摆摆手，示意张謇把徐端叫来。

张謇十八岁那年冬天，张彭年为他订了一门亲事。女方是长乐镇东南距张家不满五里的乡村富家小姐，大名徐端，乳名牡丹，比张謇小三岁。三年前有人曾提起过这门亲事，张謇自愧家贫，以贫富不相当让母亲辞谢。后来张謇恢复了学籍成为通州籍秀才，当地欲把女儿许配给他的不下百家。张謇觉得这些人太势利，一概谢绝。他母亲对外称，家里薄有田产，欲娶一位懂得农事的儿媳妇。于是以前的媒人又提起了徐端，张母就请周家娘子去女家探询。其时正值九月收棉花，只见十五岁的徐端拿着杆秤和账册正忙着向佃户收租，干起活来就像她的穿着一样，干净利落。周婶与徐端母亲谈话，谈起她的婚事，徐端听到对方是一秀才，脸色潮红，心像小兔一样，但出于礼貌，没有插一句嘴。在周婶看来，徐端年纪虽轻，却稳重大方。周婶回来如此这般汇报张謇母亲，张家很是满意，就把亲事定了下来。当初订婚时，徐家广有田产，家道殷实。过了二三年，徐家两个儿子学做生意亏了本，卖尽家中田产，偿债尚嫌不足，家道顿时衰落。徐端自己跑到祖母那里，请求把父母许给她的百余亩嫁妆田地卖掉，代二位兄长偿还债务，并且还表示放弃衣物、首饰等嫁妆。祖母疼爱孙女，不同意她的请求。徐端坚持再三，定要为父兄分忧，祖母只得受了她三分之一。张徐两家离得近，张家听到这些传闻，不但不心痛少了嫁妆，反而对徐端更加器重。

张謇与徐端完婚时张家穷窘，债台高筑，就是这次婚礼也是邀集亲友凑了二百千的兴隆会才办成的。可是徐端毫不嫌贫爱富，过门第三天，她黎明即起，穿上粗布衣服，伺候公婆，操起家务。不久就是除夕，为调解别人家矛盾，徐端把自己的衣物典成银子慷慨相助，显示了她大家闺秀的气度。张母金氏对儿媳十分赞赏，夸奖说："新娘子有志气，真是吾儿的贤妻。"张謇也为妻子聪明得体，双亲喜欢而心中高兴。结婚以后，张謇长年出门在外，为生计奔波。先任孙云锦、吴长庆幕僚，后掌江宁、崇明等书院，家中诸事全交徐端当家。那时还没有女孩子读书的风气，所以徐端没有上过学，但她把一个家治理得井井有条，真所谓"入得厨房，出得厅堂"。

在这个家里，徐端是张彭年非常倚重的人。他之所以把徐端唤来，是进京会试前给张謇订了两门亲事，生怕自己不在人世后黄了。

张謇排行老四，徐夫人最大的心结是四房传接香火的问题，她知道这是她做妻子的责任。她不是没有生育过，也就是婚后第四年，徐端生了一个女孩，取名张淑。可仅仅活了九十天，"刚在襁褓之中渐解嘻笑"，却不幸死于小儿惊风。夫妻俩心中悲痛异常。又过了多年，徐端再没有怀孕的动静，只得抱养张謇三哥之女张娴，可"弱而慧"的娴儿四岁那年又不幸病卒。

事到如今，张謇只能在徐端面前向父亲保证，等父亲身体好转，就迎娶吴、梁二妾。

二

"圣旨到！张謇接旨。"

张謇率张家老小跪倒接旨。

"奉天承运，皇帝诏曰：'张謇孝心可嘉，特赐白银万两。今朝廷用人之际，即日回京述职'。"

"臣接旨谢恩。吾皇万岁万万岁。"

王公公把张謇拉到一边说："张翰林，万岁爷急需人手，朝中大权操在老佛爷手里，万岁爷这边处处掣肘啊。紧急招你入京，也是翁公的意思。"

"翁公现况如何？"

"翁公又一次任军机大臣，总理朝中事务，这是还政皇上的一个机会，所以才急招你入京。"

张謇知道自古忠孝不能两全，况且父亲病情已经稳定，自己也没有理由再滞留家中，再说这次进京是帮助翁老师为还政皇上尽微薄之力。虽说自己官微言轻，但为翁老师出出主意还是用得上的。

"择日不如撞日，我这就收拾行囊，随公公一道进京。"

徐端亲自为张謇准备所需的衣物和生活用具，想起母亲金氏临终前嘱咐张謇的一句话："科第为士人归宿，门户名号，自须求之，但汝性刚语直，慎勿为官……"想起官场险诈，拉着张謇的手再次提起这件事。

张謇母亲金氏在张謇生命中是无可替代的，树立了一个理想女性的典范。张謇曾在诗篇里歌颂母亲的品行，抒发对母亲沉痛的思念。

生活中的细节，原本微小，却是母子情深的源泉，就如露珠反射阳光一样，无形的温暖由点点滴滴汇集在一起，足以点燃沸腾的血液。天冷检衣原本是母亲再自然不过的行为，可张謇却透过看似小事感受到了母亲的忙碌与牵挂，触动了心底的柔软，引起对母亲的眷恋与思念。《检衣》中这样写道：

> 北风动庭树，落叶浩如雪。
>
> 游子身觉单，检衣辄呜咽。
>
> 游子还家时，襦袴垢且裂。
>
> 垢者忽以浣，裂者忽以缀。
>
> 浣斯复缀斯，不闻慈母说。
>
> 游子计出门，终岁十常七。
>
> 还家慈母劬，出门慈母悷。

念此心孔伤，泪下不可揜。

游子眼中泪，慈母心上血。

　　当北风萧瑟、万树叶落的时候，孤身在外的游子禁不住寒风的催促，匆匆回到住所哆嗦着打开行李，看到蓬松的、有阳光味道的棉衣，一面翻检一面抚摸着那密密的针脚，这饱含着母爱的衣服不仅温暖了身体，更化作热流熨烫了心灵，润湿了眼角。张謇禁不住想起每次回家时，母亲总是心疼地看着自己换下的又脏又破的衣服，然后就是一连串的忙碌，又洗又补。尽管不说什么，可洗衣、缝衣的动作都是那么细致、那么体贴。那些脏衣服仿佛因母亲而成了一种说不出的温暖，成了儿子在外辛苦的见证。自己在外所受的一切辛苦、委屈，都在母亲的心疼中如雪遇热，化水而逝。

　　母亲金氏贤孝端慈，教子谨严，她不仅给了儿子深厚的爱与无微不至的关怀，还以自己严而有度的教育方式使孩子们坚毅明理，以自己的言传身教令孩子们善良诚实。她是张謇生命中第一个也是最重要的女性。

　　母亲金氏少女时即以贤孝名闻乡里。她在父亲去世，母亲因悲伤哭瞎了双眼，兄弟们又都在外打工，偏偏遭遇水灾的艰难时期，凭借自己娇弱的身躯，坚强的意志支撑起一家的生活，她熬夜做鞋袜衣领，白天到府场上卖了买肉给母亲吃，自己却"杂麦屑豆纥为食"。张謇在《东台谒外祖父母茔志哀》里细细地描述当时的情景：

孙年八九龄，闻母在室时。外王父先卒，门户王母支。

道光中岁后，五岁三苦饥。亦有舅七人，各有妇婴婗。

棘棘不相保，角张自营为。王母恫失明，与母穷相依。

母以十指血，易稻供娘糜。自屑豆蔬虆，杂以微盐齑。

王母偶啜尝，抚母泪交颐。谓儿十分苦，儿苦苍天知。

……

"不能受轻蔑"，坚持守护着作为人的尊严，捍卫人格的平等，母亲金氏除了教诲张謇自尊之外，更教导他要尊重他人的人格。当张謇的父亲因为佣工所为不当生气的时候，金氏相劝说："是亦人子。儿子辈做事庸尽当耶？"这种推己及人的对人格的尊重，于平时的言行、点滴的细节中将一个大写的人字树立在张謇的心中。

张謇依稀记得：自己四五岁的时候，母亲教识字，及就外傅学，责课尤严，每夜必要求诵说当日所学。偶尔嬉戏玩耍，一定用木杖、竹板等抽打他和三哥。曰：一生困苦，冀汝曹成立尝吾志，今若此，是无望矣。由是张詧和张謇不敢自荒废学业。平日训导孩子"必以远大中正，无世俗之言"。在张謇出门时金氏切诫说："闻誉当如闻毁，则学进，闻毁当如闻誉，则德进，他日任事，亦当如此。"尤为难得的是金氏善知人，她了解自己的儿子，张謇的父亲一心一意希望儿子能考中科举以身许国，她却在临终前仍叮咛："科第为士人归宿，门户名号，自须求之，但汝性刚语直，慎勿为官……"这件事使他早就有学而优则商的念头，今徐端又提起，内心又起波澜。

曾在夜深人静，一只小舟停泊丁堰，舟上的张謇听到了熟悉的声音，那声音穿破江声，敲碎夜色，重重地落在张謇的心坎上——《邻船母笞儿》，声声敲心碎：

远闻韩伯俞，笞肤不楚伤亲衰。近者李廷尉，拥节感恸谁家儿。
亲衰犹见霜雪姿，拥节万一酬亲慈。我生三十贫贱耳，母乎安在，有儿奚以为？
急复急，荡船楫；呜复呜，儿夜泣。儿兮勿泣恫母心，儿有母笞我衣湿。

四月十三日考上了贡士的张謇一整天忙着拜谒各个房师，到了深夜他和哥哥张詧两人在住所"述忆亲慈，相向流涕"。二十八日夜在通州会馆里，张謇感母与赵、孙二先生之不及见，又感国事，不觉大哭。

张謇终于状元及第，可母亲却不能分享儿子的成功，"母既不获见，九鼎皆尘锱。飘飘纸钱烬，烂烂宫锦衣。纷纷路旁人，茕茕人间儿"。

在心理上张謇永远是母亲金氏的孩子，在实际生活中他却再不能承欢膝下，不能用自己的成功荣耀母亲。考中科举，让母亲成为诰命夫人，穿戴上那金碧辉煌的衣饰接受众人的祝贺，这样的梦想早已潜藏在张謇的心中并成为他不断磨炼制艺的动力，但是儿子虽在，母亲金氏却不能稍待诰命。

徐端见张謇泪水挂在腮上，知道这件事又让他想起了婆婆，就安慰说："你只管进京，家中有我。"

在京城已建状元府，张謇本打算接家眷过去，现如今这光景也不可能让徐端去京城，整个家都得需要她打理。没办法，他握住徐端的双手说："夫人上得了厅堂，下得了厨房，堪比男儿中的豪杰，家中仰仗你了。"徐端微笑着说："看你说的，你干的都是大事，家中琐碎之事哪能让你分心？你带管妹妹去吧，也好照顾你生活起居。"听此言，张謇对徐端更是感激，她从不要大房的性子，也从不嫉妒诋毁管氏，为了生育而尽量把同房的机会留给管氏，有此贤妻真是上天惠顾他们张家。含情脉脉地对徐端说："我走后，就买一婢一仆吧，父亲卧床、母亲年老，你一个人照顾不来，还是添些人手的好。要不我怎么放心得下。""放心吧，农忙时多雇几个短工就是了，平常也不过洗洗涮涮，柴米油盐，倒也忙不到哪里去，你尽管放心。"张謇鼻子一酸，差点流出泪来，牵着徐端的手去了父母的房间。接着又去了管氏的房里，细说停当之后，一块儿去了三哥的房里，一番叮嘱后，带着管氏随王公公进京述职了。

这一路上，匆匆赶路，除了餐宿没做多少停留。多亏了学生徐生茂跑前跑后，张謇之所以把他带在身边，主要是徐生茂办事谨慎利落，没有多少功利心。

张謇已由南通会馆搬进状元府邸。高高的青砖围墙，上方都砌了檐，一溜的青瓦；大门八字形向里延伸，尽显门前宽阔，大门朱红，上有金色铆钉，甚是气派，门框上面挂着二尺高黑漆的牌匾，上面有"状元府邸"金色大字，熠熠生辉。向里走是一面影壁墙，影壁墙上是张謇誊写的一首诗：

> 府邸观梅花中雀，朵朵作雪白云衾。
> 世人皆好夸颜色，清气弥园百姓心。

这府邸是座五进院落，进得大门来，绕过影壁墙是一大大的荷花池，池上有环廊栈道，中间一条大约宽两米，一直通到状元府，此时的荷花正值开放，如临水的美人，婀娜多姿，惹得艳阳躲躲闪闪，似有鳞波荡过，只有风儿玩耍。在状元府大院内，还有思悔厅、通州福记、大夫第、勤勉堂、通州书院等。从旁边林荫小路穿过一道月亮门，官厅就呈现在眼前，这是一个会客的大厅，装扮得非常明亮，属于通光性非常好的那种，自然院子里的安排只是几棵国槐。通过后面的还是一道月亮门，就来到了花厅，顾名思义院子里自然种了各色的花儿，倒很像一处花圃，张謇很少到这儿来，管氏却经常光顾。来得多了，并不是赏花，大多是顾影自怜，一直没有怀孕，是她最大的心结，当时张謇娶她就是为了延续后代，可她就像一颗秕谷，就是不开怀，枉费了徐端的一片苦心。管氏常去的另一个院落就是最里面的院子秋官第，至于为什么到这儿，也是与心情有关。这儿种了太多的藤本植物，像爬山虎、五叶地锦、扶芳藤、凌霄，甚至葡萄等，她觉得自己就像一棵藤，只能靠别人才能站起来，如果没有子嗣依靠，不知道还能爬多久。第四个院落通议第她倒很少去。其实张謇也很少去，议事的时候往往在状元府的通州书院，也许是与张謇前半生都在读书有关。

"四先生，四先生。袁世凯来访，已在门外等候。"徐生茂拿着名刺匆匆走进来。

"谁？袁世凯？"张謇皱起了眉头。

这位京城新贵深夜来访，一定没有好事。张謇对这位旧相识太了解了，想当初他投靠吴军门的"庆"字军，自己没少帮助他。清光绪八年（1882），朝鲜发生兵变，烧粮房、杀官吏，甚至杀了日本的练兵教师。其真实原因是国王的生父李昰应想夺取政权，并想借助于日本国的力量杀死国王李熙，他知道这件事宗主国大清不可能任他非为，所以勾结日本国，并为日本国出兵朝鲜布下借口，让大清朝不会怪到自己身上。日本趁机出兵朝鲜，干涉起朝鲜内政来。日本狼子野心昭然，派遣军舰进抵仁川。李熙早有觉察，在日本攻打都城之前，派人向宗主国大清朝请求支援。吴长庆奉命督师支援朝鲜平定叛乱，同时阻止日本势力扩张。水师提督丁汝昌带了兵船战舰，吴长庆召集了全部兵马。虽然那时，吴长庆幕中人才济济，但重要机密和书信往来的事，吴长庆只信任和托付张謇，完全负责和主持办理。兵贵神速、瞬息万变，朝命一下，就要马上待装出发，所有准备工作由张謇通盘担当处理。张謇连夜布置出发事宜和前敌军事情况，实在是忙不过来，正好袁世凯不愿再走科举之路，就向吴长庆提议让袁世凯处理一些军中事务，赶办行军应用的各种物件，哪晓得限他五六天办好的事，不到三天就办得妥当齐备，很是给力，表现出不凡的能力。出发时，就派他执行前敌营务处的差使，先行带兵开往朝鲜。到达都城后，袁世凯先派一小股清兵混进城去，制造混乱，内外夹击，很快平息了叛乱。官兵死伤不过几十人，捉到了叛兵二百多人。当时，袁世凯列队迎接张謇和吴长庆，士兵精神焕发，纪律严谨，张謇觉得自己没有看错人，心里无比的高兴，可袁世凯对他的称呼却改了，由原来的"季直师"改成"季直先生"，让他内心有些尴尬。

清光绪十年（1884），张謇随吴长庆奉调回国，驻防金州，袁世凯留朝鲜接统"庆字营"。这时的张謇也有了自己的主张，对于日本的豺狼之心，已了然入目，光绪壬午间处置善后朝鲜的办法，论及了东北三省和朝鲜的事，已说得极为透彻。张謇的前瞻眼光，极为独到、切中要害。日后，一一应验，特别是今天中日外交和日本吞并朝鲜的事实早已预见。

可是袁世凯在吴长庆回国后，却撇开吴长庆直接投靠李鸿章，导致"庆"字军被切割，吴长庆看出了端倪，如果再不隐退，可能小命难保，没办法只能告病还乡，没多久就离开了人世，整个"庆"字军落到了李鸿章亲信马建忠手里。这件事让张謇对袁世凯的看法发生了一百八十度大转弯。

今年 7 月，朝鲜又一次发生内乱，向大清朝再次请求军事援助，大清朝再次出兵朝鲜。而这时的日本国一直在寻找出兵大清朝的借口。看到大清朝出兵朝鲜，认为这是一个很好的机会，也很快向朝鲜出兵，在这片陌生的土地上，两军相遇，大清朝军队是来平乱的，对于强势的日军毫无思想准备，而日军已经蓄谋已久，当日军从背后杀来时，战争的结果只能以清朝军队失败而告终。首先是牙山之战，清军仓皇迎战，惨败而逃，退守平壤。尽管平壤墙坚门厚，还是没抵挡多长时间，只好退守鸭绿江边。而这时候，袁世凯来访有何目的？明眼人一想就明白。

"对呀，此人身穿五品官服，说话大大咧咧，在门口一直嚷嚷季直兄。"徐生茂不满地说。

张謇皱了皱眉说："季直兄？就说我已睡下。改日回访！"

徐生茂把着大门说："先生已睡下，改日回访。"

"说什么呢？季直兄高中状元就不见故人了。季直兄，我是慰亭啊。"说完，袁世凯不顾徐生茂的劝解，直接推开人闯进来。

张謇听见嚷嚷声从房里走出来，透过灯笼透出的光亮，见一身穿五品官服、带着六个挎刀官兵的武将。此人身材微胖，下巴有些上扬，有股飞扬气息。一见张謇就喊："季直兄啊，想煞慰亭了。"

"啊，你喊我季直兄？十年间我的称呼改变了不知几次了吧？'季直师''季直先生''季直兄'！"张謇带着讥诮口吻说。

"哈哈！季直兄说笑了。十几年过去了，时时都在变化嘛。"袁世凯表情有些不自然，在晃动的灯光下一闪而过。

"是变化很大，你都官至五品了，成了李中堂的红人了。"

"哈哈！季直兄说得也对，难道不请我屋里坐坐，我可是专程来访啊！"

张謇见拗不过，只好做了个请的手势，很不情愿地说："请吧！"

二人进了通州书院，袁世凯也没客气，一屁股坐在椅子上。徐生茂见老师不待见袁世凯，气嘟嘟地也没上茶。

张謇虽不喜欢袁世凯，但来者是客，就喊道："生茂啊，给袁大人上茶。"

徐生茂瞥了一眼，答应着退了出去，很快端上两杯桂花茶。张謇像父亲一样也爱喝茶，但他喜欢的是桂花茶而不是黄山毛峰，一来这种茶便宜，二来这种茶由桂花和茶叶窖制而成，香味馥郁持久，汤色绿而明亮。他喜欢这种饮茶的感觉。

袁世凯呷了一口，皱了皱眉说："季直兄喜欢花茶？这太低档次了。"

"这个可是先生的最爱，一般人还舍不得给他喝呢！"徐生茂很不待见地说。

"哈哈！回去后，我差人送些西湖龙井来，季直兄一定喜欢。"

"袁大人想错了，做人就像饮茶一样，我就喜欢桂花的味道与品性。龙井虽然名贵，但不一定适合我。"

"哈哈！也是啊。季直兄一定猜着我的来意？"

"我一向愚钝，不知袁大人深夜来此有何指教？"

"哈哈！我袁某人哪敢有指教，倒是李中堂有话差我嘱咐你。"

"我与中堂大人交往不多，他会有话嘱咐我，这也稀奇了。"

"啊，虽然翁中堂和李中堂同为中堂大人，但李中堂为封疆大臣，手握重兵，在朝堂之中更是一言九鼎，我想季直兄不会不知道吧？"

"既然是一言九鼎，还嘱咐我这六品小吏干啥！"

"哈哈！季直兄啊，你们翰林院可不是小吏呀。你们都是翁中堂的门生，朝堂上你们就代表翁中堂啊，那可是锋利的刀子啊！李中堂听后脊背嗖嗖冒冷汗！"

"自己做了什么？为何不敢担当啊！"

"这能怪李中堂？这十年间，朝廷出钱买过一艘战舰还是一门大炮？"

"朝廷拨的银两呢？难道他没有过错？十年前，你最清楚，朝鲜问题他是不是视而不见？"张謇愤怒地反问。

袁世凯一时语塞，就放下狠话说："弹劾李中堂的人不会有好下场，他可是太后依仗的大臣，不是谁想弹劾就能弹劾的！"袁世凯站了起来。

"送客！道不同不相为谋！"张謇背过身去。

袁世凯拂袖而去。

走出门来，袁世凯脸上透出几丝冷笑，无声的笑意更加阴冷。他就是想激怒张謇，让张謇一步步走入他设的局，让翁同龢和李鸿章斗个鱼死网破，借慈禧太后的手除去翁同龢，为洋务派争得更大的空间。他知道无论双方谁胜谁负，都不影响他获得更大的实权，他的心思是超越李鸿章的更大利益，甚至……

三

"翁师啊，李鸿章确确实实误国呀！"张謇知道朝堂之上，自己官小言微，只能向翁同龢倾诉，下定决心扳倒李鸿章。

"让李鸿章下课，是皇帝重新执政的契机。李鸿章不倒，后权很难削弱，相比之下，皇帝就受控于太后。嗨，难呢！"翁同龢捋了捋胡须又摇了摇头。

"牙山之战，我军投入 3000 多人，日军 4000 多人，双方伤亡相差不多，但我军辎重损失较多，且牙山失守。但叶志超却战败夸胜，假报战功，骗取朝廷奖赏。平壤之战，左宝贵殊死抵抗，直至殉国。可叶志超却弃城而逃，狂奔五百里，致使日本军队占领朝鲜全境。李鸿章不但没有降罪叶志超，还为其辩解隐瞒，其罪当诛！"

张謇为什么这么憎恶李鸿章。其实这是有前因的。朝鲜平乱后，张謇写了一篇治论极为深刻的文章《朝鲜善后六策》，提出了自己的六点建议：

1. 鉴于历史，在汉朝设置玄菟、乐浪两郡，我朝也应该效仿，将朝鲜分而治之。

2. 按照后周的方式，设置监国。

3. 在朝鲜各海口驻扎重兵，同时促其内部改革旧政。

4. 帮助朝鲜训练新军。让朝鲜自身增强防卫能力。

5. 东三省与朝鲜联为一气，互相声援。

6. 直接出兵主动打击日本，变被动为主动，收回琉球。

当时，李鸿章正在休假，而张树声代理北洋大臣。张謇是希望张树声从这些方案中选择几个，当然都选择会更好。作为解决朝鲜的政策执行下去。

可让人大跌眼镜的是张树声还没来得及思考一下，李鸿章就假期满了回任了。张树声就把所有的交接档案资料打包交给了李鸿章，当然，也包括《朝鲜善后六策》。在当时，张謇只是个名不见经传的庆军幕僚，他的意见一般不会引起李鸿章的注意。李鸿章只瞅了一眼，就随手扔进了废文件里，说了一句："多事！"但这篇文章却被李鸿章的侄子从废文件中扒拉出来，仔细阅读后，感觉是一篇足以震动京城的好文，就抄下来在朋友间传阅。传来传去就传到清流一派手里，这件事激起了发酵效应，李鸿章被狠狠地参了一本。虽然没有给李鸿章产生多大杀伤力，却给张謇的上司吴长庆和庆军带来了灭顶之灾。

如今，又有机会弹劾李鸿章，张謇自然不会留有余力。

"翁师啊，李鸿章隐瞒战局，贻误战机，不战而败，罪不可恕啊！"

"这些都是铁板钉钉的事，但还不足以扳倒他。他是几朝老臣，手握重兵，太后还得仰仗他呀。我们得找一位能代替他执掌北洋军的重量级人物才行啊。"

"恭亲王原来是军机大臣又是皇亲国戚，请他出山，太后不会有太多借口吧。"

"对呀，我也这么想啊。明天我就上朝参他一本，看看太后有何说辞，再做打算。"

第二天，翁同龢从朝堂上回来，立刻招集"清流一派"商量，才知道慈禧太后为这次兵败日本找一替罪羊，而摘掉了李鸿章的三眼花翎、扒掉了他的黄马褂，但并没有实质性的定罪李鸿章。

张謇觉得打蛇要打七寸，连夜草拟了一份奏折《推原祸始，防患未然，请去北洋折》，直指李鸿章的北洋军，把处理朝鲜问题、对日本和战问题、北洋军的内部问题，一股脑地推给了李鸿章。并且给他加了要命的一条：李鸿章拥兵自重要挟朝廷，抗旨不遵。举出了各种黑料。

其实，皇家最怕的就是大臣权力过于集中，特别是手握兵权的大臣，一旦有二心，就无法控制。慈禧看了这份奏折脊梁骨也嗖嗖的，自然李鸿章真的下课了，恭亲王接替了他的职务。

正当清流一派死死咬住李鸿章不放，张謇突然接到一封家书，告知父亲病危。张謇一下子着了急，他知道翁师需要人手，但孝道是必尽的，何况父亲一定想见自己一面。匆匆来到翁师府上说明缘由。

翁同龢也非常吃惊，这相当于朝堂之上断其一臂，但百事孝为先，无论如何都不能挽留张謇。面带悲切地说："季直啊，这事拖不得呀。早去早回吧，家中安排好了再回朝效力。"张謇诺诺道："我不在身边，望翁师多多保重啊！"拜别翁同龢，张謇向皇上请了假，随即收拾停当，带着徐生茂快马加鞭赶往江苏通州。

通州张府，张彭年躺在书房里，这是三间屋子，在张家也是最宽敞的。说是三间屋子，其实是一大间，中间用硬屏风隔了，形成了"两明一暗"的结构。靠东那一间是卧室，另两间用格子细工分开，盛满了书籍。硬屏风有六七尺宽，上面描绘了一座宫殿图，玲珑飞脊，如在云端，青山绵延，雁阵隐隐约约，有宫女坐而吹箫，或莲池戏鱼，一派太平景致。这些图案是民间艺人用彩粉画上的，背影为晶亮的黑漆，虽然栩栩如生，但并不名贵，每每都有走街串巷的手艺人干这一行。莲池的枯叶、低垂的蒲苇，似有阵阵寒意袭来，就仿佛人间世上的繁华梦正在流逝。好像艺人有意告诫世人，人生如梦、过眼云烟。

张彭年已经病情危殆，憔悴而衰弱，还发高烧，脉搏几乎摸不到了，偶尔像是呕吐，实际已无力形成此事，四肢冰凉，眼睛紧闭。由种种病象上看，阳经已耗尽，阴经急速消减，身体正在干涸。干涩的咽喉里似在说话，张詧赶紧把耳朵贴过去，隐隐约约似乎听见"謇儿"两字。知道父亲这个时候最希望的是四弟在这儿。

张謇风尘仆仆，远远望见门口挂着的招魂幡，心头一凉，知道父亲已经不在人世，翻身下马，直奔书房，还没进屋就听见哭声一片。张謇三步并作两步，扑向床前，跪在床边，泪水再也止不住。过了良久，才问张詧："三哥，怎么不早写信呢？"

"嗨，父亲不让写信，一直拖着。"

张詧满脸遗憾，他知道父亲内心多么想再见张謇一面。张謇也没再说什么，仔细端详着父亲的脸，见父亲面带笑意，异常安详，知道他已心满意足，没有遗憾。就对张詧说："父亲一生非常节俭，走后也不会希望我们大操大办，但丧事也不能过于寒酸。"

"父亲虽不是佛教徒，但一生行善，并常用爷爷还米的事迹教导我们，就请几个和尚超度吧。"张詧对张謇说。

在张謇和张詧内心深处父亲不但正直，而且乐善好施。

1853 年，祖父张朝彦去世，留下李某的一笔债务，李某对张彭年多次蛮横逼债，而张彭年认为父债子还是天经地义的，但不能受侮辱。于是请来亲戚朋友，确定了还债日期。通过转借、典当周转到了一笔钱，把李某的债还清了。11 年后，张彭年请名师来家办私塾，李某想让儿子来张家附学，但又担心张彭年记恨他，不敢开口，托中间人征询其意见，张彭年不念旧恶、不计前嫌，同意其儿子和张謇兄弟同学。

张彭年早年做小生意，继承父业，挑担贩卖麦芽糖、瓷器和收破布。

一次，他在家中清理收购来的破衣烂衫，突然发现一件破衣服的口袋里有一张银票，在那样的年代，他这样辛苦做工的人家，这样的意外之财贴补家用，又无人知晓，那应该是上天的恩赐。但他认为这是不义之财，丢失的人家一定非常着急，将心比心，立即还给人家才是积善之家，根据自己的记忆找到了这家人。

一天黄昏，张彭年在大路边上厕所，发现一只打满补丁的褡裢，打开一看，里面有许多铜板、银毫子、银圆，足足能买下两亩多良田。怕被路人捡走，便在厕所旁边等候。过了良久，果真一人满头大汗、张皇失措地赶来寻找褡裢。张彭年和他核对无误后还给了他，对方立即下跪致谢，并要给其谢礼，张彭年谢绝了。过了几天，那人又买了礼物登门拜谢，并希望为张家儿子交学费，但都被张彭年一一婉言谢绝。

张彭年还助人为乐。一次邻居的儿子生了麻疹，没钱医治，生命垂危，张家也在困难之中，但依然典当了被子，换来 400 个铜板，为邻居儿子治病，最终救下了邻居的孩子。

1853 年，苏北海门县发生旱灾，翌年春天，米价大涨，一斗米要两三百个铜板，百姓苦不堪言，剥生蚕豆、麦粒充饥，张家住在大路边，上门的乞丐很多，张彭年每餐只吃半饱，而对上门乞讨者一定施舍一碗食物。他教育子女，能救一人是一人，能救一时是一时。1886 年，苏北海门县再次发生春荒，张彭年家这时已欠债很多，只有所住的房子还是值钱的物件，就把房子抵押给了翟家，借到一笔钱，买来麦子，无息借给断炊的乡亲们度过春荒。

张彭年为人公道正派，通情达理，早年读过几年私塾，又做过小生意，所以见多识广，能言善辩，在乡亲们中享有威望。他在 60 岁之后，让张謇管家，他整天做民间调解人，帮助乡亲们调解各种矛盾，让彼此和解、和好，有时候，他还自己掏腰包做调解工作。家里常常坐满一大房间人，遇到用餐的时候还得请乡亲们吃饭。家里人感到厌烦，张彭年却解释说："穷人有冤无处申才来找我，为穷苦人申冤、排忧解难、调解纠纷，这是行善积德。我现在还未完全衰老，用口舌为乡亲们做点好事，感到非常欣慰。"

常怀感恩之心，是张彭年给张謇、张詧留下的另一个良好品质。张彭年常常跟张謇讲起祖父知恩图报的事情。祖父张朝彦早年也是靠挑担贩卖麦芽糖、瓷器、收破布为生，一家人起初住在一艘船上，子女多了实在住不下，就上岸租房住。邻居李老太发现张朝彦妻子吴氏在河边天天淘一点米，知道其家庭窘迫，便送上一斗米，张朝彦一家千恩万谢，牢记恩情。两个月后，积聚到一斗米，立即归还。后来李老太儿子不幸早逝，张朝彦每年又赠送一斗米给她，直到李老太去世。这件祖上的事，让张謇、张詧很早就懂得了受人滴水之恩当以涌泉相报的道理。

1874 年冬，22 岁的张謇在孙云锦手下当幕僚，月薪 10 两纹银。1875 年大年初一，张謇把积攒的 100 两白银全部交给父亲还债，父亲高兴地哭了。把银子供奉在祖先牌位前，语重心长地说："我们家乡的博学大儒，到富豪家教书，一年的薪水才有 100 两银子，你为何能从孙大人那儿得到这么多薪水？这是孙大人同情我们家贫苦，希望你发愤图强。所以，要把孙大人给我们的这笔钱当作恩情，而非应该所得。但是恩情不可能随便获得，你要永远铭记在心。家中的债务有父亲在可以逐步偿还，你不必担心。希望你莫取非分之财，以免让你父亲蒙羞。"

……

张謇脑海中像闪着父亲的点点滴滴，抹了一把泪说："三哥尽管安排，父亲大人与佛有缘，一颗佛心，愿他早日登极乐世界。"

"我这就去办，设置灵堂的事——"

"把灵堂设在堂屋里，做七七四十九天佛事，也守灵四十九天。我也上报朝廷，守制三年，以尽孝道。"

四

光绪二十年（1894）8 月 1 日，中日宣战，张之洞上奏光绪帝，请求派马队"驰赴天津，听候调遣"，并想以"外洋为助"。他鉴于"倭势日强，必将深入"，建议"慎固津沽及盛京"。10月26日致电李鸿章，提出"购兵船、借洋款、结强援"三项主张。10月底，日军强渡鸭绿江后，辽沈危急，张之洞再提出"购快船、购军火、借洋款、结强援、明赏罚"五事。11月2日，张之洞调署两江总督。11月7日，他在致李鸿章电中指出"无论或战或和，总非有船不行"。11月下旬，日军围困旅顺，张之洞先后致电李鸿章、李秉衡，要求急救旅顺。张之洞调署两江总督时，正巧张謇丁忧在家，不便把他叫到府上，就修书一封，派信使快马加鞭送去。书中大意是派遣总办通海团练，如有需要酌调拨饷筹军械。

张謇接到信后，虽然父亲双七未过，但也不敢耽误国家大事，更何况是张总督专门派信使加急送来，就找来张詧商量：

"三哥，倭寇气焰甚盛，战火已然烧到东北了！"

"是啊，区区一岛国都欺上门来了，国力日下啊。"张詧心里很不是滋味。

"张总督差人送来一封信，您看看。我们也需要自救啊，不能静等朝廷。"张謇把信交到张詧手里。

张詧展开仔细看了一遍，捋了一下胡须说："四弟啊，调拨饷筹军械似乎是一句空话啊。"

"这也就是句面子话，张总督致电李鸿章不止一次，但京城毫无动静，一直沉浸在为太后祝寿的喜悦中。看看那边打得血肉横飞，这边却歌舞升平啊！"张謇流下了眼泪，他为那些浴血的英雄。

"翁师那儿不可能不知，又有谁冒天下之大不韪呢？还是另有隐情？"

"现在的朝廷不是改变民生，而是以强权治国，目的是以防百姓造反，最终是彰显一下皇威罢了，难道皇上和太后就不知道国库空虚？翁师那边极力促成还政皇上，也不敢让太后不悦呀！"

"可，四弟啊。办团练真的需要真金白银啊，就是不给兵勇发饷，也得购买军械啊，甚至需要现代枪炮。"张詧直击问题所在。

张謇沉思了一会儿说："过去那种募捐筹款办团练的办法，弊端很多，不但骚扰地方也很难实施，我想换个法子。"

"还有啥法子？"

"嗨，舍不得孩子套不住狼。把我的藏书打打包典质出去吧。"

"这怎么行呢？书可是你的命根子啊！我不同意。"

"三哥呀，倭寇如果真的打过来，或者盗匪猖獗，哪还有书可读啊！让老百姓组织地方武装自卫，一是防止海盗，二是防备日本的侵犯呀。还有比这事更重要的？再说只是典质，还可以赎回来嘛！"

张詧觉得也没有别的办法，只好说："好吧，我这就去办。"

张詧典质书籍二十四箱，得款一千元。这让张謇更加觉得只有民富才能国强，他一直觉得这二十四箱书，最少也得筹得三千元，没想到才区区一千元，人家还说是仰仗了"状元公"的名号。

兵勇倒是很快招募了几百人，但兵器却是些大刀长矛，甚至有些人还拿着鱼叉和菜刀。张謇就开始寻思这件事，这样的队伍能打仗？不用说面对洋枪洋炮的倭寇，就是手持利刃的海盗也不能抵御，这怎么办呢？得想办法弄一些洋枪，最好再弄门洋炮。可手里还剩下的区区几百元能做什么呢？想来想去，他觉得还得求助于张之洞，因为他听说张之洞也在训练新军，在徐州存兵 1 万多人，全部用德国人担任军官，采用西法操练，就想过去看看，顺便争取些军械。但他很快听到了一个信息：朝廷旨调 4 艘兵舰，张之洞却致李鸿章电说："旨调南洋兵轮四艘，查此四轮既系木壳，且管带皆不得力，炮手水勇皆不精练，毫无用处，不过徒供一击，全归糜烂而已。甚至故意凿沉、搁浅皆难预料。"张謇心凉了许多，张之洞辛辛苦苦训练的海军，竟然如此不堪，求助于张之洞的念头暂时放下了。

光绪二十一年（1895）初，日军进犯山东半岛，张之洞给山东巡抚李秉衡发急电，建议"责成地方官多募民夫，迅速星夜多开壕堑，于要路多埋火药，作地雷"，以阻止日军进犯。并表示拟拨枪支弹药支援山东守军。在丁汝昌自杀殉国后，他曾建议将驻扎台湾的刘永福调来山东抗日，保卫烟台。当张之洞得悉清廷有割台海于日之说，于 2 月 28 日致电朝廷，沥陈利害，极力反对割台。并提出保台的"权宜救急之法"有二：一、向英国借巨款，"以台湾作保"，英必以军舰保卫台湾；二、除借巨款外，"许英在台湾开矿一二十年"，对英有大益，必肯保台。3月29日，张之洞致电唐景崧，一方面鼓励御倭；一方面建议起用百战之将刘永福，同时致电刘永福，建议他"忍小任大，和衷共济，建立奇功"。

在京城里，翁同龢所领导的"清流一派"，一心想削弱李鸿章的势力，向光绪皇帝上书："万岁，想那淮军和北洋海军都是李中堂所创，一直由他掌控，也是我朝精锐，养兵千日用兵一时，现在倭寇打上门来了，御敌有胜券者非李中堂莫属啊！"

"翁师，倭寇两线作战，一路越过鸭绿江必入侵辽东半岛，另一路必从海上进攻，攻击威海卫，打开京津门户，直逼京津啊。"光绪皇帝似乎更忌惮倭寇打到北京城。

"万岁，老臣认为东北膏腴之地，乃我朝龙脉，也不能有所闪失啊！"翁同龢怕光绪帝会让李鸿章坐镇京城，更加巩固了他的势力，而让自己倒李的计划落空。

"翁师的意思是？"

"老臣觉得淮军精锐还是李中堂亲自指挥为好，这样能提升官兵士气。京城不属于外围防御，可调遣湘军守防。"翁同龢偷偷观察皇上，没看出皇上有疑心，心中暗喜。

对李鸿章而言，内心情绪是很大的。早些年，两江总督沈葆桢、台湾巡抚刘铭传就提出"倭人不可轻视"，但朝廷和大部分官员都认为日本国乃"蕞尔小邦"。可是，在日本倾全国之力扩充军备，战争危险日益迫近的紧要关头，朝廷却以国库紧张为由，削减军费预算，从1888年开始停止购进军舰，1891年停止拨付海军的器械弹药费用。李鸿章不是不知道，他手里的这些军队是他能屹立朝堂而不倒的筹码，要不清流一派早让他无立锥之地了。现如今，从丰岛海战爆发，连连失利，再拼光自己所剩老本，那还仰仗什么？所以，当光绪皇帝宣他进京，自己就心惊胆战。虽说离开天津到京城一直是他的心愿，这时却像催命符，但也不能不从，收拾停当匆匆赶往北京面圣。

"万岁，急招老臣进京，老臣惶恐！"

"李中堂，前线吃紧，你有何良策？"光绪皇帝并没有一上来就说明用意。

"万岁，各国探报，倭人将以大股图犯北京，又云谋袭沈阳。唯有严防渤海以固京畿之藩篱，力保沈阳以顾东省之根本；然后厚集兵力，再图大举，以为规复朝鲜之地。"

"看来朕错怪你了，一直认为你胆小怯懦，对倭作战上过于谨慎、顾虑重重。"

"万岁，老臣抗倭之心可鉴日月啊！"

"好吧。朕命你布置进兵一切事宜，若顾虑不前、行事拖沓、循致贻误战机，定唯你是问！"

"老臣谨遵圣命！"

李鸿章退出朝堂之后，乘轿去了慈宁宫。

"李中堂，从朝鲜战场到丰岛海战，再到近期战事，淮军和北洋水师胜少负多呀，朝堂之上责骂之声可是不少啊！有人还拿你儿子说事呢！"慈禧太后不阴不阳地说。

1894 年 9 月 8 日，江南道御史张仲炘奏陈北洋诸种可疑行事，其中指"李鸿章之子李经方在海上冲突已发生后，犹在上海由候补道张鸿禄经手，出售米三千石予日本，而日尚订购开平煤三万石，以战事既兴，经办人员不拟售给，李鸿章却谓买约订于失和之先而仍令成交，且促速办，人称不解。尤有进者，张折复指李经方昔使日本，与宫眷往还甚密，曾认明治天皇女为义女，且议聘为儿媳；又在日开有资金八百万之洋行，时任津海关道之盛宣怀亦有插股，且其仍照常贸易；前后相映，则资敌之罪，似已非妄。"

为了攻讦李鸿章，连李鸿章之子李经方让儿子当了日本"驸马"这种

"故事"都能写进奏折，以至于翁同龢看了这篇奏折后都评价："语绝奇。"

李鸿章大惊，颤巍巍地说："太后明鉴啊，都知道老臣效忠太后，这是陷太后于不义啊！"

"哼，这是存心和我作对，翁同龢仰仗两朝帝师，越来越肆意妄为。"慈禧心想若不是让他牵制你李鸿章，我早让他滚蛋了。

李鸿章平静下来，知道只要慈禧喜欢，皇帝也拿他没办法，必须保存手中的筹码。

"太后六十大寿是大事，我报喜不报忧，是怕冲撞了太后寿辰呀！"

"今日令吾不欢者，吾亦将令彼终身不欢。"慈禧毫不客气地说。

李鸿章心中已有主张，进而说："老臣认为，眼下最重要的是用什么方式结束战争。"

"你和本宫想的一样，倭人所掠之地，都戳我心窝，夜不能寐。唯有你能为我分忧，不管用什么办法，尽快结束这场噩梦。"

"老臣明白，太后吉祥。"李鸿章一直寄希望于美、英、俄等欧美列强调停，让日本撤兵。

翁同龢认为还政皇上比与倭人这场战争更重要，只有皇上掌权，才能改革利弊，实施新政。所以，与战争的结果相比，他更想扳倒李鸿章。

"万岁，现在的兵力主要在李鸿章手里，一有变故将不可收拾，明史鉴今，应该限制兵权过于集中。"

"翁师的意思是——"

"李秉衡忠勇双全，可出任山东巡抚，负责山东一切防务。"

"好，倭人已逼近山东半岛，翁师立刻督办此事吧。"

"臣还有一事禀奏。李鸿章毕竟是外臣，望圣上起用恭亲王。"

"这个——"光绪皇帝知道恭亲王奕䜣是被太后所贬，如今起用得找一个过硬的借口才是。

"这个请皇上放心，我上书一封，弹劾李鸿章拥兵自重，不服管制，挟制朝廷，我想太后也会忌惮，自然会起用恭亲王。"

"啊，翁师说的极是。"

"万岁，老臣这就去准备。明日早朝呈上奏折。"

黄海战役失败后，迫于"清流一派"的压力，慈禧太后重新起用了恭亲王奕䜣主持总理衙门。但奕䜣并没有和"清流一派"一个想法，表面上加强督战，背地里却请求英国联合美、俄共同调停。但他不知道，这时的美、德、俄三国各有打算，不想让英国抢了风头，而是想从这场战争中获得利益均沾，可想而知，英国的调停建议没有落地就夭折了。

"恭亲王，你可知道我大清'龙兴之地'正遭屠戮？"慈禧阴沉着脸说。

"禀太后，臣琢磨着调停之事，关键还在美国。"恭亲王老谋深算地说。

"怎么说呢？大英帝国的面子难道没了分量？"慈禧有点不解，在她眼里英国还是拳头最硬的。

"这美国和英国有着亲戚关系，这些年发展很快，是新兴的大国，但它在我大清的利益上远远少于英国，我想这美国人可能从中作梗。"

"恭亲王，那你有什么良策？"

"我想私下里先跟田贝先生沟通沟通。"

"不要瞻前顾后，火都烧到院子里了！"

这次恭亲王派李鸿章亲自出面拜见美国公使田贝，田贝已接到美国上层命令，认为对清政府进行讹诈的时机已到，表示愿意居间"调停"。李鸿章为了均衡列强的势力，而又急于求和，又不想一下子把事情弄得没有回旋的余地，在恭亲王同意下派遣了一个德国人，即担任天津税务司的德璀琳作为自己的代表到日本去探商议和的条件。

但日本人马上嗅到大清的意图，知道还没有让大清彻底臣服，一方面继续加大进攻步伐，另一方面通过美国人要求清政府派出"具有正式资格的全权委员"。

当时旅顺已失守，京津战事迫在眉睫，慈禧心下大乱，首先想到的是自身的统治与安危。不顾光绪皇帝等人的反对，指使奕䜣委托田贝秘密疏通，又正式派户部侍郎张荫桓、湖南巡抚邵友濂为全权大臣，聘美国国务卿科士达为顾问，赴日求和，慈禧觉得这次卑躬屈膝的诚意已满满。但这时的威海卫战事已非常吃紧，军事上的节节胜利，让日本的胃口越来越大，为了更大利益借口"全权不足"，把清政府的代表侮辱一番，驱逐出日本国。

日本虽然战场上连战连捷，但毕竟国力有限，战争带来的巨大消耗进一步加重了日本普通人的负担，自1894年底以来，不少地方爆发了农民暴动，社会动荡不安。日本首相伊藤博文认为战争不能再继续下去，提出和谈，但指定要李鸿章充当全权代表，并提出必须以割地、赔款为"议和"条件，否则无需派代表前往日本。慈禧十分害怕战争继续下去，为了求得停战，决心不惜任何代价。按照日本的旨意，改派李鸿章为头等全权大臣，以美国前任国务卿科士达为顾问，前往日本马关（今下关）与日本首相伊藤博文、外务大臣陆奥宗光进行谈判。双方在春帆楼会见，正式开启了和谈。

当时北洋水师虽全军覆灭，但是辽东战场清军还在顽强抵抗。日方提出包括占领天津等地在内的四项苛刻的停战条件，李鸿章没有答应，因为他觉得这样一来，京城将失去任何屏障，会带来不可收拾的后果。3月24日会议后，李鸿章回使馆途中突然被日本浪人刺伤。李鸿章的影响还是比较大的，这让日本担心造成第三国干涉的借口，自动宣布承诺休战，休战范围限于奉天、直隶、山东各地。此时一路日军已袭占澎湖，造成威胁台湾之势，日本保持了在这里的军事行动。

日方代表以胜利者的姿态，继续进行威胁和讹诈。美国顾问科士达则设法怂恿李鸿章赶快接受条件，以便从中渔利。日方提出十分苛刻的议和条款，李鸿章乞求降低条件。伊藤博文对李鸿章说："中堂见我此次节略，但有允、不允两句话而已。"李鸿章问："难道不准分辩？"伊藤博文回答："只管辩论，但不能减少。"李鸿章苦苦哀求减轻勒索，但均遭拒绝。慈禧怕情况有变，电令李鸿章遵旨定约。4月17日，李鸿章代表清政府与日本签订了《马关条约》。

张謇得到《马关条约》签订的消息号啕大哭，心绪久久不能平静，重孝在身，不能前往京城向翁师倾诉，决定拜谒两江总督张之洞。

总督府内，大堂门柱上一副对联："虽贤哲难免过差愿诸君谠忠言常攻吾短，凡堂属略同师弟使友行修名立方尽我心。"为曾任两江总督的曾国藩所撰写。大堂正上方悬挂着乾隆皇帝赐予两江总督尹继善的"惠洽两江"匾额，赞扬他为官一任，造福一方，使得两江地区百姓受益。公案后是巨型漆雕屏风，"一品朝阳"，这幅图案和一品文官胸前的补服图案是相同的，朝阳代表皇帝，仙鹤代表总督，表达了总督对皇帝的赤胆忠心。屏风上方还悬挂着乾隆赐给曾任两江总督黄廷桂的御书"秉钺三江"横匾，"秉钺三江"意思是说用严正的法律治理三江地域，公案两侧各有一把杏黄伞。屏风两侧还有对联："齿牙吐慧艳于雪，肝胆照人清若秋。"大堂左前方木架上有一面鼓，为总督升堂之用。大鼓上方的横额上还挂着"三省钧衡"。大堂前面是一个小天井，从天井南面的门出来往东走，进入东边的门，也就是大堂前东边的门，进入东苑。东苑中一大门朝东的院落，是总督花厅，屋内柱上一对联："一路沿溪花覆水，几家深树碧藏楼。"这儿是供总督们休息、读书、会客的地方。花厅正中"清风是式"四个字是乾隆皇帝提给康熙年间两江总督于成龙的，赞扬他为官清廉，两袖清风，是天下做官人的楷模。正面的屏风上刻有一篇嘉靖皇帝的《御制甄别贤愚以澄吏治谕》，这是雍正皇帝关于选拔官吏标准的一篇文章的节选。花厅内，张謇和张之洞正在密谈：

"香帅，此约真的有辱我朝，割地赔款让人心寒啊！"张謇叹了口气说。

"已到如今这般境地，只有乞援强国，废止条约，别无他法啊！"

"香帅啊，签约之时有美国顾问科士达在场啊。"

"你想啊，谁离辽东半岛最近啊？"

"您是说俄国人？"

"对呀。日本占领辽东半岛严重侵犯了俄国人的利益，而刚刚结束战争的日本不可能再和俄国人开战，只要俄国人介入，日本只能放弃辽东半岛，为了显示姿态，俄国人也不会占领，只能归还中国啊！"

"对呀，美、英、法等国也不会眼巴巴地看着日本人占尽好处，为了自身利益，一定出面干涉某些条约中的条款，再加上我朝乞援的借口，应该有所转机。"一向刚直的张謇似乎也有所迂回，不得不佩服张之洞的谋略。

"还有关键一环，台湾与大陆海峡相隔，日军还未攻陷，只是兵临城下，如果集中兵力和饷械死守，应该对废约有利。"张之洞捋着花白的胡须，很有见地地说。

张謇知道日本乃一岛国，国土狭小，资源匮乏，不宜久战，台湾死守这一步棋如果走对了，还有翻盘的希望。但从军事上说，战争很大程度上取决于双方意志力，想来想去他欲言又止，摇了摇头。

第四章　再赴总督府

对时局做出自己的判断，再赴总督府。

一

张謇从总督府回来，心情异常沉重，但他知道自己无法改变既成的现实，想来想去大清主要症结是民穷国弱，他内心那种城府模样、社会状态既清晰又模糊。清晰的是它有一个轮廓，模糊的是它那么遥远。再一个，张謇也明白，他想影响这个社会也得有足够的能量才行。

张謇仔细查阅了同治、光绪两朝的《海关贸易册》发现：进口货物非常多，最多的进口商品是棉纺织物，估计达二万万两以外，再其次是钢铁，其他货物无能及者。这让他明白办实业要从这两个行业入手，尤其是纺织业。而通海一带是亚洲产棉圣地，近水楼台先得月，自然而然的想法就是创办一家纱厂。

要办纱厂得需要名正言顺，他决定还得去拜谒办洋务的张之洞，让张之洞上书朝廷，不但有力度而且对当地官方来说也顺理成章，毕竟江苏（包括上海）、安徽、江西三省都是张之洞的地盘。先征得他的支持也在情理之中，为以后的具体事宜大有裨益。

徐端默默地为丈夫整理行囊，想起丈夫两鬓的斑白，一阵心酸，但大丈夫生于天地之间，岂能苟活于世，又有些许的激动，能嫁这样的夫君，是几世修来的福分。抹着眼角泪滴却抹不掉嘴角的笑容。

这时徐生茂走进来问："先生，马车已候在门外。"

张謇看了看徐生茂问："生茂啊，谁让你准备的马车？"

徐生茂愣了一下，不解地问："先生，上次我们去江宁就乘的这辆马车啊。您还直夸车夫呢，说以后出门就坐他的车。"

"哦，这几天太忙，忘了叮嘱你。我们下午起程，骑马去渡口，直接坐船去张家港，在张家港驿租两匹马，经过江阴、镇江去江宁。"

"啊，昨天听夫人说，要到扬州渡江的。"

徐端也没想到张謇临时改变了主意，就对徐生茂说："生茂啊，先生另有打算，你还是去租两匹马吧。"

"哦，夫人，我想去查看一下张家港的轮渡，以后另有打算。"尽管这一段张謇心情有些低沉，但他对徐端还是像往常一样尊重。

徐生茂看见徐夫人在向他使眼色，就很爽快地说："好咪，我这就去弄两匹马。"

张謇似乎想起来什么，问徐端："夫人，我的那幅《黄州寒食诗帖》呢？"

"这时候怎么想起字帖来？"徐端有些不解。

"哦，江督喜欢苏轼字帖，也深得其书法精髓，我想把这幅字送给他，也表达我的诚意。"张謇脸上略带几丝笑意。

徐端笑了笑说："我去取，夫君为何想起这茬来？"

"夫人有所不知，这朝堂之上传闻很多，不久前太后寿辰，你猜怎么着？"张謇就把张之洞的做派一一道来：

宁寿宫中，寿礼琳琅满目，慈禧一边过目一边点头，但她又摇摇头，虽然新奇贵重，却没有一样是她走心的，不免又有些失落。

"老佛爷，湖广总督张之洞向老佛爷请安，说有奇异礼物献上。"

"啊，传他进来。"

……

张之洞把盛有礼物的两个锦盒小心翼翼地献上。慈禧一见锦盒古朴眼前就一亮，禁不住点了点头。打开第一个锦盒，一股奇香弥漫而来，让她精神为之一振。再定睛看时，原来是一扁方。

"你且说说这物件有啥奇异之处？"

"太后，这扁方以檀香木制成，上面镶嵌着道道金丝和珊瑚玛瑙小珠子，看上去不但雍容华贵，而且异香扑鼻让人心醉。这种香是檀香木天然香气，终生不逝。"

"嗯，真的让你费心了。"

慈禧又让打开第二个锦盒，一股温润的光泽缓缓溢出，慈禧一下子宁静了许多，心中大喜。

"你且说说，这又是什么宝贝啊？"

"太后，这个被称为金刚降魔杵，传承于印度，是佛教中的法器之一。这个宝物上端一圈刻有三尊佛像分别呈大笑姿态、怒骂形象、愤怒表情，握住它就好像握住如来佛的手一样。微臣知道太后最近有心事，欲赠送此物为太后解忧。"

"好！你是难得的国之栋梁啊，我觉得你迁任两江总督更合适。"

……

徐端听了关于张之洞的"故事"，心中惊愕不已，朝堂之上绝不会有空穴来风。如江督这样的朝廷重臣，都得如此煞费心思，才知道为官的不易。

午饭过后，张謇和徐生茂跃马扬鞭去了渡口。这个渡口在靖江岸边，有布轮到张家港港，只是不能直接登上轮船，而是由木船摆渡到江中轮船上。好久没有从此处过江了，现如今这船也摆渡牲口，这让张謇倒省了许多麻烦事，直接带着马匹一块上了轮船。

望着滚滚江水，张謇感慨万千：

古今多少遗恨，俯仰已尘埃。

不共青山一笑，不与黄花一醉，怀抱向谁开？

到达张家港港，轮船在一处倒潭里直接靠了岸，如此大的轮船都能轻松靠岸，这张家港港真的是天然良港，不冻不淤，深、水贴岸，安全避风。还有，这儿交通便利，东南与常熟相连，南与苏州、无锡相邻，西与江阴接壤，北滨长江，与如皋、靖江隔江相望。

"生茂啊，找个店住下，明天我们再赶往江阴。这儿离江阴也不过六十里路程，我们明天下午走。"张謇沉稳地说。

"好，先生。"徐生茂见张謇不急不躁，一颗悬着的心总算放下来。这些天来，先生一直阴沉着脸，没有一丝笑意，让人很是担心。

"哦，我们去港驿住下吧，这样也好照看马匹。"

"好啊，先生是不是想实地考察一下港口。"

"对呀，算你机灵。我们办纱厂少不了外销，而最好的销售地就是上海，或由上海中转出去，怎能离得开港口。"

"是不是我们也要置办自己的轮船啊?"

"看你说的，那还用说嘛!"说完这句话，张謇愣了一下，这样的想法在他的潜意识中不知有多少次显现，但真说出来这还是第一次，他感觉有些茫然。

放下行李，张謇走出驿馆。一抬头看见旁边有一小店——沙县小吃，张謇笑着说:"生茂啊，我请你吃顿好的。"

徐生茂一听眼睛一下子放出亮光，跟先生这么长时间一向节俭，第一次听这样的豪言壮语。望着前面的一家大酒店，恨不能一脚迈进去。可没走出多远，张謇一拐弯进了一家简易的门面，徐生茂满脸诧异地跟了进去。张謇在门前凉棚下坐正，大声说:"店家，把拿手的上来!"徐生茂一下子傻眼了，这破地方也有好吃的? 先生葫芦里卖的啥药啊? 觉得我没见识? 不就是沙县小吃嘛! 不过自己还真的没吃过。

"好咪!"一会儿热气腾腾的两大碗端过来。

"这位爷，这是本店的招牌——扁肉。"店家见张謇相貌不凡，眉宇生威，很客气地恭维道。

徐生茂一听说"扁肉"，很好奇地看向碗里。咕嘟着说："什么呀？这不就是馄饨嘛！只是个头小点而已嘛。"

店家吓了一跳，以为这年轻的是挑刺闹事的。这张家港港来来往往的各色人等很多，三教九流难以计数，刺头地痞经常光临。赶紧赔笑脸解释说："这位爷，看你说的。我们这扁肉虽然形状像馄饨，但区别很大呀！您看，皮更薄一些，晶莹剔透可以看清里面的肉馅，尝起来充满了肉的鲜香。肉质也是十分的有弹性。您尝尝。"

张謇笑了笑说："生茂啊，来，尝尝再说。"

徐生茂满怀好奇地舀起一个放到嘴里，烫得差点吐出来，吱吱啦啦地嚼起来，眉头皱得紧紧的。店家紧张地盯着他，生怕那张嘴里说出个骂娘来。

"嗯嗯，香！真的香啊！！"

店家这才放下心来，说："二位爷，慢点吃！"

张謇说："店家，还有什么拿手的，再为我这个学生上一碗。"

店家看了看徐生茂，知道年轻小伙子食量大，说："爷，这位爷第一次吃沙县小吃吧？那我再免费送一份吧。"

"不用，店家只管把拿手的再给他上一碗就是了，银子不会少的。"

"好咪，爷稍等。"

不一会儿，又一大碗热气腾腾地端上来。"爷，这是本店拌面。"

徐生茂看着一碗白花花的面条愣了，"就一碗白面条啊？"

"爷，沙县拌面的灵魂就是花生酱，花生酱有一股浓浓的香味，让人闻了就垂涎三尺，热腾腾的面条加上几大勺的花生酱，均匀地搅拌，一道美味就成了。花生酱在这里，根据口味自己随便加。"

"噢，原来是这样啊。"徐生茂迫不及待地加入三大勺花生酱搅拌起来，一股香气直冲心肺。接下来就吱吱啦啦吃起来。

张謇看着满头大汗的徐生茂露出了爱惜的眼神。转过头对店家说："店家，给你提一个小小的建议。这儿吃饭的是不是大多是赶路的客人。"

"对呀，爷有什么吩咐？"

"啊，客人都急着赶路，害怕耽搁时间。这拌面嘛，热了出味。可这扁肉没必要弄得这么热，一时半会儿下不了嘴。端上来之前可以加些凉白开。"

店家愣了一下："爷，您真的高明！我卖了快二十年小吃了，就没想到这法。这顿饭我请了！"

张謇看店家真诚，这顿饭花费又不多，就笑笑说："好，我领了。"抬头看了看徐生茂，已吃完正在擦汗。就对店家说："店家，我还有事，明早还来你这儿吃。"

"好咧！爷慢走。"

徐生茂吃得很爽，心情更爽！就对张謇说："先生真是高明，得了这顿免费的'大餐'！"

张謇笑了笑说："走，去码头看看。"

沿着一条炭渣铺就的宽路，张謇和徐生茂踱步来到码头。一路上，徐生茂腰杆挺得特别直，不知道的以为他练过武功，实际上是吃得过饱，有点撑。

在这儿，张謇看到了繁华，看到了灯火辉煌，看到了忙忙碌碌的人群。一个属于通州人的港口浮现在脑海里，比这更繁华，比这更灯火通明、更忙碌。豪气地吟诗一首：

晚来张姓港，灯火耀繁乡。

夏夜生机起，轮船足下行。

范蠡财抵国，吕相窃秦姜。

富庶施良药，棉纱可兴疆。

二

午饭后，喝了一壶茶，张謇和徐生茂骑马奔向江阴。江阴北枕长江，南近太湖，东接常熟、张家港，西连常州，地处苏锡常"金三角"几何中心，交通便捷，历来为大江南北的重要交通枢纽和江海联运、江河换装的天然良港。

虽然多次路过江阴，但对江阴的水路交通，特别是航运，还是第一次细勘。江阴离通州不过200里路程，但却是水路的重要中转站，这时的通州是无法与之比拟的。张謇和徐生茂下榻在江阴驿馆，同样的驿馆，这儿却有别于张家港，似乎更多了江南风味。

到了晚上，一戏班子在驿馆开了场，这戏班子也不同于别处，以演奏为主，奏的是江南丝竹《熏风曲》，原曲牌叫《花六板》，是根据《花六板》放慢加花的《花六板》再现放慢加花而成，所以使乐曲的结构成倍地扩充，简朴的旋律发展为花簇华丽乐曲。曲调优美抒情、清新悠扬，富有江南色彩，抒发了人们乐观向上的情绪。

江南丝竹乐队编制比较灵活，它以二胡、笛子为两件主要乐器，一般三至五人，多亦可七八人。弹弦乐器有小三弦、琵琶、洋琴；管乐器还有箫、笙；打击乐器有鼓、板、木鱼、碰铃等。这一晚让张謇感受到了不同的民风，这次有八人演奏，所涉及乐器一应俱全。这也让张謇产生了好奇，心下生出了交好班主的念头。

演奏完成后，张謇走上前问："哪位是班主？"

一位手握琵琶的中年男子抬起头来："我是班主李芳园，先生？"

"哦，我是张謇。李老板的演奏让人大开眼界啊！"

"啊，您是恩科状元张謇吗？"

"是呀，能借一步喝杯茶吗？"

"当然，先生请。"李芳园把琵琶递给身边的一个年轻人，抬手提了一下长衫，下了一下腰，右手做了个请的动作。

在靠里的一张方桌旁坐定，李芳园先搭话："先生因何事来到江阴？"

"啊，我是路过，是要赶往江宁的。"

"哦，是这样啊。太巧了，过几天我们也要赶往江宁。"

"你们要到江宁演出？"

"是的。张总督要铺设马路，据说通过仪凤门直达下关，那可是大工程。这不，让我们演奏江南丝竹，讨个彩头。"

"是啊，这江南丝竹之音确实如朝日冉冉升起于海上啊！李老板是否点拨一二？"

"啊，先生客气了。江南丝竹合奏突出主要乐器二胡、笛子的基础上，其他乐器灵活自如地依据一定的规律特点相互对比烘托，默契协调，获得独特的韵味。笛子演奏注重气息的控制运用，音色圆润饱满。高音清远含蓄，低音悠扬婉转。常用的演奏技法有垫音、打音、倚音、颤音、气颤音、泛音等。二胡演奏右手要求弓法丰满柔和，连绵不断，力度变化非常细腻，左手传统演奏习用一个把位，常用的演奏技法有滑音、勾音、空弦装饰音、左侧音、垫指滑音等。"

"妙啊！绝妙啊！！二胡可谓民乐之王，曲悠之音绵绵不绝；而笛子历史久远，是中国文化的一大特征。二者相辅相成，可谓绝配啊！"

"是啊，这是我们文化中的两大元素。这二胡制作以老红木和紫檀木为最佳，音质空灵；而笛子一般以适宜的竹子为上品，江南丝竹中用到的是曲笛，流行于苏州，所以也叫苏笛。"

"听君一席话，胜读十年书啊！不知李老板是否有意结伴去江宁啊？"

李芳园对张謇有仰慕之心，尽管自己在曲目上有所建树，但在学而优则仕的氛围中，自己只不过是个戏子，最多是个无功名的文人，哪能与名满天下的状元公相提并论，自然心下欢喜，但又略带为难之色。

张謇看出了端倪，笑了笑问："芳园兄是不是有啥难言之隐啊？"

李芳园听见张謇以兄弟相称，心下不再忐忑，就直言道："不瞒先生，明天在县城里还有一出演奏，当地名士廉泉去年中了举人，家中老爷子一直想热闹热闹，由于种种原因一直没有成行。今年初夏，终于腾出空来，听说我们到了江阴，早早送来邀请帖和定金，我想——"

"哦，原来如此。兄台只管前往应邀，我在江阴驿馆再滞留一天，后天我们一起启程。"张謇诚恳地说，他已交定这位音乐饱学之士，他们的演奏确实震撼了他，大有开当下音韵之道骨之风。

"啊，那太好了。不知是否会耽误先生行程？"

"我的事也不是一时半会儿能办完的，再说我也想仔细逛逛江阴的港口，了解一下当下的航运。"

"先生对航运感兴趣？"

"不瞒兄台，我想办实业开纱厂。这运输方面离不开航运啊。"

"啊，您不在朝做官了？"

张謇目光严肃地望向远方说："现在朝中缺的不是官，而是国家和百姓缺钱！缺银子啊！"

"那高中状元岂不丢掉了读书人的本分？"

"兄台算不算读书人呢？我不久前读过您的《南北派十三套大曲琵琶新谱》。著书立说、传承江南丝竹，难道不是读书人的本分？"张謇感慨万千，有些激动。能够放下学而优则仕的念想，他不知下了多大的决心。

"可是——"李芳园仍旧充满了许多疑惑。

"我给兄台讲一件我亲身经历的事，兄台内心也许会释然：一次，太后从颐和园玩耍回皇宫，正碰上瓢泼大雨，群臣在泥雨之中长跪不起，冠服淋漓，无敢仰视，衰龄老臣，更是狼狈。跪了半天，水都漫到了膝盖上。然而，太后从这里过，对臣子正眼都不瞧，辇既驰过，绝不顾视。这给我很大刺激，我不禁叹息：为官若此，岂人能堪耶？就因这一回，我不再以状元为意，乃决意隐退。"

李芳园无语，他何尝不知道啊？但仅仅如此能让一位状元弃官从商？

三

张謇踱步来到江阴段江岸，滚滚江水冲击着低矮的江岸，形成一个个漩涡，像织在江面上的花纹，一朵朵飘向远方。

看着来来往往的人们张謇并没有四处询问，而是沿着江边向下游踱去，也不知走出多远，繁华渐渐被江水冲淡，甚至只剩下流水声。悄然之中，有一老者正在垂钓，一顶斗笠罩着花白胡子，少说也得七十出头，走近一些见得后背突出，显然是脊柱弯曲造成的，那只鱼篓确实奇特的大，足足是一般鱼篓的四五倍，一下子引起了张謇的好奇。

"老人家，打扰了。"

老人没有说话，而是把手抬起来做了个"嘘"的动作。

张謇面带微笑蹲下来，生活的磨砺已让他有耐心等待，等待别人敞开一种需要，一种需要回答的相互作用力。时间一点一滴地流淌，流淌到老人放下钓竿，掏出了别在腰间的旱烟袋，点上一锅。张謇仍是挂着微笑没有吱声。

"大兄弟，你不是当地人吧？"老人猛吸两口。

"老伯怎么知道我不是本地人呢？"

"听口音了。当地大多人说吴语啊！"

张謇才知道自己操着一口江淮官话。笑着说："老伯，其实我们那儿大多也说吴语，自幼读书倒变成了一口江淮官话。"

"那你是通州人了？"

"啊，啊！是啊。老伯说得真准啊！"这事倒是让张謇没预料到，仔细一想，这江阴四通八达，特别是水运更是畅通，老伯常年生活在江边，接触来来往往的人很多，自然带着几分识人的神奇。

"来这儿做生意？"老人又猛吸两口。

"路过，打算去江宁。您这鱼篓很特殊啊？比普通的大不少哇！"

"哦，看见那屋子没有？我住这儿，几乎每天从早上钓到晚上，鱼篓小了装不下呀。"

"可这么大的鱼篓装满了怎么弄回去啊？"

"哦，我儿子每天用驴驮到码头的餐馆里。你看，这刀鱼、鲥鱼、河豚，都是这片江里产的美味啊，好卖得很。"老人脸上洋溢出一种幸福的快乐。

"是这样啊。老伯，像这样沿江的深水岸大约有多长啊？"张謇总算扯到了正题上。

"嗯，这个老长了，大约得有 70 里吧。江阴是个好地方啊！处处是天然的良港啊！"

张謇看向江水流去的远方，陷入了沉思。心里想着通州也会有这样的天然条件，只是还没有人去发掘，他张謇就做这第一个吃螃蟹的人。

与老者聊了三袋烟的工夫，才知道老者年轻时在码头上卖过苦力，对码头的货运还算了解，这让张謇歪打正着，很意外地掌握了码头的一些情况，避免了问来问去。他没有立刻回码头驿馆，而是沿江继续向下游走了一段，没有发现人烟，这让他感到有些纳闷，按理说这垂钓收入不菲，怎么就那一位老者垂钓？

回到驿馆后，张謇将脑子里装的疑问说与店家，店家很是吃惊。得到的答案是官府禁止在这一段深水岸区垂钓，他也不明白为什么会有人在那儿垂钓。徐生茂听得一头雾水，非要再去看看，张謇笑了笑说："火中取栗，险中求财。"徐生茂更是云里雾里，张謇摇了摇头不再作答。

到了晚上，李芳园怕误了张謇之约，谢绝了廉老爷子的盛情及时返回驿馆，与张謇饮茶之余谈古论今，被张謇的博学深深震撼。张謇也对这位音乐才子佩服之至。才知道，李芳园出生在浙江平湖的琵琶世家，五代操琴，李芳园之父常携琴交游，遍访名家，李芳园在家庭的熏陶下，自誉"琵琶癖"，更是醉心于琵琶技艺。当谈到游历中遇到许多良师益友时，张謇讲述了孙云锦的知遇之恩：

1871 年，孙云锦任江苏通州知州，而张謇祖籍通州，其父张彭年时迁居海门。张彭年望子成龙心切，为参加科举考试，辗转托人入如皋一张姓为同族，张謇冒名张育才参加县学考试，一举中得秀才，那年十六岁。风声传出，张謇被如皋人大肆攻击，并一度被县学羁押三个多月。从此便惹上了与如皋人张驹父子纠缠不清的金钱讹诈和债务纠纷。三年过后，张謇眼看家产都被榨干，父亲心力交瘁，内心气愤难平，便于1871年11月向前来视学的江苏学政彭久余自行递禀，要求革去功名，发回原籍。彭久余立即批请通州知州孙云锦查复此事。孙云锦是一位爱才若渴的清官，当即传讯张謇觐见。不巧的是张謇到时，孙云锦正好有事外出，张謇在客厅站立等候一个多小时，没有移动半步，从而给孙云锦留下一个好的印象。经过孙云锦的不懈努力，最终将张謇拨归通州原籍，算是通州的秀才。当时情况，孙云锦如此大胆为张謇奔走，也仗于他在淮军中的威望以及幕后实权人物，才有胆量和能力促成此事。这件事足以改变张謇的人生。

1873年底，孙云锦得知张謇乡试未中，而又家庭经济困难无力向学，便主动邀请张謇到他新任职的江宁发审局担任书记，第二年二月张謇正式进入孙府，"执弟子礼"。为了给张謇一个较好的学习和工作环境，孙云锦把张謇安置在别院，与两个儿子东甫孟平、亚甫仲平一起学习，每月发10两白银的薪水。而当时孙云锦发审局月俸只有50两白银。

从1874年春到1875年冬，在孙府将近两年的时间里，张謇不仅学问大进，而且增加了历练，拓展了交流，开阔了眼界。通过孙云锦的关系，张謇先后结识了钟山书院山长李联绣、惜荫书院山长薛时雨、凤池书院山长张裕钊以及洪汝奎、杨德亨等著名文士。张謇不但有才气而且有个性，刚到江宁不长时间，他就到钟山书院投考，考官为丹徒韩弼元，不知什么原因，韩弼元没有招录张謇，张謇负气写书信讨个说法，结果没人搭理。于是张謇又换了个姓名再去考，结果，钟山、惜荫两书院的山长都把他取为第一，并先后传见，同时也批评了韩弼元。孙云锦知道这件事后，拿回试卷审阅后说："少年使气，更事少耳，须善养。"并代张謇向韩弼元道歉，使得张謇又惭愧又感动，获益匪浅。

除了在文学上学习磨炼之外，张謇还随孙云锦前往淮安查勘渔滨河积讼案，前往江阴鹅鼻嘴炮台查勘工程进展情况。这些都令张謇接触到了一些国家重要的实情，为日后的发展奠定了基础。就是张謇离开孙府后，仍书信通问，经常前去看望，孙云锦回任江宁知府时，张謇虽然在庆军做幕僚，仍一如既往协助孙云锦整理文案，起草书信。孙云锦在1882年初因猫儿山命案牵涉入狱，张謇立即前往探视，并表示"公如被冤，愿生死从之"。肺腑之言，感人至深。对于这位集恩公、幕主、老师三位于一体的孙先生，张謇自始至终充满了仰慕和感恩之情。对于孙云锦的教诲"为人必从有据做起乃成"奉为终生信条，并身体力行之。

1887年，孙云锦调任开封知府，再次邀请张謇入幕相助。这时正值黄河郑州决口，张謇奉孙云锦之命与其子孟平乘舟由开封至中牟查看水势，归后作《郑州决口记》，指出官吏贪饱私囊，河堤年久失修是此次决口的主要原因。随后，又以"论河工"五次向当时的河南巡抚倪文蔚致函，感情丰沛，陈其要害，议论切中实际，很受倪文蔚重视。倪文蔚是淮系重要官僚，和孙云锦有同乡袍泽之谊。他向孙云锦表达了将张謇吸纳为自己幕下意愿，孙云锦忍痛割爱。张謇为倪文蔚代拟《疏塞大纲章程》（以下简称《章程》），在《章程》中，张謇力主参用西法，乘全河夺流，复禹故道。但当时督办河工大臣还有李鸿藻和李鹤年，一河三公，政出多门。张謇意见被搁置，没有被采纳。这时的孙云锦告老还乡，和张謇相约该年正月各自还乡。1892年2月，孙云锦与世长辞。在祭文中，张謇深情地回顾了孙夫子的一路扶持。认为是孙夫子不嫌自己没有贤能，从泥尘之底把自己扶持起来，又委婉地表达了恩师谢世之前自己还未走完科举最后一程。

听完张謇对孙云锦的回忆，才知道张謇对江宁非常熟悉，这次去江宁也是重回故地。李芳园也明白了一个人的经历与这个人的为人处世有着千丝万缕的联系，张謇自有孙夫子之风，爱才惜才，感恩这个世界。遇到这种人是上天对自己的眷顾，自然倾心相交。

四

路上比较顺利，走了十几小时，来到镇江，镇江府就设在丹徒县。这时的镇江是史上辖区最大的时候，管辖丹徒县、丹阳县、金坛县、溧阳县、太平厅五个县。东南接常州府，西邻江宁府，北与扬州府、泰州府隔江相望。京杭大运河在丹徒县的谏壁与长江交汇。

镇江的名山很多，李芳园不急于赶路，离江都之约还有好几天，而张謇虽知道自己的事不能急于求成，但他还是想早一点见到江督张之洞，建厂之事早日上报朝廷。可是他又不想让李芳园留缺憾于镇江，毕竟是刚刚交好的朋友，便应邀游山。李芳园最想看的是位于江中的三山：金山、焦山、北固山。临行前见张謇有些沉默不语，就问："贤弟好像有什么心事？"虽然相处没多长时间，二人已八拜结交。

"兄长有所不知，这三山虽成掎角之势，但也相隔有段距离，全部游玩需要几天时间，不如我们先游一处，日后再游其他。"

"贤弟是不是着急赶路？如是这样，不如日后再结伴来游。"

"镇江乃一古镇，底蕴丰厚。今与兄结伴至此，哪有匆匆别过之理？实属愚弟心下有许多惦记，不能敞开心扉一游啊。"

"贤弟，此去江宁也就一百五六十里。如果急于办事，我们现在就启程。"

"兄长说得过了。不是急于办事，而是内心情趣索然。这样吧，我们就游焦山吧。素闻焦山碑林江南第一，碑中之王、大字之祖之称的旷世奇碑——《瘗鹤铭》就出自焦山。多次路过都没有一睹芳容，不知兄长意下如何？"

"啊，我也正有此意。我们骑马过去，就我们二人轻便得很。"

"生茂啊，把马牵过来。"

不一会儿，徐生茂牵来了马匹，有些担心地说："先生，一定要留心啊！这片路很陌生。"

"没事，我和芳园兄结伴呢。"

张謇和李芳园打马踹蹬绝尘而去。从驿馆到焦山大约十里路程，路上行人不少，有些破衣襦褛总让张謇心疼，更想早一步赶往江宁。

下得马来，来到象山脚下的渡口，早有上来搭讪的，就是照料马匹的、摆渡登岛的。上得岛来，才发现满山苍翠，宛若碧玉浮江，焦山山裹寺之说，真是名不虚传啊。许多古树名木，装扮得满山葱茏。

首先驻足的是不波亭。廖伦所写的一副楹联"长江此天堑，中国有圣人"，显得古朴典雅，也为不波亭蒙了层神秘面纱。进入山门，迎壁就是对联的横批"海不扬波"四个大字，为明代书法家胡缵宗所书，意为焦山矗立江心，犹如镇海之石，驱逐水妖，故而海不扬波。在佛教上"海不扬波"是清平世界的意思。

由不波亭向东，只见一株七百余年古银杏树下有一座千年古刹，即定慧寺。墙上嵌有"横海大航"四个篆体大字，上挂横额"定慧寺"。走进大雄宝殿内，雕龙描凤的屋顶不用钉子，全部用小方块木头拼合而成，图案美观；还有飞檐、斗拱，艺术高妙，加上殿堂三尊金碧辉煌的大佛，更显得大殿气宇恢宏。康熙帝亲书的"香林"两字闪烁于烛光香雾之中。正中的释迦牟尼、迦叶、阿难像栩栩如生，整个大殿显得庄严肃穆，古刹空灵。

路过东泠泉、御碑亭，穿过观澜阁，近看花木扶疏，远眺江潮汹涌，白云飘逸，群山整秀。不知不觉就来到了宝墨轩，更是见到了大字之祖《瘗鹤铭》，仔细观察，张謇深陷其中，久久不能回过神来，大叹："神字也！"旁边的李芳园也不住地点头。碰巧有一老僧路过，见张謇如此入神，禁不住问："施主可知此铭的来历？"张謇还在神游中，没有回答。李芳园笑着问："大师定知原委，愿听其详！"

"哦，看二位施主立这儿良久了，一定是深知《瘗鹤铭》的神韵。老衲所知也只是一个传说。"

张謇刚刚回过神来，笑着说："大师说得是，美的东西都是传说啊！大师讲来听听。"

　　相传：《瘗鹤铭》为东晋大书法家王羲之所书，他平生极爱养鹤。在他家门前有一"鹅池"，他常以池水洗笔，以鹅的优美舞姿丰富他的书法，故而他的字有"飘若浮云，矫若惊龙"之称。一日他到焦山游览，带来两只仙鹤，不料两只仙鹤却不幸夭折在焦山。王羲之十分悲伤，用黄绫裹了仙鹤埋在焦山的后坡，遂在山岩上挥笔写下了著名的《瘗鹤铭》以示悼念。因其书法绝妙，当即被镌刻在山西岩石上。后因岩石崩裂，坠入江中，长期受江水的冲击、风雨的侵蚀以及不断被人凿取，到康熙五十一年（1712）才由镇江知府陈鹏年派人从江中捞起五块原石，仅存下现在的八十六个字，其中不全的有九个，但仍可见字体潇洒苍劲，别具一格，书法价值极高，确实是稀世珍品。

　　大和尚并没有空口白牙地说，而是拿来了本字体缩小的临摹字帖，正是《瘗鹤铭》，第一页就由蝇头小楷写了上面的"相传"。张謇会意，掏出银两买了几本，权当为定慧寺捐个香火钱。返过身又沉浸在书法中，大和尚捋着胡须点了点头走开了。

　　足足一个半时辰，张謇才恋恋不舍地离开《瘗鹤铭》，和东张西望的李芳园沿焦山古炮台—华严阁—摩崖石刻—三诏洞—壮观亭一直来到别峰庵。深山孤寺，人迹罕至，庵内北侧有小斋三间，天井中有一花坛，桂花树两株，修竹数竿，环境清雅幽绝。这里就是世称诗、书、画"三绝"的著名画家、扬州八怪之一的郑板桥攻读之处，门上还保留着当年郑板桥手书"室雅何须大，花香不在多"的对联，面对此情此景，缅怀书屋故人，张謇和李芳园心绪难以平静。走进小斋，让人眼前一亮，笔墨纸砚一概齐全，一小僧立在旁边，见张謇走进来，忙双手合十施礼道："阿弥陀佛，施主，师傅让我在这儿恭候多时了。"

　　"啊，等我？你师父？"

　　"是呀，我师父正定法师让我在这儿等您。望施主能留下一幅墨宝，收藏于此。”

张謇愣了一下，一下子明白了，提笔写下：

竟日焦山行，沾衣露未干。
板桥乘鹤去，落得一身酸。

李芳园一拍手：“妙啊！好一个落得一身酸！”

小和尚看着苍劲有力的字体，心底下甚是不解，板桥先生声名远播，怎会落得一身酸呢？

这时候一老僧走进来，正是正定法师。看着刚刚写就的这幅五绝，透着馆阁体草书，大吃一惊。他没想到眼前这位青衣长衫的游客笔力如此雄厚，不禁问：“先生可是恩科状元张翰林？”

张謇和李芳园都有点吃惊，仅凭一幅字就能断定自己是谁？可见这和尚书法的造诣，称呼也由施主改为先生，可见其经历了多少迎来送往。

张謇一拱手道：“大师眼力过人，让您见笑了。”

“先生不必过谦，是老衲失礼了。这位是？”

“在下李芳园。”

“啊，可是人称琵琶痴的李班主？”

“正是在下。”

“请二位到定慧寺小叙如何？”

张謇和李芳园都觉得这正定法师有些神通，常年生活在这小岛上，却对天下事如此谙熟，就应邀去了定慧寺。

离开了定慧寺，张謇又一次对佛学有了些许的领悟，佛学只不过对出世入世更有分寸，避开了进退两难的境地，把极端研磨成白杵，减少了入世的疼痛，增加了出世的空间，和中庸之道有着微妙的相似之处。至于正定法师的神通，看了定慧寺的会客禅房也就心知肚明了。

五

这期间，张之洞也没闲着。尽管《马关条约》已经签订，但台湾作为一座孤岛却让张之洞似乎找到了翻盘的机会。他一边上书朝廷一边致电台湾新任巡抚唐景崧，让台湾自治，撇清与清廷的关系，以台湾独立作为抵抗日本的理由。电报内容大体是：日本乃一岛国，资源匮乏，不利于久战。迅速招募兵马，以广东为依托，充盈台湾，坚持下去，解除割让台湾条约。

唐景崧接到电报后，心里暗骂：真是只老狐狸。你怎么不跑到台湾来督战，朝廷已抛弃的一座孤岛，对抗日本国？整个大清朝都失败了，这不是让我送死嘛！但唐景崧也不是吃素的，他在台湾经营多年，所有的家当都在台湾，怎能轻言放弃！唐景崧初到台湾时，当地文化大多还停留在原住民的基础上，唐景崧办书院、兴科举、倡导修铁路，为发展生产，他走访民间，了解农桑之事，教化台南当地的少数民族。他在台任职时间并不长，却做了不少造福台湾人民的事情。并且唐景崧在台南及台北带动地方文风，有功于诗歌传播。唐景崧在行动上坚决反对割台，他七次致电清廷，表示"台湾属倭，万众不服""桑梓之地，义与存亡，愿与抚臣誓死守御，若战而不胜，待臣等死后，再言割地。"立即开始招募兵马强化台湾岛的防卫，在前任台湾巡抚的帮助之下，唐景崧又从广东调来了大队清军支援台湾防卫。

唐景崧思前想后觉得当下最需要的是钱财，瞅准了台湾当地最富有的商人林维源。自从林维源创立建昌公司以来，生意节节攀升，整个建昌、千秋两街的洋房自己就占了七成，真可谓富可敌台，就眼下这光景正可以敲一竹杠。一个艳阳高照的上午，唐景崧敲锣打鼓高调来到林府。这时唐景崧的眼里不再那么豁达，心思也有所变化，平日里熟悉的林府气派似乎不差都督府，要比他的巡抚衙门阔绰。

下得轿来，唐景崧发现高调的门前却冷冷清清，没个人影，心中甚是不快。心想：这林维源现任全台团房大臣督办，顶着四品卿衔，而自己官至正二品，为何不出来迎接？当下用人之际，唐景崧也没过多计较，礼节上还是让人通报。通报门人直接告知老爷正卧榻病床，不能出来迎接，请巡抚大人客厅用茶。

"病了？"这林维源啥时候生病不行，偏偏日本人打上门来了生起病来？

"不用客厅用茶了，这就去看看你们老爷吧！"

"这——"

"怎么？"

"老爷偶感风寒，怕传染了大人啊！"

"我不怕，你怕什么！头前带路！"心里却想：这大热天的得了风寒？

"啊，唐大人驾到，下官有失远迎啊！"只见林维源身穿睡衣，披了一件外衣，跟跟跄跄走过来。

"维源兄啊，没有急事不会叨扰你的！"

"哎呀，看唐大人说的。老朽了，不中用了！"

"维源兄，当下正是用人之际，你德高望重，怎么能说这样的话呢？"

"唐大人啊，老朽确实承受不起。不过，我向您保举一人定能担此重任。"

"不知是哪一位能入维源兄的法眼啊？"

"丘逢甲。"

"丘逢甲？"

"对呀，他是台湾本地出生的进士。此人谋略过人，可担重任！"

"台湾还有这么一号人？"

"此人一直教授新学，但与老朽私下交好。这会儿正在舍下。"

"哦！"

"管家，去把丘先生请到客厅。"

"是，老爷。"

"请去客厅商议吧。"

躬身施过礼，唐景崧才仔细审视丘逢甲，此人白净面皮，没留胡须，看上去有三十几岁的年纪，但气宇轩昂，透露着几分英气。

丘逢甲也没过多地客套，详细地分析了当下时局和眼下的情况，向唐景崧提出了"台湾民主国"的构想，反对朝廷割让台湾。要求向世界宣布台湾独立，以此来换取西方强国的认可，而斩断日本吞并台湾的想法。唐景崧思虑良久，觉得丘逢甲的提法和张之洞的策略不谋而合，最终接受了这种想法。其实，中日甲午战争爆发，丘逢甲就预见到台湾前途危难，以"抗倭守土"为号召创办义军，自己带头变卖家产以充军费，并动员亲属入伍。不久，160营义军成立，丘逢甲担任全台义军统领。只是唐景崧这时候才知道坐在面前的这位统领叫丘逢甲。

丘逢甲身体力行，率台湾人民领衔电奏十六字："台湾士民，义不臣倭。愿为岛国，永戴圣清。"亲草宪法，以蓝地黄虎为国旗，"永清"为年号。5月25日，建"台湾民主国"，拥台湾巡抚唐景崧为总统。

台北、台南和台中的防务分别由唐景崧、刘永福和丘逢甲、林朝栋负责。由于唐景崧平时疏于管理部下，纪律松散，又加上日军船坚炮利，一交手便节节败退，不久基隆失守，唐景崧化装逃离台北，台北被日军占领。消息传来，丘逢甲急举义军赴台北增援，途中得知台北已沦陷，唐景崧在危急关头放弃了自己的承诺，携巨款登上德国轮船逃回大陆，心下极其愤怒。日军沿铁路南侵直达新竹，丘逢甲率义军与日军血战二十余昼夜，进行了大小二十多场战斗，给日军以沉重打击。终因"饷尽弹尽，死伤过重"而撤退，最后不得已也内渡。这真是：

日寇悬烟自北方，台湾烽火祭蓝黄。

永清年号为谁保？神弩弯弓射日忙。

船利炮坚无上策，折兵沉戟空鸿望。

割夷赔款心颜碎，满腹冤仇近惨凉。

第五章　灵活·远虑

为了心中理想的模样，敢于直面人生。

一

张之洞正为台湾之事思虑恼火的时候，张謇和李芳园到了督府门外。侍卫认识张謇，拱手后赶紧进府通报。

行至门口外禀报道："翰林编撰张謇求见。"

"本督正在想这事，他就到了。让他进来。"

张謇和李芳园在侍卫的引领下疾步走进东苑，来到花厅门外，汤寿潜已在门口迎接。汤寿潜，字蛰先，进士出身，做过青阳知县，现为督抚幕僚，他的座右铭是"竞利固属小人，贪名亦非佳士"。光绪十六年（1890）作《危言》一书，共四卷，提出精减冗员，改革科举，推广学校，开发矿藏，修筑铁路，兴修水利，加强海军防务等，并阐述其改良主张。也是江南少有的名士，和张謇惺惺相惜，很是投缘。

"蛰先兄，别来无恙啊。"

"季直兄，香帅在屋里等着您。这位是——"

"哦，这是芳园兄，江南丝竹乐队李家班的班主李芳园。香帅——"

"哦，知道，知道。香帅还念叨这事呢。快里边请!"

张之洞见二人进来，并没有起身。张謇情知这位出身名宦、少年登科、名噪一时的总督，有股子傲气。文章才气横溢，虽为慈禧一手提拔，但因长相又矮又瘦，在湖广总督位置上一坐就是十几年，一直未入军机，这也是他想帮助光绪帝掌权的一大原因，毕竟对慈禧有许多怨言。这回署理两江总督，实质是因为两江总督刘坤一被任命为钦差大臣，调到北方主持军务了。

张謇和李芳园同时深揖道："香帅！"

张之洞只是点了点头，他今天心情不好。一抬眼看见了张謇旁边的李芳园，微微一愣道："李班主与季直一道来的？"

"香帅，我与季直兄在江阴一见如故，一起结伴而来。"

"哦，好好好！果然是名士相惜呀。季直啊，李家班演奏的江南丝竹那可是一绝呀！"

"香帅，下官也是如听仙乐。"

"蛰先啊，让人安顿李家班休息，我要和季直谈谈。"

"属下这就去办。"说着就领着李芳园出了花厅。

"季直啊，你这次来得正是时候，我正有事和你商量。"

"香帅，我这次来也是有要事相求。"

"哦，你说说看。"

"先说说通海团练的事吧，招募地方兵勇，虽是为了地方治安，对沿海百姓来说是件好事，但得需要枪支弹药等物资，百姓本身就缺衣少粮，再让他们捐献物资，那必怨声载道。又无实业支撑，此事必不长久。说到底缺的是银两！"

"季直啊，这件事我也知道。所以，我在湖北也办了许多洋务，说到底也是实业嘛！要想国家富裕就得学习洋人啊。"

"香帅说得极其适宜。现如今，《马关条约》的签订，开放沙市、重庆、苏州、杭州为通商口岸，允许日本在中国开办工厂。这不明摆着嘛！要割中国人的肉！要喝中国人的血！"

"季直的意思是？"

"抢在日本人的前头先把实业办起来，自然遏制住日本人的势力。"

"好，季直和本督想到一块了。我想既然朝廷允许日本人在内地办厂，我们自然也能办的，我这就上奏朝廷，让你总理通州一带商务。"

"香帅，在下还有两事相求。"

"季直就别卖关子了，一次把话说完嘛！干吗总是掖掖藏藏的。"

"这两件事是办厂成败的关键，只有香帅能够做主啊！"

"哈哈！我还没问你要办啥实业呐？"

"哦，这个我早已想好了。在京城时，我仔细翻阅过近几年的海关贸易关册，进口最多的是棉纱和铁，这两项每年花掉约2亿两白银，这是多大的缺口啊！尤其是棉纱，更是让人咋舌，所以我想先办纱厂。况且，南通地区滨江临海，交通便利，气候适宜，无霜期长，是传统的产棉区。这里的棉花不但产量高，而且质地洁白，纤维长，富有弹性，很早就以'沙花'而闻名天下。同时，当地农民具有纺纱织布的传统技术，他们织的'通州大布'远销东北市场，深受欢迎，所以对于机器纺纱的需要量日益增长。只是——"

"只是什么？快说！"张之洞有些兴奋，刚才的阴霾渐渐明朗。

"一件事，改厘捐为认捐。"

"这件事不是小事，这是官府抑商兴农的策略。农乃立国之本，人人逐利而经商，阡陌岂能不荒废！"

"利厚，才是兴商的必要性，要不洋人不会在我们大清的国土上折腾，折腾得越狠，说明利越厚。而不改厘捐为认捐，也就无利可图，我们还有办实业的必要吗？更不用说和洋人竞争了。"

张之洞一脸凝重，点了点头道："好了，本督会上奏朝廷，力主此事。但不是一时半会儿成就的事，得从长计议啊。"

张謇有点着急，此事如不急办，黄瓜菜都会凉了，又想进言，张之洞一摆手，转移话题道："那第二件事呢？"

"我想纱厂完全民营，完全自主商办。"

张之洞有点恼火，这张謇胆子也太大了，这不是挖朝廷的墙角吗？沉下脸来说："这个不行。本督办实业实为富国，买枪买炮、买舰艇、练新兵、强海军，不是为奸商钻营牟利。"

"香帅，民富才能国强啊。"

"大胆，这纱厂、矿厂都商办了，催肥的是投机奸商，朝廷的钱从哪儿来？本督上哪儿找银子？你这不是损公肥私嘛！"

"香帅，民为国之本，民富国自然强啊！"

"一派胡言，让舍本逐利的滑民入股，怎么强国？枉你还是钦点的状元。就盛宣怀说的那个官督商办，我还琢磨了很久，你这个完全自主商办，万万不能！"

"香帅，盛宣怀跟随李鸿章搞洋务，拿洋人的回扣麻利得多，实则聚敛私财，假公肥私啊！"

"扯远了，说到家这次办纱厂仍走官招民办的路子，断断不可更改。"盛宣怀是全国最大的洋人买办，不但李鸿章用得着，他张之洞也得重用，说盛宣怀也是间接地说他张之洞。况且不给盛宣怀开这个口，难道就会给你张謇开这个口？

"香帅，纵观洋务运动三十年，我还是坚持自己的想法。要不，这纱厂办不了！"

张之洞勃然大怒："混账，退下！"

为官这么多年了，还没有哪位下属如此顶撞他。这时汤寿潜已站在了张謇身旁，他没多言，知道这时候不是说话时机，就示意张謇离开，并一直送到下榻的七家湾客栈。

"蛰先，香帅他——"

"季直啊，香帅最要的是面子，这些年办洋务也是为了撑脸面。你当场顶撞他，让他下不来台，他能不发火吗？这事急不得。"

"可，时不待人啊！行动晚了，成功的几率会大打折扣！"

"心急吃不得热豆腐。我们不是还得仰仗香帅嘛，哪能不让他脸上有光呢？明天，将有一台江南丝竹的演奏会，到时许多江宁名流将被邀请，香帅肯定也邀请你，到时可千万别在众人面前顶撞他，那样事情就更难办了。"

"嗨！还望蛰先兄多多斡旋，你的话香帅一定能听进几分。"

"啊，季直兄放心，一有机会，我就向香帅进言。好了，香帅这会儿可能找我了，我得抓紧回去了。季直兄保重！"

二

"蛰先啊，你说张謇说的纱厂完全商办还是有些道理的吧？洋务运动这些年，花了不少银子，却让日本人几乎吃了个精光，心里头啊毛茸茸的，越来越咽不下这口气啊！"

"香帅，张謇心直口快，但他也是心里着急啊。你说这日本人把工厂、码头都建到内地了，其他列强也不会干瞪着眼吧？形势紧迫呀！"

"那也不能任着他的性子，想什么就是什么，成何体统！离了他张謇就不能办厂了？蛰先，你去找几个当地干才来。"

汤寿潜也不好再说什么，应诺一声转身去了。下午就找来了陆润庠和丁立瀛，二位已为官多年，在当地都是干才，特别是陆润庠还是同治状元。但二人都没有辞官从商的志向，当从汤寿潜嘴里得知张謇的境况，一来借坡下驴，二来做个顺水人情，一致推举张謇来办实业。这一切出乎张之洞的意料之外，毕竟办实业是块肥缺，虽然辛苦点但眼下却是一件光鲜的营生。正在张之洞语塞的时候，汤寿潜趁机进言道："香帅，季直办实业志向笃定，又肯实干，应该是最佳人选啊！"张之洞沉思了一会儿说："你还别说，张謇还真是块料。就是性子牛得很啊！""香帅知人善任，张謇无意为官，但报效国家的忠心皆在言语和行动中。晚上，我再找他聊聊。"张之洞点了点头，休息去了。

张謇知道汤寿潜比他更了解张之洞，在跟汤寿潜谈论了一晚上后，决定在演奏江南丝竹后，趁张之洞高兴的时候，当着众人的面给这位好面子的总督戴个高帽。

果不其然，在众星捧月之下，张之洞和当地达官贵人一起欣赏了《高山流水》。这是张謇授意李芳园演奏的。入定后，犹见高山之巅，云雾缭绕，飘忽无定。息心静听，愉悦之情油然而生。其韵扬扬悠悠，俨若行云流水。目眩神移，惊心动魄，几疑此身已在群山奔赴，万壑争流之际。所有乐器戛然而止。寂静之后，掌声响起。这时，张謇起身朗声道："诸位贤达，今晚有幸在江督府品此仙乐，完全仰仗江督的厚爱。江督报效朝廷、爱民如子，现鼎力支持二事：一改厘捐为认捐，二允许商办实业。愿江督上奏朝廷，促成也！大家为江督鼓掌！"

张之洞脸色微变，但又马上挂上笑容，摆摆手道："诸位，本督会尽快上奏朝廷，让张季直总理通海商务，兴办实业。"

张之洞没想到张謇会来这一手，这是逼着他答应这棘手的两件事。不过，张謇也在大家面前给他长足了脸面，让众人明白了他张之洞的魄力。所以，在内心微微不悦后，顺水抬高自己的威望和手握实权的现况。

张謇知道张之洞极要脸面，既然当众答应了，万没有反悔的事，也就不在江宁做过多停留，告别李芳园和汤寿潜，急急返回通州。徐端见到风尘仆仆的丈夫，心疼地递上一块温水泡过的毛巾，满眼的关切和温情。丈夫脸上透出的平静，让她一颗悬着的心渐渐安放下来，知道事情一定是有了眉目。

"夫人，你辛苦了！我不在家这些日子没烦心事吧？"

"家里一切安好。只是——"

"夫人为何欲言又止？"

"念祖打伤了人，赔了些钱财。"

"不成用的东西！念祖和承祖虽为长房侄儿，但我从他们小时候就关注他俩，自从我们女儿夭折，你一直没再生育，我就有将其中一个嗣为儿子之意。但他们喜欢吃喝玩乐，游手好闲，赌博成性，我多次找他们谈话教育，却仍屡教不改，真是恨铁不成钢，才将嗣儿之事作罢。"

"那家也没再去衙门里告，这事就这么了了，你不要再生气了。"

"这样下去，不收敛，早晚闹出大事。"

念祖和承祖还是忌惮四叔的，因为在外面张狂无非是仰仗四叔的名望，普通百姓敢怒不敢言，官府又碍于张謇的脸面，多一事不如少一事，以至于二人顽劣成性。张謇前脚离开了通州，哥俩就去了赌坊——长乐坊，这家赌坊玩的就两种赌技：推牌九和水浒叶子。

念祖喜好玩推牌九，这个玩的是八人一桌牌，共 32 张牌，主要与庄家比大小。各人下注后，由庄家将所有牌面朝下推匀，开始砌牌，以 8 排每排 4 张排列。用骰子掷出点数，然后按逆时针将牌分配到每个参与者手中。

玩家会有 4 只牌，分开两组，每组两张。玩家可自行将四牌两两搭配，两组牌面朝下。然后每人与庄家比牌分胜负，必须前后都大于对方才算赢，前赢后输或前输后赢就是和局，前后都输即输，所以配牌必须讲究策略。这个叫大九玩法。

牌九另一较灵活的赌法是可以轮流坐庄，通常是由赌家坐庄开始，然后依逆时针方向轮流坐庄，玩家可以独自坐庄或与赌场合伙坐庄。念祖不吃这一套，往往强行坐庄。这次他想赢大的，想推小九，直接一次性对牌比较大小。同桌王二感觉小九太单调、没花样，跳起来反对，结果两人就吵了起来。

念祖没想到王二这么驳他面子，把牌一推说："谁玩谁玩，爷不玩了！"虎着个脸来到承祖这桌旁，看承祖玩得正酣，耐着性子看了一把。这水浒叶子共四十张牌，由四人打，每人先取八张牌，剩余八张放在桌子中间。四人轮流出牌、取牌，出牌以大击小。打水浒叶子也有庄家、闲家之分。庄无定主，可轮流坐。因而三个闲家合力攻击庄家，使之下庄。水浒叶子牌面是：

文钱：一文钱到十文钱，共 10 张。

百子：一百子到九百子，共 9 张。

万贯：一万贯到九万贯，共9张。

十万贯：二十万贯到九十万贯，共8张。

另外还有百万贯、千万贯、万万贯、空没文各一张。

万万贯宋江和空没文鲁智深这一首一尾自然就是最大和最小了，其他的大小就不言而喻了。承祖这把牌臭得很，见哥哥站在旁边虎着脸瞅着另一张桌上，丢下牌喊道："爷有事，不玩了！"哥俩就去了一家茶馆，是王二必经之路……

三

回到通州之后，张謇让徐生茂拿自己的名帖将本地花布商人沈敬夫、陈维镛、刘桂馨请到家里来，商讨办纱厂的事。芦泾港商陈维镛率先发言："季直兄，陈家在芦泾港也是数一数二的大户，几十年来仰仗芦泾港也积累些财富，如今要办纱厂就面临着很重要的事——选址。不知季直兄想把厂址选在哪儿？"

张謇微微一乐说："我知道楚涛兄所在的芦泾港是贯通长江、连接内河的老港。整个复兴沙江家圩旁，水面宽阔，港口水深，通航条件良好，而现在货物以水运为主，建厂自然选在芦泾港附近，这个还有待于考察。"

陈维镛面露赞许之色，同时也吃了个定心丸，这纱厂有他发挥的余地。

第二个开口的是刘桂馨。刘桂馨，字一山，亦字省斋，通州川港人。刘桂馨幼年丧父，自曾祖母起，"三世五孀"，他是家中唯一的男丁，五个寡妇"日惴惴，耳所听，目所视，心所念虑，唯一山"。少年刘桂馨受业于同镇周家禄，"读不尽二十行，复诵不成句读"，周家禄"辄怒呵之，甚则朴责之"。后来，刘桂馨成为通州有名的花布商号刘正大关庄布行兼花庄老板。而周家禄是张謇于同治十年（1871）便结识的朋友，所以张謇和刘桂馨早就相识。光绪十四年（1888）十月间，穷困潦倒的周家禄向张謇求助，张謇请刘桂馨代付二十番钱。不久，张謇收到了刘桂馨寄给他的

"颍滨手迹"所书诗二律。十一月，张謇抵沪，刘桂馨等置酒欢迎。光绪十七年（1891）六月，张謇写信给刘桂馨，托他购买李邕《岳麓寺碑》，因为商业上的往来，刘桂馨常穿梭于通沪之间。这些致密的交集都是他们友谊的见证。既然是要好的朋友，说话自然向关键处说。

"季直兄，还是那句话，我们要的是完全商办，不能加半个官字，否则，即使成功办厂，也会被官府吸干！"

张謇没有立刻回答，这是个棘手的事。

一直沉默的沈敬夫进言道："还有一个难题，就是改厘捐为认捐。这个已努力多年，依旧毫无生机。"

张謇仍旧沉默，在客厅里踱着步子。

"四先生，有一守备带着一队人在门外，要求见您。"徐生茂进门来禀报。

守备乃正五品武官，张謇招呼几位好友一块出门迎接。

守备拿出一封信函道："奉江督之命，给张大人送来一封江督密函。"

张謇双手接过密函，一拱手道："请守备大人进屋喝杯茶吧。"

"喝茶就免了，我还有公务在身，既然张大人已收到信，我这就赶回江宁交差复命了。"说完一拱手，一队人跨上马绝尘而去。

重新落座，张謇打开密函，就一句话："替本督起草《条陈立国自强疏》。"

张謇喜上眉梢，朗声说："诸位，好消息啊！"

接着将张之洞的信交给三人传阅，三人频频点头抚须，面带喜色。

张謇朗声道："世人皆言外洋以商务立国，此皮毛之话也，不知外洋富民强国之本在于工。"

三人皆额首赞同。

张謇又道："天下将沦，唯实业和教育有可救亡图存之理。"

三人又皆额首，又摇首。觉得此话过于尖锐，当权者听得刺耳。

张謇忧愤道："昔日扁鹊治病：疾在腠理，汤熨之所及也；在肌肤，针石之所及也；在肠胃，火齐之所及也。今日之我朝病入内脏，非下猛剂不可！说轻了，如纤手搔痒，无用！"

四

为改厘捐之事，一直到十二月，张謇向张之洞多次诉说，也向其他官员口舌辩难，也少不了多次公文呈述，但还是司局酷议不下。

十月，时任钟山书院山长的梁鼎芬给张謇发来电报，说是在上海组织强学会，邀张謇加入。

梁鼎芬进士出身，做过布政使，在中法战争中，北洋大臣李鸿章一味主和，梁鼎芬弹劾李鸿章六大可杀之罪，指责李鸿章与法国议约时在中越问题上处理失当。梁鼎芬却因此疏开罪慈禧，以"妄劾"罪被连降五级，到太常寺去做司乐小官，自镌一方"年二十七罢官"小印，愤而辞官。

张之洞主政湖广，得知梁鼎芬辞官回到家乡广东番禺，知道他是干才，就想笼络到自己麾下做幕僚。自然就差人拿了名帖去家中请，结果梁鼎芬拒而不见。张之洞知道读书人的清高，琢磨来琢磨去，修书一封，点明聘其任广东惠州丰湖书院院长。这样既保住了他读书人的"名节"，也自然而然地笼络门下，可谓一举两得。果不其然，梁鼎芬看完书信后欣然上任。

有一次宴请，张之洞问梁鼎芬爱吃什么菜，梁鼎芬也不客气，讲出了自己的两大嗜好：一是喜欢藏书，见到书不收藏就睡不着觉；二是喜欢美食鱼翅。自此以后，张之洞每每宴请，只要梁鼎芬在场必上一大盘鱼翅，让其吃个够。梁鼎芬也知道张之洞待自己不薄，也尽心尽力做事，书院自然办得有声有色。

康有为在上海组织强学会，缺少启动资金，这时候他想起了在张之洞身边的好友梁鼎芬，就写信给他，希望得到张之洞的资助和支持。这时的张之洞也在寻找救国图强之道，自然不会抵触。但梁鼎芬知道强学会是新事物，而张之洞为当朝大臣，要想让他接受得找好切入点。是年11月康有为来到江宁。此时，张之洞正因次子溺死而伤痛不已。梁鼎芬为替其排忧，生出一策，劝张之洞与康有为谈书论说"藉以排遣"。经梁鼎芬牵线，康有为在江宁居二十余日，与张之洞隔日一谈，每次至夜深，从而得以"合请香帅为发起人"，促成张之洞慨然应允捐资银两作为会费。

张謇和康有为早有交集，也有书信来往，但他对康有为的为人有些不以为然。在京城时，张謇曾拜访过康府，亲眼见康府车马鼎沸，排场很大，内心就产生些许的不屑，认为康有为好图虚名，做事很不务实，太过高调，事业肯定做不长，不能久久为功。接到梁鼎芬的邀请后，并没有过多的喜悦，但也没有拒绝，而是给老师翁同龢拍了个电报说了这个情况，翁同龢的信比较保守，大意是：怕的是有些人居心叵测，用意不良。

张謇虽然丁忧在家，但京城的大事他还是了解得比较透彻，在上海组织强学会之前，康有为因为"公车上书"已名满天下。今年的春天，康有为进京参加会试，《马关条约》签订的消息传入国内，一时间群情愤慨。康有为和弟子梁启超等首先鼓动粤中公车上折拒和议，然后各省跟进，邀集1000余名举人联名上书清廷，要求拒和、迁都、实行变法。两个月后，康有为在北京创办《万国公报》（不久改为《中外纪闻》），梁启超成为该报的主笔，每日撰写几百字的短文，着重西学的宣传，让人们了解变法有什么好处。刚开始朝中各级官员看了这些论调都感到惊愕、害怕，感觉如其之说改祖宗之法，将会天下大乱。但越读这些文章越觉得变法的益处多多，渐渐对这些观点不再抵触，甚至开始接受。梁启超高度的热情和出众的思辨能力，短短几个月就广为人知，成为维新变法的领袖之一，几乎可以比肩康有为。对于张謇来说，内心世界里相比康有为更喜欢这位异军突起的青年才俊。黄遵宪、汪康年等人在上海筹办《时务报》，梁启超应邀前往主持笔政。在主编《时务报》时期，他以新颖犀利的议论和通俗流畅的文字，写出了《变法通议》《论中国积弱由于防弊》等一系列文章，系统阐述维新变法理论。他指出：中国要强盛，必须进行变法。法者，天下之公器也；变者，天下之公理也。这时的张謇也参与了讨论，对梁启超褒奖有加。

当然，张謇不是只注重口舌之力的人。光绪二十二年（1896）春天，张謇着手恢复通州孔庙乐舞。

这件事得需要动用家里的银两。这一夜，张謇翻来覆去不能入睡。徐端知道丈夫有心事，就掌灯问："夫君，您有心事？"

"夫人，我想拿出部分钱恢复孔庙乐舞。可家里余钱也不宽裕啊。"

"夫君，您办的都是大事，我还有些嫁妆，本来是想迎娶吴、梁两位妹子时贴补家用，既然夫君用钱典当出去就是了。"

"这怎么行呢？你也没戴过几样像样的首饰！"

"这有什么！每天家里忙活，首饰多了是累赘。支持夫君是我应尽的本分。"

"啊！只有山妻解，矜劳惜瘁同啊！西方人每项开支都提前做好预算，我们也开此先行，明天我也做个预算。"

"还等明天干啥，今晚有事，您也睡不安稳。不如现在就合计一下。"

"好！"

张謇起身披衣写下：

> 聚海通泰如四厅县童生各二十人于通州学宫，十人亦可，但多则观摩尤广，且归后易于传习；延浏阳乐舞师三人，教习三个月，每教习一人束脩三个月二百番，将来酬劳在外……通、海两学各二十人，伙食减二百二千，共减三百二十二千；止须一千二百八十七千，作一千三百千计，通当八百，海当五百亦可办。

第六章 大 生

天地之大德曰生。

一

光绪二十一年（1895）底，张之洞调任两湖总督，两江总督又换上了刘坤一。张謇对刘坤一也甚是敬慕，甲午战争期间，刘坤一不仅为钦差大臣，负责前线全面督战，而且坚决反对割让台湾，提出了"持久"二字，实为制倭要著，但未被朝廷接受。甲午战争的失败，使刘坤一受到了极大的触动。亲历行间的刘坤一，无论是思想、情感都受到了重大创伤，也猛然惊悟。经过一番痛定思痛和对时局的省察，一针见血地指出今日中国要想转弱为强，唯有改弦易辙，变法自图。

这时的张謇找到刘坤一，更多的是思想上的切合点。

"大帅啊，香帅在两江的时候计议在长江口的南北，苏州、通州二处各办一厂，皆为纱厂。现今大帅主政两江，我这次来就是请示计议这件事的。"

"香帅所办之事，也是我想的。可眼下最主要的不是办几处实业，而是人的想法。"

"大帅的意思是——"

"听说上海有个强学会，你可了解？"

"哦，您说这个呀。确实有些交往，也参加过一些讨论活动。"

"嗯，那你说说这强学会主要干了些什么？"

"强学会啊，顾名思义变法图强呗！主要的就是宣传西学，学习西方吧。"

"季直啊，本督早年反对学夷之技，讲究改革陋习弊政内部图强，可如今日本一岛国，如一蠕虫，却让我大清割地赔款，开放口岸，甚至内地设厂办商，本督——嗨！"

"大帅的心情我理解，我内心也是炭火上的鳖子。还望大帅就办纱厂之事给予支持啊！"

"季直啊，一个纱厂怎么能跟国之大业相提并论呢！"

"大帅，庙宇再高也是一砖一瓦所垒，没有一砖一瓦哪来的国之大业啊？"

"你是当朝状元，钦点翰林，办事要往大处着想。这个强学会给我联系联系。"

"变法图强我们要搞，但也要有银子支撑，银子何来啊？就得办实业，我想来想去得先办实业，要不等倭人在内地先办起厂来，站稳脚跟，就晚了。大帅想一想，倭人发动战争无非三个目的：一是割地，二是赔款，三就是开放内地办厂。前两条都已成定局，我们不能再输在第三条上，先下手为强啊！"

"嗯，你说得不无道理。这样吧，你就大胆地干吧，有什么困难就告诉本督。"

张謇心里合计着，当时请求张之洞的事，不如直接生米煮成熟饭。就不再顾及后果，直接说："大帅，当时香帅答应两件事：一是改厘捐为认捐，二是纱厂完全商办，还没有办利索就调任了，大帅您看——"

刘坤一吃了一惊，心想：这张南皮也太给力了吧，这么大的事都不眨眼。不过，心下也窃喜，既然张南皮答应了，而正好自己做个顺水人情，说得更露骨些，最终还是他刘坤一办成的。

"季直啊，这可不是小事啊，牵扯着各方利益，我合计合计再回复你，不过在我职权范围之内我支持你。"

"大帅乃封疆大吏，一言九鼎。哪有不是职权范围之事啊！我只能静等佳音了。这就回去着手筹备。"

"哈哈，果然是张季直。"

张謇这次坐船顺江而下，不日到家。徐端赶紧准备了换洗的衣服，为丈夫洗去一路风尘。还没来得及歇息，张謇就请来沈燮均、陈维镛和刘桂馨，商量建厂事宜。一开始讨论，自然是资金问题，商量来商量去，张謇和沈燮均都觉得100万两启动资金是必需的，不能再少于这个数。那钱从哪儿来呢？就他们四个，杯水车薪，顶多能凑出40万两，这个都到了四人破产的红线了。没办法，就发动当地绅商认股吧，合计出100元1股，四人就开始四处奔波宣传。

沈敬夫（字燮均）来到好友张万财家。高高的门楼冲南，灰砖红瓦，纵横各五的硕大门钉泛着乌光，右侧一脚踩绣球的雄狮，左侧一胸前卧有幼狮的母狮，都是那样有生气。见沈敬夫来访，立即有仆人进去通报。不多时，张万财亲自迎出门来："燮均兄，哪阵风把您吹来了？"只见主人缎子面长袍马褂，袖端呈马蹄形格外显眼，圆口缎面布鞋，真是一尘不染。再往脸上看，十二分的保养也挂着风霜。

"万财兄，无事不登三宝殿啊。给您带来一个好消息啊！"

"哦，快，屋里请。"

落座之后，一妙龄丫鬟捧上茶。

"好茶啊！好茶！"

"这是明前上等龙井啊！"

"我说呢，喝得着急了。"

沈敬夫也是爱茶之人，仔细端详：水中的茶叶，外形挺直削尖，扁平俊秀，光滑匀齐，绿中带黄，汤色杏绿，清澈明亮，自然一股若兰的气味。禁不住点了点头说道："万财兄好口福啊。"

"说到这茶，我还真得说道说道，我这可是花了大价钱买来的，这可是宫里用的。"

"这个我信。"

"嗨，有啥好消息啊？"

"这不状元公要在通州办纱厂嘛。"

"啥玩意儿？状元公要办纱厂？"

"对呀，恩科状元张謇办纱厂啊。"

"打住。他见过纺纱的机器吗？那玩意儿可是高科技，一个读书的能玩得转？他不好好地做他的官，办啥洋玩意儿？"

"您先说这洋玩意儿赚不赚钱吧？"

"这个是来钱快，但一般人玩不转啊。燮均兄要办纱厂，我可能只是觉得吃惊。就一个读书人、官场的人要办纱厂，我是真的要惊掉下巴了，纯粹是瞎胡闹！"

"当然，不是状元公一个人办，我、维镛和桂馨都参与、入股支持啊。"

"我知道燮均兄的意思，无非是让我掏钱呗。这件事，咱就此打住，该喝茶喝茶，该聊天聊天。"

"望万财兄再斟酌斟酌啊。"

"燮均兄，不是我驳您面子。投钱，没门！"

沈敬夫脸色微变，心中有些不悦，但很快恢复正常，觉得再说下去已无意义，站起身来一拱手道："那不打扰万财兄了。"

看着走远的沈敬夫，张万财摇了摇头嘟囔道："以为我是个大傻帽，当官的即使挣了钱能分给我们？更何况干一件水上漂的营生。嘁！"

夜幕降临了，四个人又凑到一块，一个个唉声叹气，一股也没有认领的。商量了一番，决定第二天再努力一把。

结果第二天、第三天……

一个礼拜过去了，事情一点也没有进展。

张謇慨叹道："通州之百姓还未开化！"这又让他想起了上海的强学

会，想起了《时务报》，开化百姓的思想必须办教育、办报刊。朦胧的未来城又在脑海中浮现。

二

刘桂馨往来通州和上海之间比较频繁，在上海待的日子也不少于通州，很自然地提出了自己的想法：通州富户虽不少，但大多是地主和商铺老板，钱的流动性差，投资的欲望不高。相比之下的上海是另一片天地，风险投资盛行，应该能筹到资金。

张謇似乎也幡然醒悟，觉得上海才是筹资的沃土。四人一致认同后，刘桂馨说："上海洋行买办是最有投资潜力的，而买办中要数潘鹤琴与郭茂之。"

张謇沉思片刻道："对这二人多有耳闻，但未曾蒙面啊。"

刘桂馨道："潘鹤琴是广丰洋行买办，福建人。广丰洋行业务主要是采办物料、购运原料等。郭茂之，浙江人，也是上海洋行买办，做进出口买卖。"

"桂馨兄与二人关系怎样？"

"因为洋行也经营土布的外销，免不了在生意上往来，还是比较熟络，我可以将他二位引荐给季直兄，况且以季直兄的名气，他们定有结交之意。"

"桂馨兄先通个口信，后天我就启程去上海拜谒二位。"

"我先发个电报过去，后天我们一起去上海。"

对于上海之行，张謇踌躇满志。

从码头坐黄包车很快就到了潘家公寓，公寓没有门楼，是西式的大铁门，围墙也是石头盘根上面焊就的铁栅栏，爬满了爬山虎，外围种植了卫矛花墙。走进院子，最惹眼的是一片丁香，淡紫色的花儿飘出浓郁的花香，仔细看来丁香结儿招来一段愁思。一座三层白色小楼躲在一棵硕大的梧桐树后，看来潘鹤琴虽然成了洋行买办，但也离不开中式心结。

"哦，桂馨兄，好久不见了。"一穿着白色西装、脚蹬白色皮鞋的中年人迎出来。

"哈，鹤琴兄神采奕奕啊。我给您介绍一下，这位就是赫赫有名的恩科状元张謇张翰林啊！"

潘鹤琴愣了一下，两眼放光。"啊，是状元公啊！幸会，幸会！"

"潘兄喊我季直便是。"

"哎呀，那怎么行呢？状元公的到来让府上蓬荜生辉啊！快里边请！"

"潘兄太客套了，反而让我不自在啊。"

"哈哈，好啊，好啊。那我就喊您季直兄了。"

大厅里，挂着几幅超大的油画，留声机里擦出优雅的小提琴曲，家具却是古色古香的黄花梨。一时让张謇感到时空有些混乱。

"潘兄，我这次来——"张謇单刀直入，直接想切入正题，因为他觉得多说无益，既然潘鹤琴是广丰洋行买办，想来大多经营的是期货，无非是低价买进高价卖出，这里头本身就有很大的风险性，得有战略眼光才行。而如今自己做的这件事正需要战略眼光的风险投资人。

"哎，季直兄不要急躁，先在上海住下来，明天晚上我组织个商界聚会，大家认识认识，多一个朋友多一条路嘛。"潘鹤琴有自己的想法，自己的业务说露骨点就是投机，这张謇是钦点的翰林，为皇帝办事的，得在各路权贵面前好好地为自己长长脸。

张謇在潘府逗留时间不是很长，但不同面孔的下人已出现二十几个，最让他感到惊讶的是这里面还有一位年轻的女教师，看上去也就二十几岁，齐耳短发，穿黑裙、蹬马靴，妥妥的洋景儿。要不是潘鹤琴自己说，真的误以为是他的女儿。

走出潘府，张謇心里很是堵得慌，正经事一点都没沾边儿，净扯些京城里的"秘闻"，无聊透顶的话题。甚至扯上了御膳房里的人参怎样从长白山进了京，又怎样被炖进了鸡汤里。

张謇的沉默不语让刘桂馨内心也有些失落，毕竟自己引荐的潘鹤琴，但他还是劝解道："季直兄，明天晚上的商界聚会，也许是个很好的契机，毕竟有钱人扎堆，我们到时候好好把握就是了。"

当黄包车驶进校场路，眼看就到了下榻的荣顺馆，天一下子砸下了雨点，东一点西一点带着炸开的土泡，就半里路的光景儿，车夫竹篾编的破帽儿滴水珠了。几个拿破碗的挤在一家大碗茶摊里，茶摊老板很不待见："诸位，行行好吧。你几个挤在这儿，我怎么做生意啊？"

"崔老头，平常哥几个也没少喝你的茶呀。每天张罗来的文钱还不是都孝敬了你，如今在你这儿避避雨，看你急得像猴一样。"

"哥几个，这个点正是做生意的时候，你们这不是砸买卖嘛！"

"买卖来了，崔老头给哥们每人上一碗高末。"

"来了，每人高末一碗。"

"怎么不撵了？"

"我这小本买卖，喝茶的都是爷。"

张謇在雨中看着这戏剧性的一幕，竟然忘了躲雨。直到跑至荣顺馆门口的刘桂馨大声喊自己，方才醒悟自己立在雨中。

这家饭店并不大，二层小楼，老板是浦东川沙人张焕英，自己掌勺烧菜，老板娘和儿子端菜、收账。烧的虽是肉丝黄豆汤、酱肉豆腐等上海家常菜，但味道鲜美。刘桂馨之所以选择这儿下榻，一是他了解张謇一向比较节俭，二是这儿离潘府比较近，最主要的是便宜又实惠的美食。

张謇在不大的客房里，打开行李箱，取出徐端为自己准备好的一套青布长衫准备换上，把身上已淋湿的衣服晾了起来，内衣也一并换下来。徐端还为他准备了一套黑色的西装。其实，这套西装已做好一年多了，当时张謇丁忧在家，一弟子江知源前来拜谒，1893年入读张謇为山长的崇明瀛洲书院。现在，张謇任江宁文正书院山长，江知源再度成为张謇门生。当时江知源穿一身黑色西装，徐端直夸穿着精神干练，之后就请人为张謇做了一套。徐端虽没去过上海，但知道张謇要见的是洋买办，定是穿西装的多，很自然的就装进行李箱了。西装上面放着一页纸，毛笔写的楷体

"遇事三思"，张謇抚摸了几下西装，又把那页纸放好，穿衣下楼。

刘桂馨早已在楼下跟老板娘聊着什么，见张謇走下楼来，招呼在靠窗的一张八仙桌旁坐下，这会儿由于下雨，客人并不多，要是平常这样的好位置可不好求得，就靠门的最差的位置也坐满人。记得上一次来，刘桂馨足足等了一刻多钟才等到一位客人离去，勉强坐下，只吃了一份酱肉豆腐，而肉丝黄豆汤卖完了。这次来住这儿了，饱口福是没问题了。

"肉丝黄豆汤两碗。客官，您要的汤。"老板娘声音不是很大，但听着暖暖的、软软的味道。

"季直兄，尝尝味道咋样。"

张謇心里有事，没啥食欲。看着漂满葱花、油花，露出几条肉丝的酱色汤，没太在意。但一股浓郁的香气钻入鼻孔，令人精神一震，张謇开始回过神来。见刘桂馨看着自己笑，"尝一尝。"张謇用小勺搅了搅，发现里面是黄豆和肉丝搭配。轻轻撇起一勺，吮进嘴里，咂摸咂摸，"香，好喝!"

"酱肉豆腐两碗。"

"再尝尝这个。"

张謇见这碗白绿相间再加上棕褐色肉末的酱肉豆腐，浓浓的汁，一看就勾芡过，不过呈现的却是清亮感，没有黏稠的感觉，火候拿捏得恰到好处。

"好吃，嗯，确实好吃!"

一顿饭下肚，张謇心情虽有些牵挂，但那些不愉快悄悄溜走了。

三

潘鹤琴没想到张謇会穿西装，他满以为为皇帝办事的人会因循守旧，这样的场合，不穿官服也会穿长袍马褂，一开始那种商人的轻视眼光不再占上风。

"各位先生、女士们，晚上好！今晚我隆重介绍一位好朋友，一位来自皇上身边的状元公——张謇先生。"

张謇听着这刺耳的开场白，很不自在。自己啥时候成了潘鹤琴的好朋友？说实在的，一句掏心的话都没交流过。没想到下面的话更露骨。

"朋友们，你们知道张謇先生这次干什么来了吗？他是代表皇上，来找我合作办纱厂。朋友们，代表皇上啊！"

张謇脸上实在挂不住，真想拂袖而走。但他看到向他举杯的一张张兴奋的面孔，他忍住了。

觥筹交错的场合张謇经过的也不少，但如此放纵自由的景象他还是第一次见，今晚确确实实见证了上海的开放，那种官场气氛竟然在这儿没有一点渗透。一向穿梭于官场的张謇虽有些不适应，但也受了感染，绷住的神经和面孔沐浴在了月光下，只剩下一层面纱了，内心已经跑开了火车，在两条轨上滑向远方。

"状元公，喝了这个酒，我也投资纱厂。"张謇这时候已微有醉意，忽然觉得自己既然弃官办厂，就应该像他们一样，不能再来官场那一套，称呼也应该改一改，灵机一动，就说："我在家排行老四，以后就称呼四先生。对，我就是四先生。"张謇说完一仰脖，一杯酒又倒进肚里。

"诸位，状元公以后就称呼四先生了。我郭茂之要投资四先生的纱厂。"

"好，好！"

"四先生，我樊时勋是宁波人，在上海宁波帮也是有那么一说。喝了这杯我也加入。"

"樊先生有见地，我们一定成功。"张謇又是一口饮干。

"好酒量！"

"各位先生，女士们。《马关条约》让我们大清脸面无存，割地赔款丧权辱国，开放内地设厂，倭人掠夺我们的财富。如果不捷足先登办实业，富民兴邦，必将国无宁日啊！"

大家一下子安静下来，因为有一部分是洋人，他们一头雾水，在大清的土地上做生意，已习以为常，他们没有觉得不安与羞愧。有一部分，一直生活在江南，对于日本的侵略没感到疼痒，认为张謇说了个笑话。还有一部分人，是洋行买办，为洋人办事的，更是为了好处出卖灵魂的那种。唯独两个日本人眼睛冒着绿光，像两头饿狼。

离开潘府时，张謇已经酩酊大醉。刘桂馨没敢多喝，只是微醺，他知道张謇对上海还不甚了解，这儿鱼龙混杂，说不定会冒出啥幺蛾子来。叫好了黄包车，把张謇扶上前头那一辆，自己坐后一辆。他在上海有套公寓，虽没有潘府气派，但还算温馨，本打算让张謇住到府上，怎奈离潘府太远，很不方便，才临时决定住在荣顺馆，没走多远，就有一辆黑色轿车盯梢了，当刘桂馨意识到的时候已经来不及了，只能叮嘱车夫跑快点，两个车夫也像意识到了什么，撒丫子就跑起来，黄包车发出刷刷的声响，在夜幕中格外扎眼。

"吱——"一声刺耳的刹车声，那辆黑色轿车挡住了去路。

黑色轿车里下来两个穿和服的，一看就是日本人，腰里挎着武士刀，虎视眈眈地瞅着黄包车，一句话也不说。

张謇已不是很清醒，并没有意识到车夫蓦然钉到哪儿，禁不住问："怎么？到了？"这时候，刘桂馨快速来到张謇身边，说："季直兄，我们可能遇到麻烦了。两个日本人。"张謇激灵一下，酒醒了许多，他一下子明白了许多，他也注意到聚会的时候有两个日本人。

"哈，行行好，给个钱吧。"这时候有五个乞丐围过来，示意张謇和刘桂馨上车快离开，然后，又围向那两个日本人，日本人一边驱赶一边向后退，五个乞丐像中了魔咒，费了老大的劲才撕巴开，再看黄包车已无踪影。

提起昨天晚上的事，刘桂馨有些庆幸和不理解。在这个人生地不熟的地方，为什么那么多乞丐会救他们，而且来得那么及时。

"季直兄，昨天晚上真悬乎啊！"

"没想到日本人如此猖狂，在我们家门上如此造次。"张謇没接话，而是非常愤慨。

"上海这地方，要想站稳脚跟，不但自己要有实力，还要处理好各方的关系啊。不过，这些乞丐还是很给力的。他们为什么帮我们呢？"

张謇笑了笑说："因为我们都是中国人吧。"

"啊，乞丐也恨日本人？"

四

为了增强潘鹤琴、郭茂之、樊时勋三人投资的信心，张謇邀请三人近期到通州考察，洽谈办厂一事。张謇顺便还带着刘桂馨去了趟强学会，把那晚的遭遇给汪康年讲了，汪康年很是震怒，在上海《时务报》上撰写了"日本人行凶未遂状元公"，一石激起千层浪，引起了上海各界的广泛关注和抗议，也让张謇深深地感到报刊的影响力。

当然，汪康年更感兴趣的是张謇带给自己刘坤一的态度，虽然他是张之洞的幕僚，但毕竟上海在刘坤一的地盘上，有他对强学会的支持，做起事来就更加有底气，与官场打交道更接地气，自然而然地开始了他的江宁之旅。关于汪康年去江宁拜谒刘坤一一事，张謇连续两次给刘坤一发去电报，刘坤一在这件事上给张謇增分不少。

刘坤一自然知道汪康年是张之洞的幕僚，张之洞既然信任此人，此人定有过人之处，他想先来一顿"杀威棒"，杀杀他的风头。当然，不是一顿棍棒，而是让他"检阅"一下自己的军队。刘坤一行伍出身，虽然一开始也是儒生，但他审时度势，带领湘军征讨太平军，立下赫赫战功，一步步升为地方大员，对于治军带军信心十足。

刘坤一命施炳燮前往码头迎接汪康年，施炳燮带着汪康年一直来到江督府，督府外早有荷枪实弹的五百兵勇分列两旁。汪康年一见这架势腿有些发软，但毕竟跟随张之洞多年，见多识广，知道刘坤一的意图，突然的鸣枪礼还是吓得他一哆嗦，差一点坐到地上。

见到刘坤一的时候，还是斗着胆子装出了潇洒：

"哈哈，大帅，这阵势有些隆重了，晚生有些承受不起啊。"

"哦，汪先生觉得我的兵如何呀？"

这时候汪康年安定下来，心里想：嘚瑟个大头鬼呀，还不是被日本人打得分不出公母，在这儿倒摆起谱来了。但他知道这刘坤一不是善茬，既然显摆就说明他很在乎行伍出身。一躬身抱拳道："这是我见过的最严谨的威武之师啊！"

"哈，比起香帅的兵来，哪个更胜一筹？"

汪康年心里咯噔一下子，这是要干啥呀？选边站吗？略一思索，还是很快做出了回答："香帅的兵忠诚，大帅的兵刚猛。"

刘坤一略微愣了一下，心底里佩服汪康年。这一句话说出了自己忠诚于张南皮，也说出了他刘坤一的强势。

"好，汪先生请！"

几番谈论之后，刘坤一答应支持强学会，并发函于各督抚，亲捐五千银圆。

张謇知道这个消息后，致电汪康年，表示祝贺。从内心深处接纳了强学会，开始主动接触这个组织，毕竟有两位地方大员坐镇。

回到通州，张謇就着手准备潘鹤琴、郭茂之、樊时勋三位沪商前来洽谈事宜，多次邀请沈敬夫、陈维镛、刘桂馨聚在一起商议建厂的事，四人实地考察了多次，一致同意在唐家闸建厂。

四人在通州沿江地带，走过了三遍，仔细考量。第一次路过唐家闸，还是在陈维镛的建议下，因为芦泾港就在唐家闸的南端。

船舶扁舟如穿梭，江中帆船运货忙……这是芦泾港真实的写照，沿街的鱼行就有八家之多，还不算批发鱼虾的摊贩。运盐、运土布的船更不用说了，张謇能不动心吗？再说唐家闸离芦泾港还不到四里路，运输便利没得说。更让张謇动心的还不止这些，唐家闸地界宽广，便于选址建厂，而且周围是一片一片的产棉区，真是天作之合。

五

入夜，渔火点点，一片繁忙。

陈维镛和钱荃琛正在院子里喝茶，一张矮腿方桌、两把撑子、一把红泥壶、两个红泥碗，在初秋的夜晚格外宁静。钱荃琛的来访给了陈维镛倾诉心里话的机会，两人原本交情甚笃，又赶上接受了一些新思想，在当地算得上开明士绅，自然有许多话需要说道说道。

"钱兄，您看我和四先生一起办纱厂成功几何？"

"陈兄说笑了，这实业还没开办呢？怎么先想成功与失败呢？"

"四先生和钱兄不能相提并论啊，我俩相交多年，彼此相互了解，而四先生虽多次路过芦泾港，多有交集，但了解还是不够啊。"

"陈兄啊，据说这四先生做过不少居功至伟的事，先不说钦点状元这一说，平定朝鲜之乱就立过大功啊。跟着他干准没错。"

"钱兄有所不知，当地士绅也不少，与四先生交集者甚多，为什么看重我呢？这让我有所顾忌啊。"

"哈，陈兄这是怀疑四先生的人品？"

"严重了！"

"叫我说呀，看重您是因为实力。试想一下，这沿江大港有比得过芦泾港的吗？这芦泾港分货能力有比得过陈兄的吗？"

"可我只是一个配角而已。"

"哦，您想哪儿去了。您肯定是大股东之一啊。"

"可厂址就选在离芦泾港不足四里的唐家闸，咋说也是在我的地盘上啊，不能亲自上阵，于心不甘啊！想当初，我俩订金古兰之盟，相约共办纱厂，起码我有一般的自主权吧？"

"啊，您想这事啊，这不我们俩的盟约还一直停留在想象中吗？我考虑过实际操作不是说说而已，再说跟这四先生也会积累很多经验的。到时候时机成熟，我们还会践实金古兰之盟的。"

看着满天的星星，一张清澈的黑幕让人心慌，说到底陈维镛内心的不淡定是把银子交到别人手里经营不太放心。明天沪商就来唐家闸查勘厂址和敲定股份，当然还有共同研判认股细节。这一夜，陈维镛的内心就像吊着的马灯，在风中摇摇晃晃，始终找不到合适的位置。

同样不能入睡的是张謇，他更多的是忙碌和兴奋。张謇从求学、入幕、应试，各个人生角斗场一路下来，相信的更多是事在人为，只要不遗余力地投入，就会获得应有的收成。

夜已深了，张謇还在仔细琢磨办厂章程和认股程序，不放过任何一个产生异议的死角。一只蚊子嗡嗡作响，绕灯飞上飞下，一下子将张謇的思路拉入求学的岁月：

从同治七年到十二年，张謇四处投门，拖累得张家倾家荡产，受尽了侮辱和痛苦，受尽了奔波和刁难，几乎走投无路，但并没有击倒张謇，相反，更让他奋发向上、积极应对挫折和不幸。

在那时的张謇看来考取功名是走向成功的独木桥，所以读书非常吃苦，以常人难以承受的毅力，只为挤过独木桥去。张謇十六岁州试，名次在百名之外，而自己的朋友范同学却考了第二名，老师非常不满意，大声苛责道："假使一千人去考，要取九百九十九人，只有一个不取，就是你！"这让张謇非常难过，于是在窗格上、帐顶上，都写上"九百九十九"五个字。睡觉的时候用两根短青竹头，拿辫子夹住了，只要一翻身，辫子就牵动头皮，立刻醒来。醒来后无论五更半夜，都不再继续入睡，用凉水洗脸后读书。又处处看见"九百九十九"五个大字，就不觉得疲倦了。在私塾中，夏天一到，蚊子横行，张謇夜以继日地点油灯读书、写字，桌子底下的两只脚吃尽了苦头，被蚊子叮得红肿不堪，弄得张謇苦不堪言。后来，张謇琢磨良久，想得一办法，搬来两只空罐子摆在桌子底下，把两只脚伸进罐子里，蚊子侵扰之事才算解决。

在学使临试的时候，城里人和有钱的绅士弟子，一个个都华服翩翩，自命不凡。而张謇夏服和冬服都各有一套，外人看来极其寒酸。但张謇并不觉得难为情，他心里总想："穿得绸儿缎儿的有啥用呢？考的成绩好，才是真荣耀。"有一天，出了一道古试题，大家瞠目结舌，无言以对，莫名其妙不知出处。有的偷偷看夹带，大体晓得出处，交头接耳，洋洋得意。张謇甚是看不惯，就将题解的出处贴在考场屋里的柱子上，大家都看得了，那些夹带的人非常不高兴，就质问张謇。张謇就说："就是大家都做'学而时习之'的题目，写出文章来也有好坏之分啊！"这时的张謇都是以张育才这个名字考试，不为别的，只为能参加考试。其实，这时的张謇非常纠结，总是感觉在为别人做嫁衣，内心苦不堪言。

几经周折，百般折磨，张謇终于归回本籍，用张謇的名字参加考试，发下榜单的时候，许多人拍手得意地说："这一会，第一不是张育才的了。"哪晓得张謇就是张育才啊。真是啼笑皆非，闹出很多笑话。

现在想来，仿佛就像梦境，有不能言出的苦涩。张謇禁不住苦笑着摇了摇头，又沉浸在工作中。殊不知，这时候徐端已来到身旁，端着一盘葡萄，站在那儿一直没有言语。太过的寂静让张謇抬起头，才发现发妻。

"啊，您啥时候进来的？"

"夜深了，吃点水果吧。这是今天刚剪的葡萄，挺甜的。"

"夫人，您觉得通沪六董平均认股合理吗？我总觉得这个地方有些不妥啊。"

"老爷——"

"嗨，也该改一改了，以后就称先生吧。"

"先生？我还真的有些不习惯啊。"

"这以后呀，办起厂来，我们都得称先生。"

"好，我家先生能开一代之先风，也是一件功德之事。"

"哦，刚才的问题我还是想听一听您的意思。"

"先生，我进张家门之前为什么卖掉一半的嫁妆替两个哥哥还债？"

"亲情吧，您一向重情重义。"

"可那时最心疼孙子的应该是奶奶呀！"

"那时奶奶已把所有都给孙子还债了呀！"

"对呀！这样我就成了徐家财产最多的人。除亲情外，我更需要徐家上下老小的尊重。"

"夫人，您令我醍醐灌顶啊。我马上把沪股改成六成，这样既不会让他们有太多压力，还给足了面子。"

"我一妇道人家干不了大事，但我就觉得呀这大事小事都是一个理。国家大事和家常理道都跑不出人心。"

"夫人所言甚是。"

张謇对徐端一直非常尊重，结婚二十多年来一直相敬如宾，这人情世故方面徐端确实有许多过人之处，觉得今生有此发妻一生足矣。但徐端不这样想，她经常想起女儿张淑，要是还在已到嫁人的年龄，那年她与夫君结婚第四年，迎来了女儿的降临，那时张謇常年军幕在外，徐端更是一边操劳家事，一边抚养幼女，再有十几天就是女儿百日，全家人都想给孩子举行个像样的百日宴。

当时，徐端正在织布，婆婆金氏跌跌撞撞地跑进来，急切地说："牡丹，快去房里看看，淑儿烧得厉害啊！"

徐端脑袋嗡的一下，丈夫不在家，自己如果照顾不好孩子，那是对丈夫的大大不敬，她赶紧把织梭一扔，跑到卧房里，伸手一摸女儿额头，滚烫滚烫的。在灯光下，女儿抽搐而且不喘气，面部呈青紫色。急得她冷汗一下子冒出来，这深更半夜的咋办？但徐端很快冷静下来，对婆婆说："娘啊，我这就去请大夫。"说完就跑出去了。

不远处就有一家药铺——益生堂，她三步并做两步就跑到门前，"砰砰"砸门，门里头几声咳嗽，药铺的老伙计把门打开，看见莽莽撞撞的徐端，赶紧问："张夫人，有啥急事啊？"

"管大夫呢？我儿生了急病，请他快去看看。"

"老爷过江进药材去了，明天才能回来啊。"

徐端一下子慌了神，因为近处就这一家药铺，其他的最近的也得十几里路，她用乞求的眼神瞅着药铺的老伙计说："老李叔，您过去瞧瞧吧！"

"啊，张夫人——这——我虽然在药铺多年，但从没为人瞧过病啊！"

"老李叔，您就去瞧瞧吧，这深更半夜的我也没地方找大夫啊！"

"啊啊，好吧，我去瞧瞧。"这老李头没想学艺，因出身贫苦，无依无靠，跟着管老爷只为混口饭吃，只是研药、抓药，并没见过病症，认识药材不少，但并不识药性，所以从没想过给人瞧病。有道是有病乱投医，徐端纯属无奈之举，慌乱之中做出了终生后悔的事。

徐端带着老李头回来时，孩子已喘气均匀，面色基本恢复，但高烧未退。老李头瞧了瞧，嘟囔道："怕是受了惊吓吧？"

"只是受了惊吓？"

"瞧样子是这样。我去包点朱砂放枕边，是能驱邪的。"

徐端听老李头这么说，心里多少有点放松，毕竟老李头在益生堂待了多年，凭经验也能说出一二。就赶紧随老李头去包了朱砂，放在孩子枕边。可整个晚上虐心得很，孩子出现了三次四肢和面部肌肉抽动，两侧眼球上翻、斜视，呼吸暂停，面色青紫。一家老小一夜未眠，总盼着管大夫快快回来，因为老李头说他今天一定回来，就没有再外出求医。等啊等，一直等到深夜，管大夫也没回来，后来才知道，他路上拜访了一位朋友，逗留了两天。

后来……

又过了多年，徐端再没有怀孕的动静，只得抱养张謇三哥之女张娴，可"弱而慧"的娴儿四岁那年又不幸病卒。

这一切对于孝顺的徐端来说都是心病。

六

潘鹤琴、郭茂之、樊时勋三人聚在潘府。

潘鹤琴抽了几口雪茄，悠悠开口说："二位，明天我们就去通州，这次通州之行是一件大事，关系到与洋人争饭吃的问题，那可是吃螃蟹的问题，投入的银子可不是个小数目，弄不好就会套住啊！"

郭茂之呷了一口茶说："这件事啊，有一点我们要考虑周全了，那就是这纱厂的主动权要抓牢，随时能脱身。以防成了蛛网上的飞虫，身不由己啊。"

樊时勋一直没有说话，他知道抽身的时候往往是办实业最困难的时候，那无疑是雪上加霜，实业还没办就先想好退路，那一定办不成。像这样国内鲜有的实业，办起来一定不会那么顺风顺水，没有破釜沉舟的心思是成功不了的。

潘鹤琴猛嘬几口雪茄转向樊时勋，"樊兄，说说您的看法，别捂着盖着，让人捉摸不透，忽略了您的感受啊。"

"我想现在谈论这些有点过早，办纱厂是我们三个认可的项目，都觉得有钱可赚才答应投资认股，这马车还没套上马，就先把轮子卸了，还怎么上路啊？"

"嘿嘿，樊兄说得有理啊。不过，我们占大股还是很有必要的，起码这样彰显沪商的实力，您说呢？"

郭茂之马上附和道："对对，一定要彰显实力。"

樊时勋心里盘算着，这哪是彰显什么实力啊，无非是想通过控股，说了算而已嘛。但樊时勋心里也清楚，张謇来沪筹资，就是奔着钱来的，多投资对张謇来说也是好事，这个想法张謇一定不会拒绝，只能举双手欢迎。不过，樊时勋开始认识到，洋买办是他这种人玩不转的，也许和洋人打交道需要的就是八面玲珑，毕竟洋人太强势。

初秋的太阳在芦泾港的上空还是火辣辣的，为了对沪商的重视，张謇亲自去芦泾港码头迎接三人，三人对芦泾港非常熟悉，常年在这儿分散货物，但对陈维镛的家底还是不甚熟悉，只知道他是芦泾港散货的大户。刚一上岸，陈维镛就把张謇和三人一块迎到家中用茶，而这一次是陈维镛刚搬进的新宅院，是很有气势的三进宅，朝南开的大门有一高高的门楼，陈宅两个大字中规中矩，倒好像是衙门的牌匾。前院正对着的是大厅，这大厅的门看上去更富贵一些，明显地是藏富，不愿外露自己钱财。门柱上的一副对联引起了张謇的注意：

上联：六波罗蜜施为首；
下联：四无量心舍最高。
横批：舍我其谁

张謇眉头一皱，虽然和陈维镛多有交集，大多还是些面上的事，之所以邀他一起办厂，还是看重他的实力，无论从地理位置上还是从财力上，都觉得他是上上之选，但读了这副对联后，他心里开始犯嘀咕：此人心气太高，单打独斗也许是把好手，作为伙伴不一定好相处。

沪商三人对陈维镛的中式院落也啧啧赞叹，心下觉得他家底不凡，免不了奉承几句，无非是在当地无人出其右、富甲一方云云。陈维镛虽然有些飘，但也知道比起上海捞钱商人来，自己还只是个土财主，靠的是常年的积累，那种一夜暴富的洋买办，更多的是好奇而已。

喝了会儿茶，稍作休息，就很自然地前往唐家闸考察。陈维镛虽然富有，但他并没有置备汽车，只能雇佣三辆骡车。当地养骡子拉车的居多，大抵是骡子力气大、耐力强，适合远距离行走。这三人也没觉得新奇，毕竟不止一次坐过骡车，想当年不是洋买办的时候，出门这就是高配。

看见唐家闸这一大片荒滩，还有周边一片片棉农，芦泾港繁忙的航运，三位沪商对张謇重视起来，觉得这位读书人不只是说说而已，还是有眼光和见地的。转而更重视股份的多少。

当然，张謇不想摆什么花架子，更注重的是办事效率，一考察完就直接拿出早已拟好的章程和股份认定书。三位沪商没想到让他们认领60%的股份，非常高兴，面子和实力都给得恰如其分。

这时的樊时勋看好张謇，觉得这位翰林有股子冲劲，在一个陌生的领域里一点怕意都没有，就换作常年浸于商海的他也有很多担心。就第一个签字认领了股份。潘鹤琴和郭茂之也相继签了字。一百元一股，每人二千股。通商在沈敬夫的带领下共认领了四千股。

沈敬夫见签约如此顺利，心情大好。"诸位，今天通沪六董凑得齐全，总理四先生请大家去芦泾港饭店庆祝一下。"

陈维镛有些不高兴，在自己的地盘上，怎么说这顿饭也应该由自己来请，四先生竟然这么不给自己面子，可沈敬夫已把话说出去了自己也不好再改变，不过在他心里留下了一个梗。他哪里知道这是沈敬夫自作主张，并没有跟张謇商量，他只是怕张謇破费，自己率先提出这个饭局。

席间，张謇非常兴奋，多少年的夙愿达成，真的让人动情，就像多年思念一女子，茶饭不思夜不能寐，今天却突然站在了你面前，那种感觉用语言已无法表达。张謇慷慨激昂说："《周易·系辞》有'天地之大德曰生'，我们办实业是为庇护苍生不觉寒，纱厂就取名'大生'吧！"

第七章　危机四伏

黄浦江边，惆怅无限。

一

"四先生，这合同禀请通州、海门地方官会详定案。他们不会提出异议吧?"沈敬夫有些担心，毕竟这是一项新兴实业，地方官员一向保守，难免会出什么幺蛾子。

"沈先生放心，这件事早已和江督、香帅汇报过多次，他们已妥妥地答应下来，一切关节都会从简的。十二月到省先递手折，再由通州知州汪树棠和海门同知王宾监订合同。省里已经通过，我想他们二位也不会从中作梗的。"张謇虽然历经磨难，但心态一直处在正能量的砝码上。

"四先生说得是，也许我多虑了。"

"沈先生有所不知，我与王同知一直相交莫逆。想当初，我在海门提倡种桑养蚕，出资购买湖州桑苗并赊购给乡人，分送《蚕桑辑要》，亲自带领家人育蚕，又仿效西法集资办公司。但售茧'往返资斧'是困扰蚕农的一笔大开支，王同知接受我的建议'招商开行收茧'，从此海门增一行业，乡民获利大丰。他是一位少有的好官。"

"这事我知道，百姓口口相传。但蚕桑是一祖上传下的传统产业，我们现在要做的是前人没做过的事，起码在通州地片上开了先河，难免遭到许多质疑。"

"您想的也是。我必从江督那儿求得一明确信函，以防带来不必要的麻烦。"

"那就好办得多了。"

汪树棠在府衙里正在审案，两乡民状告张謇，说是张謇霸占他们祖上留下的土地开办工厂。一升堂问案，汪树棠也吃了一惊，在他的信息中张謇还没有开工建厂，如果有实际性的行动，他不可能绕过他这个地方官，作为在朝为官的张謇不可能不懂得这规矩。

"老爷，这两个都是唐家闸西村里的混混，不好好种地，到处游手好闲。"他身后的幕僚附耳说。

汪树棠觉得就这两个混混没这个胆量，都知道张謇是状元公，皇上钦点的翰林，这么明目张胆地告张謇，背后肯定有人唆使，他故意把脸一沉："你俩可知道张謇何许人也？"

"大人啊，为我俩做主啊！那片曾是祖上放牧的地方。我兄弟俩祖上就是拜把子，一块在那儿放牧，既然是祖上维持生计的土地，有人占用总该赔些钱财吧？"

汪树棠笑了，哦，你祖上在那儿放过牧就成你家的了？照这么说吃过那片山上的野果子，那片山也就是你家的了。啥逻辑啊！这明显是给张謇制造麻烦的，心里想：张謇啊张謇，以后的麻烦事还多着呢！他平心静气地问："你俩收了别人的银子？诽谤朝廷命官是什么罪，知道吗？"这两人互相使了个眼色，大喊："冤枉啊，大人！小的真的是讨个公道啊！"汪树棠给师爷递了个眼神，师爷会意，大声宣布："把赵六押入大牢，大刑伺候！"两个捕快把赵六拖了下去，赵七一看脸都吓绿了。汪树棠威严地说："赵七，你说说我有没有冤枉赵六？""大老爷，我说，我——全说。"

原来，这赵六和赵七收了张謇的老对头如皋人张驹的十两银子，脑子一发热，就来衙门状告张謇，他俩觉得自己无牵无挂，而张謇家大业大，肯定不在乎那仨瓜俩枣的，怕麻烦就给个几十两银子打发了，再说强龙还难压地头蛇呢！这就是说头脑简单的人总觉得任何人都头脑简单，利欲熏心的人总觉得任何人都是冤大头，这两人的人生逻辑应该就是这样的。

这件事，汪树棠没有直接缉拿张驹，而是告诉了张謇。张驹在当地虽有些人脉，但今日之张謇已不是读书时的那个秀才了，张驹这种不入流的人他早已不放在心上，不过，他既然又找上自己，那就不能怪他人记仇。如皋是海门地盘，张謇觉得眼下急需银子，就把自己的想法告诉了海门同知王宾，罚没张驹白银一千两，用于诬告他的赔偿。张驹被罚以后，才知道自己现在是拿着鸡蛋碰石头，心里的小九九一时半会儿翻不起浪花了。

通过这件事，张謇也对汪树棠有了一个了解，觉得这人办事还算公正，赵六、赵七每人二十大板，以示警戒，也算量刑恰当。果然，在签订合同过程中，没有遇到任何阻力。只是集银数额有所变化，改成六十万两，沪股四十万两，通股二十万两。

二

"四先生，通股已花掉两万元，沪股却未见分文。"

订立合同后，刘桂馨、陈维镛、沈敬夫三位"通董"相当积极，当月，便以通股购厂基地于通州西十五里唐家闸，旋规划垫基、浚港、筑岸、建造行栈及监工住宿之房。

"明日我前往上海催款。让沪股以最快的速度注入，及早建造厂房，购买纱机二万锭。"张謇疲倦遮不住泛着精光的双眼，虽然他还不明白为什么沪股迟迟不注入，但他还是满怀希望。

"四先生，这次去上海几时能回啊?"

"我这次是去催款，款项一到位，我立马就回来，这边的筹备工作虽然有三位通董坐镇，但也疏忽大意不得呀!"

唐家闸离市区也不过十五里路程，张謇首先坐马车回到家中，他要和徐端话别一下，毕竟不知道去上海待多少天，以防家中担心。同时，也会让徐端准备一些换洗的衣物。

徐端在家里也在张罗一件事，那就是张謇丁忧期满后，迎娶吴、梁二妾进门，在办厂方面她暂且插不上手，没有丈夫的允许，她也不想参与张謇的实业，但为张家延续子嗣同样也是大事，无后那是最大的不孝。

当听到丈夫要去上海催款，并且立刻就要启程，纳妾的话到了嘴边，她又咽了回去，她怕张謇出门在外太分心。默默地为张謇准备好衣物，一再叮嘱徐生茂照顾好先生，无论发生了什么都要安全回来。

张謇这次轻车熟路住进了荣顺馆，那几个乞丐还在那片乞讨，张謇叹了口气，在当下，这帮人确实很难找到一个合适的归宿，乞讨不全是懒惰造成的，更重要的是有碗饭吃要付出超常的心酸，不如乞讨来得容易，放弃所有的尊严只为混口饭吃，不能不说这是一种悲哀。

张謇首先拜访了潘鹤琴，潘鹤琴依旧热情。

"潘先生应该知道，纱厂已在建设进程中，可沪董筹措资金却迟迟不到位，不知是何缘故？"

"啊，四先生有所不知，近来洋行出了些问题，大宗货物堆积在仓库里，无人问津，特别是纺织品。我手头紧啊！"

张謇一下子明白了，这是透露纺织品滞销啊。沪董们为的不是办实业，只是想通过他挣钱，与自己想与洋人竞争的想法出入很大。

"潘先生，我想纺织品滞销是暂时的。在棉花收获完毕后，农家不分老少，都一起去梳棉、纺纱和织布。我朝九成的人都穿手织的衣料，其质地各不相同，从最粗的粗棉布到最细的本色布都有。但外国资本的输入，很快人们就会接受既轻盈又美观的洋布。所以，现在是投资的好时机。"

"四先生，我也听说过英国曼彻斯特的工厂主曾想：'如果每个中国人的衬衣下摆长一英寸，我们的工厂得忙上数十年！'但结果是什么？土布便宜啊！生产者所用的成本简直只有原料的价值。"

"潘先生，你别忘了，用机器做出的洋布，原材料可能只有土布的三分之一都不到，这有很大的优势。我们如果不提前占领市场，洋人的洋布很快就会充斥市场，挤垮手工作坊的。"

潘鹤琴没想到张謇还是个辩才，每句话都说到点子上，但想想码头上堆积的洋布，他觉得还是不能冒太大的风险，不仅要减少投入，还得向后拖拖，看情况再定。就忽悠说："四先生果然有雄才伟略，这样吧，由于货物积压，我手头确实有些紧，投入不了那么多，我替其他两位沪董做个主，尽快筹集二十万两吧，多了实在拿不出。"

张謇急需用钱，要不就要停工了。没办法，沪股能投多少是多少吧。总算答应注入资金，其他用度自己再想办法。但他没有立即离开上海，他要等到这二十万两真正到账后再做打算。

一天一天过去了，张謇的盘缠已用光，沪股一分钱都没有注入。驻足在黄浦江边，生起无限惆怅。荣顺馆离外滩二里多路，荣顺馆周围的繁华已让人明白啥叫"上海滩"。这一片是英租界，上海十里洋场就是这儿，是上海近代城市的起点。水果、蔬菜地货、冰鲜、人参药材、棉花、糖、木行、船用缆绳五金、绸缎、洋布尼龙、衣庄、帽铺、米业、竹器、珠宝玉器、笺扇、书画、古玩、骨牌、象牙各类铺面应有尽有。四方客商往来，贸易兴隆，人气旺盛。可这繁华对张謇来说就是内心的落寞。

徐生茂去敲四先生的客房门，发现四先生不在屋里，就去问老板娘，才知道四先生一大早就出去了，并没说去哪儿。徐生茂一下子着了急，他知道四先生这几天糟心得很，情绪波动很大，常常自己发呆。他转过头冲出店门一路小跑地来到街中间，一下子傻了，偌大的上海在脑子里成了茫然。就这样毫无目的地穿街走巷，甚至扒瞅每个角落，尽管他知道四先生不会躲在角落里。整个城隍庙区转了几圈，他开始脑门子冒冷汗。

徐生茂想来想去，就江边还没有找过，激灵打了个冷战，撒腿奔向江边，远远看见四先生一个人在江边，时而走来走去，时而驻足观望，时而低头，时而看天，他快速走近，才发现四先生脸上还挂着泪痕。

"四先生，江边风大。我们回去吧？"

张謇没有说话，而是转过脸来看了看徐生茂，又望了望江水道：

江水幽真行亦幻，船帆碧水岸如弦。

海风送画随人愿，沪董筹银恨煞仙。

三

这几天，上海的气温比较低，已经到了零下。老板娘每晚都早早地为张謇和徐生茂灌好汤婆子暖被窝。到了晚上竟然飘起了雪花，上海的冬天几乎每年都下小雪，但像今天这阵势，似乎几十年不遇，像棉絮一样伏在地上，没有立刻化掉，慢慢地盖住了别的颜色，天地一笼统的白，像极了北欧的风景。

"老板娘，住店的费用您先记着，择日一定全部付清。"徐生茂有些不好意思地跟老板娘说道，他们已经三天没有交纳吃住的费用，或者说他们现在已身无分文。

"徐先生，我一妇道人家也不知道说得对不对，四先生是有头有脸的人物，我知道不会赖账。但每天不是窝在店里，就是去会会朋友，不做什么营生，也不是个长久办法呀。"

这时张謇正好走下楼来，听到了老板娘的说辞，内心非常惭愧，堂堂恩科状元，钦点翰林，住店付不起房租，定会被天下人耻笑。就自己命运不济的求学期间，也没出现过现在的窘况。

"店家，我这就去淘钱。"

"四先生，外面已铺满了雪，没有个人影，上哪儿淘钱啊？"

"店家，你店里可有文房四宝？"

"四先生是想——"

"别人都称呼我江南名士，恩科状元，我的字是能换些银子的。"

"我只做这小生意，字画一窍不通，不过，四先生要写字，这笔墨纸砚我还是出得起的。出门转过弯，几百米就有一家书画店铺，我可以拿过去问问。"

不一会儿，店家拿来了笔墨纸砚。张謇将宣纸铺在餐桌上，挥毫泼墨，不一会儿就写下几幅诗词。

徐生茂满脸遗憾地说："四先生，可惜印章没带！"

张謇略一沉思说："生茂啊，你知道人家为什么称呼我江南名士吗？"

"那是因为先生是读书人的典范，高中状元呗！"

"此言差矣，在中状元之前就有这称呼呀，很重要的一点就是我的书法。所以，你师母一定给我收拾上印章，以备之用。"

张謇去卧房里亲自取来印章，重重地盖上。

饭店早已打烊，店家和徐生茂一块捧了墨宝奔去书画店铺。

书画店铺也早早关了门，店家建议明天再来。徐生茂很想知道四先生的墨宝到底能换多少银子，就叩开了书画店的门面。

开门的是一年轻人，在微光下看上去有些青嫩，他认识张焕英，惊讶地问："张老板，这下着雪呢，有事吗？"

"哦，有几幅字，想叫掌柜的瞧瞧。"

"啊，进来吧，掌柜的还没休息。我这就去请他来。"

掌柜的在侧屋里听上门口说话，一挑门帘走出来。张焕英虽然在附近开店，但他并不知道"南朵北荣"之说，而这家店正是南朵——朵云轩。掌柜的展开几张字，一看印章是张季直的，再仔细端详起字来，字与章法深得山谷之神韵，结体潇洒矫健，笔意坚韧劲拔，和首推当朝第一的翁中堂不相上下，便知是张謇真迹。

"张老板，这字哪来的？"

"是住店的一位客官刚刚写的，说是能换些银钱，就拿您这儿来了。"

"我说呢，这字迹还未干呢。这位先生在哪儿？能否请他移步这儿？他的字有多少我收多少，一两银子一幅，不论尺寸大小。"

张焕英和徐生茂没想到张謇的字这么值钱，在张焕英看来也就是随手一画，没费多少力气，而自己天天颠大勺、炉火烤得前胸透到后背，辛苦不说，每天也收不了几两银子。

徐生茂赶紧去荣顺馆请四先生，但张謇执意不肯过去，说卖字是辱没读书人的脸面，今天不得已而为之，还抛的什么头露的什么面。没办法，徐生茂只得让四先生多写几幅，一并拿过去，换得二十两银子。

"生茂啊，我想再催一催沪董的股银，要是我们就这样回去，怎么向几位通董交代呀，又向哪儿筹集到股银。"

"四先生，我们已等了十几天，一点进展也没有啊！"

"上海有头有脸的人都要面子，我们手里还有些银两，就在上海春阳酒楼请他们吃顿饭吧，看看他们怎么说。"

"就咱手里那点银子，还要作回去的路费呢。"

"路费的事再说，你就拿我的帖子去请了。"

夕阳已落下，路上的积雪化成了几汪水，背阴的拐角处还有隆起的白。张謇礼貌地迎来了三位沪董。落座后，张謇站起身来拱手道："各位董事，到今天才请各位聚聚，请多包涵。"

"四先生啊，我们知道急需股银，但我们在上海做生意，往往都是期货，手头的银子真的吃不准，还是请四先生再缓一阵子啊。"几位沪商辩解道。

"是呀，四先生啊，我的一笔巨款确实套住了，一笔生丝生意囤积在码头，一直出不了货，真的暂时掏不出现钱啊。"

你一言我一语，三位沪董推来推去就是没钱。还有一位更加直截了当地问："四先生啊，听说陈维镛退股了，他可是通董中最有实力的一位啊。"

这唐家闸昨天发生的事，这沪董今天就知道了，这不是没钱，是持观望态度啊。张謇在这些精明算计的商人面前，有些应接不暇，用袖子拭了拭前额的汗珠，无言以对。只得说："可招股协议上写了，现在你们的股银应该到账了呀。"

"是呀，我们这不是捉襟见肘嘛。我觉得四先生还得求助于江督和香帅，让他二位想想办法解燃眉之急。"

张謇知道这些沪董说的也是一个办法，想来想去也只能求救于张之洞和刘坤一，毕竟两人位高权重，能办的事很多。

这顿饭，张謇心情低落，满脑子的失望和无奈。

回家的路费又没了。这一次张謇独自一人来到朵云轩，看了一圈，来到书案旁，长长的条形书案上早已铺就了宣纸，张謇提笔饱墨写下：

> 萧然百不能，危坐欲无凭。
> 横江今不戍，胡马任蹂行。
> 倦梦浑无赖，闲愁灭更生。
> 便谋成一饱，已足愧生平。

掌柜的脱口而出："好诗，好字！先生一定是张翰林了，这幅字我出二十两留下了。先生稍等，我去取银子来。"

张謇愣了一会儿，满脸沮丧之情。还没等掌柜的出来，就悄悄离开了。

在回通州的小江轮上，张謇和徐生茂挤在甲板上的穷苦人堆里，并没看出扎眼来。倒是一个卖苦力的给了他一个地瓜干饼子，他分给徐生茂半个，没几口就掖进了嘴巴里。

四

马上要过年了，徐端满是牵挂和担心。

另一件让她着急的事，就是趁刚过了年，有玩年的习惯，想来丈夫也不会太忙碌，就把吴、梁二妾娶过来，接续烟火的事可不是小事，丈夫最最孝顺，不能因为她徐端而断了丈夫的后，百年之后九泉之下怎么向公公、婆婆交代？

虽然张謇没在家，但徐端已经为这事操劳起来，她先是托沈敬夫从东北买了几棵水曲柳原木，自家找木匠解板打两套家具，这样既省钱又入眼。又请金匠用金银元宝打了两套首饰。还有具体的一些锅碗瓢盆置备了一些。

盼着盼着，张謇就一脚闯进来。胡子乱糟糟成绺，头发也乱了方寸，整个五官像废柴，俨然不再是那个英气的状元郎。身后跟着的徐生茂更是狼狈不堪。徐端整个蒙了，耳朵里传来的却是："夫人啊，抓紧弄点吃的，实在饿得不行了！"徐端眼圈一红，在嘱咐人做饭的时候，抓紧照顾丈夫泡个热水澡。徐生茂也自个洗涮去了。

夜里，徐端禁不住问起上海之行。张謇长叹一声，长话短说地抱怨了一番。徐端没有插嘴，默默地听完问："不知先生下一步有啥打算？"

饱餐一顿可口的饭菜，煨着温暖舒适的被窝，再想想上海之行，一股心酸从鼻孔差点掉出来。

"这段时间发生的事没在预期之内，心里一直想的谈好的事怎么会变卦呢？"

徐端听到这儿一下子想起自家的两位兄长，那年自己才十七岁，对生意上的事朦朦胧胧，但兄长的遭遇让她对商人有些抗拒。两位兄长投资皮货生意，在东北设了一个点收购，收购代理是朝廷重臣曾国藩的一部下，镇压太平天国军时立了不少战功，官至正四品都司的张朝，后辞官做起了买办，仰仗曾国藩的威名，有时强买强卖，但在坊间也有些义气人脉。当时，两位兄长满以为傍上了后台，把全部身家都投给了他，额外还借了一大笔银钱，也一并投入，哪承想那年的三月曾国藩陨落，树倒猢狲散，张朝也不知去向，从人间蒸发。两位兄长赔得倾家荡产、血本无归。如今，丈夫也做起了生意，虽说这办实业看得见摸得着，但也是人心上割肉，是最考验人心的行当。

"先生，我虽然是妇道人家，但也明白商人唯利是图，这沪董无非是为了图利。按您的说法，他们囤积了许多棉纱、布匹，断没有再去涉险投资纱厂，况且是用他的钱生钱，更会谨慎得如剜肉喂鹰。"

张謇听了徐端的话，觉得自己过于一颗红心，忽略了世态炎凉。想想也是，除非自己有可依靠的资本，或者自己有说服人的实力，否则打动不了沪商投资，满天蝴蝶的想法是很不现实的。他们不能跟沈敬夫和刘桂馨相比，他俩不但是自己的知己，更是相交多年的挚友，有着共同的理想和愿望，也相互知根知底。就自己一直看好的陈维镛都知难而退成了逃兵，那就更不能指望沪董友情投资了。

"是啊，我想沪董不愿注入资金，也怪我们太单薄，一眼望去看不到气候。我想我的人脉还是在官场，还得求助于江督和香帅。"

"是啊，如果他们注入一些启动资金，让董事们有了盼头，可能会好一些。"徐端对人事的看法没有张謇那么乐观，大多就事论事，而张謇虽然吃了很多苦，但还是深受理想化的影响，事在人为的想法占主导。

经徐端这一说，张謇的疲惫一飞而尽，精神头一下子鼓起来，披衣下床，分别给刘一坤和张之洞修书一封，希望地方政府拨款作为启动资金，也希望二位总督解决纱锭之事。做完这件事方安然入睡，总算睡了个安稳觉。

阴历大年总算在一片急闹中过完，正月十五一过，徐端就提出了娶吴、梁二妾过门。丁忧期已过，张謇也必须去朝廷报到，更没有理由辜负徐端的一片苦心，答应出了正月就把事办了。作为徐端是真心实意地为张謇留后，因为自己不能再生养，而管氏从进门就一直没有开怀，徐端断定也不会再生养。但管氏不这样想，正房已四十出头，而自己才二十出头，正是生育旺期，又多两人与自己争宠，心里很是不悦，有些郁郁寡欢，但她也不敢忤逆徐端，一是徐端和张謇感情深厚，结婚这么多年依旧两情相悦，无半点不和；二是徐端在张家地位极高，全家人都敬而有加，不是别人能撼动的。徐端也看出了端倪，就晓之以理地说："先生已四十有五，仍无一儿半女，我们做女人的应该感到耻辱。百善孝为先，有后为大，百年之后怎么去见列祖列宗？"管氏满脸通红，小声回道："全凭姐姐做主，贱妾哪敢有什么非分之想？"徐端又嘱咐道："先生烦心事很多，在他面前高兴些，别再给他徒增烦恼。"管氏拭去眼角的泪，点了点头，低头走开了。

按照张謇的意思一切从简，吴、梁二家也没意见，特别是吴、梁二妾，知道自己嫁的是状元公，且一表人才，早已喜得心如小鹿，哪还有别的奢求？

婚后，徐端把吴、梁二妾叫到跟前叮嘱道："先生已四十有五，还无子嗣，你二人跟随先生，陪伴先生左右，早日生下儿女，也不枉先生疼你们一回，更是为张家立下大功。"

吴氏脸皮薄，羞得满脸红晕，想起昨夜的云雨之事，先生一夜雨露她二人，欲兴很高，怎么会没有子嗣？她虽然没有读过书，但从小为人处世，她还是比较伶俐的，深深地给徐端道了个万福，坐到了最末尾的椅子上。

梁氏却不然，生儿子似乎志在必得，脸上露有得意之色，按照她的想象，张謇是和她先圆的房，又加上四十五的年岁，是否与吴氏圆房还是个未知数，也给徐端道了个万福，很自然地坐到了吴氏的上首。

对于二人的品性，第一次相处就看出端倪，虽然都来自农家，但吴氏温婉敦厚，梁氏却比较强势，怕是不太好处。但徐端更看重的是谁为张謇生儿育女，这也是娶吴、梁两个农家女的缘由，要不凭张謇的身份，达官贵人的女儿争着嫁过来的。

翰林院已来三封催促函，张謇已没有不回朝销假的理由，徐端给他打理好行囊，准备带着吴氏去北京。

这是徐端有意安排的，一段时间的相处，她发现吴氏只知道干家务、做女红。相比之下，梁氏倒经常有些微词，虽然无伤大体，但也看出二人的品性。这次先生进京，徐端有意让吴氏随行，是想磨一磨梁氏的性情，学会收敛和低调做人。

这一夜，张謇思前想后，还是决定不去北京复职，一来大生纱厂的筹建正处于关键时刻，二来他也确实对官场不感冒。在给朋友的信中写道："富民强国，实在于工。愿成一分一毫有用之事，不愿居八命九命可耻之官。"

五

　　张謇一直在南通、江宁、上海和湖北武汉之间奔波。今天，张謇又要徐端准备行囊奔赴江宁，徐端有些迟疑，吴氏却反应强烈，眼泪噗哒噗哒地向下落，很纠结地说："先生，您一定保重身体啊！您这么辛苦，到底图个啥呢？"张謇把脸一沉回道："妇道人家，知道什么？"吴氏不敢再多言，而是不住地抹眼泪，满心的委屈。徐端知道先生的个性，做事的那股拗劲十头牛也拉不住，就递话说："妹妹啊，你去为先生摊些煎饼吧，照这情形去了不是一天半天，关键时刻应应急。生茂在的时候还有个照应，这会儿留在京城应试了，嗨！"吴氏也不知哪来的一股劲，一下子抱住了张謇的胳膊，哭着说："先生，您也一把年纪了，不是年轻人，有个三长两短累病了，我们这几个女人指望谁？"张謇有点儿不高兴了，这徐端都不敢对他阻三隔四的，吴氏倒卖起蛮来，生气地说："我的事啥时候你做主了！"吴氏涨得脸通红低声嘟囔道："我有了。"张謇一时没转过弯来，想甩开吴氏的胳膊，徐端赶紧扶住问："妹妹，你咋不早说？差点误了大事。"张謇这才回过神来，抓住吴氏的臂膀惊喜地问："什么？我有儿子了？"吴氏点了点头。

　　张謇转过身拭了拭眼睛，仰天长啸："老天啊，您真的开眼了，我张謇有儿子了！我有儿子了！"

　　梁氏透过卧室的窗户看到了一切，颓废地歪倒一侧，心脏扑腾扑腾地按捺不住，到底是吴氏占了先手，本来她就觉得大房偏袒吴氏，这下就更没有理由不区别对待了。她就不明白，在与先生同房方面，她处处占先，倒是吴氏害怕有害于先生的身体，尽量节制同房的次数，怎么也没想到的是自己竟然没怀上，难道是自己这块地不够肥沃？人家都说"腚大"能生养，自己这方面也不输吴氏呀！

　　全家人都没有注意到梁氏的心理，而管氏也隔窗叹息，她早吴、梁二妾五年嫁入张家，一直得先生恩宠，却没有为先生生下一儿半女，倒是吴氏嫁过来没多久就怀上了，心下虽然为先生高兴，但也非常郁闷。

徐端见先生高兴，就试探着说："先生啊，既然妹妹有了身孕，能否在家多停留几日？"

张謇撅动着胡子激动地说："夫人啊，难道您也不了解我？我要有儿子了，那就更应该奋发图强。我要让儿子知道他有一个能干事、干成事的父亲，而不是一个只知道励志，却是一个行动的矮子。"

徐端知道多说无用，以先生的性格，阻挠他不如顺着他，不让他去实现理想就是拿刀子割他的肉。

张謇青衣小帽登上通州去江宁的货客轮，长江航道上有四种轮船：一种是客轮，专门载客的，一般客人相对比较舒适；另一种是客货两用，这个又分两种：客货轮和货客轮，这是根据客人和货物的比例来界定的，货客轮就是主要载货的，也载少量的客人，相对于客货轮来讲更便宜些；第四种是货轮，顾名思义就是载货的。

没多久就下起了蒙蒙细雨，一直持续到黄昏，雾气升腾上来，两岸的山一片朦胧，只有山脚暴露着浓湿的绿，像极了人的心情，既潮湿又沉重，轮船的马达声清晰地盖过淙淙的流水，看上去略显笨拙地逆水而行。

五百多里的水路需要十六七个小时，因为是逆流而上，回程会少花费三个多小时，又因为是中午启程，就这速度到达江宁接近凌晨了。码头接站的黄包车并排着一大溜，像是被检阅的炮兵，按顺序发车，一点儿都没有抢客的不安分。这件事还得从上年说起，以前啊，江宁的码头黄包车因抢客经常发生群殴，官府一直非常头疼，正巧张謇去拜访刘坤一，黄包车夫出了命案，让刘坤一非常恼怒，动用军队抓了一批肇事者，但对方是群殴致死，俗话说人多无罪，这让刘坤一有些头大，据了解这样的事已不是一出了，这要解决不好，以后还会发生。张謇给出了个主意叫以霸治霸，具体就是找出幕后的头，不罚反赏。让他从幕后走向前台，具体治理这种乱象，以防他因公肥私，封他一个"把头"的头衔，政府发饷，有错必严惩。从此以后，再没有发生过群殴事件，反而井然有序了。

张謇要去的是总督衙门，这会儿还没开始办公，他就近找了一家早餐摊位，因为有客轮和货轮不断靠岸，摊位早早地就摆上了。要了碗干挑面，卤汁微甜，正常水准。肠软烂，口味不错，就是肥油多了点，面筋也有嚼头。张謇抹了把嘴，长舒了口气，点上一袋烟，仔细地咂摸着去江督府的说辞。一定不能急，要稳，见招拆招，说服大帅。

江督府内，刘坤一正在喝早茶，刘坤一有一嗜好就是早茶一定喝足才开始办公事。想想今天没有多少事，顺手拿起了几张报纸。上海强学会被解散后，他经常把玩只出过三期的《强学报》。《开设报馆仪》一文中阐述了报纸在维新运动中的作用，那就是"广人才、保疆土、助变法、增学问、除舞弊、达民隐"。着实让他动容。还有《强学报》第一期上发表了《京师强学会序》《上海强学会序》，特别是《京师强学会序》，一开头就指出中国已在俄、英、法、日四国的虎视眈眈之下，形势极为危险，接着又以印度、越南、缅甸、朝鲜、土耳其、阿富汗等国亡国为例，沉痛地描绘出中国一旦亡国的"惨烈之状"，最后号召知识分子士大夫要以俄国、日本为榜样，成立"强学之会"，开展维新运动，拯救国家危亡。文章激昂慷慨，"读之者俱为之泪下"。正在慨叹之际，卫兵来报："通州商务局张季直拜谒。""快快有请，请他来二厅说话。"刘坤一没想到张謇这一大清早就来访，不知又给自己整出啥幺蛾子来。不过心里还是很高兴，毕竟他承担着办实业的重任，是自己重用、重信之人，也是自己想见到的人。

"大帅，季直有礼了。"

"哈哈，季直啊，一大早我就听见喜鹊叫。一盏茶的功夫你就站在这儿了。"

"啊，大帅，我又来给您添麻烦了。"

"说什么呢！我是盼着你来呀，我这手下干实事的不多了。陆润庠和丁立瀛都尥蹶子了，红着脸辞职了。就看季直你的了，你可别让我这老脸丢得光光的啊。"

"大帅啊，我这次来就是想辞职的，实在是没有站得住脚的理由筹集商股啊！没有实力无以立信啊！"

"先不要总把辞职挂在嘴上，说说有什么想法，看看我这边能不能协调，我了解你张季直，绝不会只是来向我诉苦的。"

"大帅办人能从头顶看到脚后跟，季直那点心思一眼就能看穿啊。"

"你先别给我戴高帽，有事说事，我的做事风格你清楚。"

"大帅，您看我张季直怎样？"

"啊，这是让我夸奖你？"

"大帅，我就是直性子，心里的事不吐不快。我之所以办纱厂不是图己之利，而是富民强国，和洋人一争啊！想想我大清的白银因棉铁进口每年损失几万万两，补贴洋人改善民生、造枪造炮，到处强抢豪夺，使我大清更加羸弱。"

"季直啊，你就直说吧，让本帅做什么？"

"大帅啊，我想要一半官股。"

"张季直啊，这就是你的不对了。是你口口声声要完全商办，为这事我和张南皮费了老大的劲，现在你又来要官股，这不是自相矛盾吗？"

"大帅，我办纱厂为了啥？为了图利？"

"工商不为图利那为了啥？"

"不错，工商是为了利润最大化。关键是利润花在哪儿。大生纱厂只是母体，有了利润我要办学校、博物、航运、报业、慈善、垦牧等，总之，我要把南通建设成现代化的理想城，一个世界性的样板城，再在全国推广，最终达到民富国强。"

"季直啊，你的设想很好。不知需要多少官股？"

"我是这样想的：沪股之所以迟迟不到位，是沪董没看到大生的家底，以为是空手套白狼。如果能筹到一半的官股，会增加沪股的信心啊。当时想筹集六十万两沪股，一半也就是三十万两。"

"啥，三十万两？张季直，你可知道《马关条约》之后，大清每年赔给日本多少白银吗？而江浙历来是赋税缴纳重地，一大半的税款都是取自两江，还得打点京城里的各种关节，已是负债累累。我行伍出身，不像李鸿章老于世故，又有几个能干的手下为他捞钱，过得滋润。再这样下去，我就和张南皮一样入不敷出了，哪来的银子给你填窟窿？"

"大帅啊，季直是不是在您手下办事？办实业到手的也是白花花的银子，民富才能缴得起各种赋税，这不也是为您捞钱吗？"

刘坤一动心了，他觉得张謇也不是为了利益胡搅蛮缠，确确实实为了民富国强的理想。再说，这纱厂建在自己的地片上，不是期货随时流通，办好了，那是百年基业。他忽然想起张南皮有一批纱机一直闲置在上海码头，这些明面上的事都知道，如果盘给张季直，不但帮了张南皮一个大忙，还解决了张季直的纱机难题，真是一举多得啊。想到这儿，他并没有着急告诉张謇，而是胸有成竹地说："季直啊，你先别急，安心住下，我尽快想办法解决官股的问题。"

张謇知道着急也没有用，就满怀忐忑地说："大帅，季直就仰仗您了。"

刘坤一让卫兵为张謇安排了住宿。

张謇在旅馆里心浮气躁，整颗心安顿不下来，索性轻装去最繁华的大市口转转，俗话说越繁华越转移注意力，反而平息内心的浮躁。

大市口的繁华确实不是虚言，街道上熙熙攘攘，有锦衣的公子、员外，也有粗布短衣的走卒，进进出出各大店铺，让人忘却萦绕不去的愁绪。

张謇选了一家茶楼，一提长衫迈了进去。一伙计抓紧靠过来："先生，您需要些什么？"

张謇一愣，一般饭馆、茶楼，都是问需要点什么？而这家"需要些什么？"听着有些耳生。就问："小二，需要些什么？有些特别啊。"

"啊，先生确实是高人，能听出这细微的差别来。确实，我们老板要求我们一律用'些'而不用'点'，是对客人的尊重。因为来喝茶的都是贵人，我们的服务不是一点而是一些。"

"哈，原来是这样啊，处处有商机啊！来一壶'雨花茶'吧。"

"好咧，先生稍等。"

不一会儿，张謇见小二当面沏茶。沸水冲泡下，茶叶芽芽直立，上下沉浮，犹如翡翠，一缕清香萦绕开来。

"好茶！"张謇情不自禁叫出声来。

"先生一定是懂茶之人，我们'雨花茶苑'以雨花茶主打。选用的都是上等雨花茶：外形似松针、紧细圆直、锋苗挺秀、白毫略显；色泽绿润、匀整、洁净；香气清香高长，汤色嫩绿明亮，滋味鲜醇爽口，叶底嫩绿明亮。先生请慢慢品尝。"

"哦，确实提神。这还没有入口，先有醉意。"

一盏茶下肚，张謇心情安稳了许多，仔细想来刘坤一不会只是应付他，以他的做派，既然答应他肯定有一定的门路。再说，现在自己想也无用，如果不是走投无路，他不会恳求官股加入，这与当初的思路背道而驰，要是争取到官股，一定不能让它起到主导作用，甚至绝对地淡化官股的影响，这个要坚决守住底线。

夜幕降临了，张謇要了份甜点，吃了几块，剩下的带回去做早餐。入夜的大市口灯火辉煌，但点的还是蜡烛，不是他向往的电灯。纱厂挣了钱，他要办电厂，让整个通州城都通上电，实现真正意义上的现代城。

就这样过了三天，张謇实在憋不住了，又去总督衙门拜谒刘坤一，刘坤一并没有立刻召见张謇，而是让人安排他在一厅晾着，自己却在二厅下棋，他想压一压张謇的锋芒。想张季直有求于自己，却咄咄逼人，有些非为他办成事不行的架势，否则，就像是自己看轻自己，在他眼里失去了分量似的，让人心里很是不爽。他为官这么多年，特别是自己成为一品大员以来，地方官员哪敢在自己面前造次，连大声说话的都没有，可这张季直每次都慷慨激昂，简直就一愤青，哪像四十多岁的官员。

张謇实在等不了了，就问卫兵："大帅在忙什么？"

"张翰林，大帅在二厅与云居寺方丈慧云法师下棋。"

张謇一听心下更加激恼，我这边火都烧着腚了，大帅还与和尚下棋，这也太没把正事放心上了。张謇没理会卫兵，竟自去了二厅，守门卫兵面露难色道："张翰林，大帅让您在一厅等候，这儿我不能放您进去。"张謇大声道："大帅，我有急事禀报啊！"

"谁在外面喧哗？"

"禀大帅，是张翰林。"

其实，刘坤一知道是张謇，只是明知故问。

"让他进来。"

张謇三步并作两步跨进来，"大帅啊，季直这几日茶饭无味，夜不能寐啊！盼大帅早日召见，交个底啊。"

慧云方丈笑了笑："张翰林火气不小啊。"

"混账，你这是要上房揭瓦吗？不让本帅清静一下。"刘坤一当着慧云方丈，没给张謇好脸色，这种外在的功夫，他得在这位得道高僧面前做足，方不失面子和威严，谁都能在他这位战功赫赫的封疆大吏面前吆三喝四，那还了得？

张謇一下子愣住了，"大帅，我——"

慧云也知道张謇是名士，脸上肯定有些挂不住，自己再待在这儿就有些不知趣了。"大帅啊，不耽误您公务了，老衲先告辞了。"

"法师慢走，我就不客套了。卫兵，送方丈法师。"

慧云方丈走后，刘坤一叹了口气说："季直啊，你把本帅想成什么了？这几天我一直在为你的事四处托门子，劳心劳力，恰恰这会儿有点雅兴，看，被你搅得一点兴致都没了。"

张謇一躬身："大帅，我着急啊。"

"我知道你的心思。我给张南皮讲好了，他有 70 万两购入的一批纱机，一直闲置在上海码头的仓库里，作价 50 万两，分你一半。"

张謇扑通跪下了。刘坤一赶紧双手扶起："季直，你这是干什么？我俩同朝为官，怎么能行此大礼？"

"大帅的提携爱护，季直铭记在心，只能把纱厂办好，回报大帅的知遇之恩了！"

"好了，我给盛宣怀写封信，你带上去上海码头认领纱机好了。"

"啥？找盛宣怀认领纱机？"

"啊，怎么了？有问题吗？"

"那么另一半官股给了盛宣怀？"

"哦，忘了告诉你了。这批纱机本来就是给盛宣怀办纱厂的，由于后续资金出了点问题，一直闲置在上海码头，风吹雨淋，锈蚀了一部分，但大部分还是不错的。所以，这次给你们俩一分为二。"

"坏了，坏了！"

"莫名其妙，坏了什么？"

"大帅，您不知道，我为纱厂在上海筹集资金遇到的最大阻力就来自盛宣怀，他背地里要组建德隆纱厂，认为大生会与他产生竞争，极力地诋毁大生。"

"那与这 25 万两官股有啥关系？"

"大帅，您想啊，盛宣怀就在上海，纱机就在他眼皮底下，他会先下手为强，把能用的机器都早早地挑走了，剩下的都是锈蚀的废品了。"

"哦，这个我还真没想到。盛宣怀可是朝廷二品大员，做事这么龌龊？"

"正因为他是二品大员，我才拿他一点办法也没有，官大一级压死人啊！"

刘坤一脸色微变，他觉得张謇啥也敢说，他也是一品大员，这不是捎带着恶心自己吗？

"大帅，您先给盛宣怀发个电报，让他在我到达之前不能私自动那批纱机，三天后，公平分配。"

"这个——季直啊，你也说过'官大一级压死人'，我还真不能压制盛宣怀，况且他是李鸿章的手下，我的话他未必听。"

张謇看指望不上刘坤一，就说："大帅，我先立即赶往上海，回来再跟您细谈官股的事。"张謇躬身一礼，还没等刘坤一发话，就急急地奔出江督府。刘坤一看着张謇匆匆的背影，摇了摇头。

六

回到旅馆，张謇立马给正在上海的刘桂馨发了份电报，简要说明纱机的利害关系。刘桂馨兴奋之余，也立马高度警惕起来，赶紧拜访了上海青帮江北帮大佬徐宝山，因为徐是江苏镇江人，也算是半个老乡，面上一直有所走动。这样重大的事情，一定要确保万无一失，要不刘桂馨也不会惊动这位青帮大佬。

徐宝山从小力气过人，练就了一身好功夫。由于家境贫寒，十五岁的时候便开始在外面闯荡。他好打抱不平，出手似猛虎般凶猛，而且每次都能胜出，因此得了一个"徐老虎"的称号。成年后的徐宝山为了生计做起买卖，开始贩卖私盐。后来又加入了安清帮，凭借一身武艺加上聪明头脑，不久在帮派中脱颖而出，成了帮派的大首领。

听说跟盛宣怀作对，徐宝山似乎也有些犹豫，因为近来清廷有招安的打算，开出的条件非常诱人，所以他不想与清廷高官作对。但听说张謇这边有刘坤一做靠山，毕竟上海是刘坤一的地盘，又加上打抱不平的江湖气，就答应了刘桂馨，让青帮弟子把盛放纱机的仓库团团围住，不让任何人靠近，等着张謇前来。

盛宣怀听到这件事，既气愤又惊讶，气愤的是徐宝山这么不给面子，以自己在上海滩的资历，按理说他不应该和自己正面为敌，更让他惊讶的是直到昨天他才收到香帅的电报，说是要把 70 万两的闲置纱机作价 50 万两拨给张季直，自己提出对半分，他并不是真想要这批纱机，自己完全可以进一批新的，目的是想把那些锈蚀作废的分给张季直，以阻止张謇纱厂上马。这才过了一个晚上，张謇就闹出这么大的动静，走了一招先手棋，让自己的计谋落空。

师爷看着火气冲天的盛宣怀，没敢立即吭声，过了一会儿，盛宣怀大声说："给我拨通巡捕房的电话，我要控告他们！"

师爷吓了一跳，"老爷，使不得呀！"

"什么使不得？难道让他们明目张胆地骑在脖子上拉屎！"

"老爷，巡捕房一出手，就是向人宣示老爷就是为了这批纱机为难打压张季直，况且巡捕房未必能奈何得了青帮。到时候，没有改变现状，还把老爷的脸面丢掉啊。"

"那也不能让他们张狂，在上海滩还没有人敢让我吃这个亏。"

"老爷，我听说张謇的纱厂一直坚持完全商办，为这事刘大帅和香帅受了许多难为。这次，他争取了25万两官股，严重破坏了办厂的初衷，那些董事们未必买他的账。这次不如卖他个人情，将他的办厂计划推入死局。"

"嗯，哈哈，自以为是的张季直一定没有想到这一层，说什么办实业是为了富民强国，纯粹是扯淡。师爷，我们也不能让张季直捡到便宜，他不是要公平吗？那就公平分好了。派人盯紧了。"

"老爷，您一万个放心。咋说您也是二品大员，借张季直个胆也不敢让您吃亏。"

刘桂馨亲自在仓库盯着，他怕盛宣怀不会善罢甘休。但两天过去了，盛宣怀一点动静都没有，这倒让他更加忐忑。在他的意识里盛宣怀可是个睚眦必报的人，这次却如此安分，倒让人觉得很不正常。

正在刘桂馨思前想后的时候，张謇聘请的美国技师比尔和德国技师弗兰克从南通先行到达上海，让刘桂馨心里踏实了不少。比尔和弗兰克仔细查看了每台纱机，大约七八成保存还比较完好，只有二成多因仓库漏雨受到侵蚀，已成为废铁，不过还能拆卸出一些有用的零件用于维修。刘桂馨心里有了底，没想到几乎八成完好，这次四先生真是走运，原以为有一半能用的就不错了。

张謇一到上海，没有立即去找盛宣怀，而是先去了仓库，和刘桂馨对了头，又和技师聊了聊，才放心地去了盛宣怀的办公室，把刘坤一的信递上。盛宣怀非常热情，超出了张謇的认知范围，还说了些振兴民族工商业从我辈开始的豪言，弄得张謇云里雾里，差一点改变了对盛宣怀的看法。果不其然，盛宣怀没有难为张謇，好坏机器搭配成两份，还让张謇先挑一份，剩下的一份归自己。

张謇冷静下来一想，觉得盛宣怀不会停止打压大生，至于这一次纱机事件，是他觉得已无法改变眼前的事实，毕竟徐宝山在上海滩是地下皇，既然他答应了帮忙，就不害怕得罪盛宣怀。而盛宣怀又不想暴露自己的龌龊想法，应该是顺水推舟，明面上卖了自己个人情。

张謇让刘桂馨和技师把纱机运回唐家闸，自己又坐船返回江宁，他不想改变完全商办的初衷，他还得说服刘坤一。

"季直，你怎么又回来了？"刘坤一看着风尘仆仆的张謇，有些惊讶。

"大帅，我的事还没办完啊！纱机的事踏实了，我想说说对这官股的认识。"

"官股就是官股，但我答应你只拿分红，不会安插冗员管理牵制。还有别的说法？"

"大帅，纱机尘埃落定，您的功德世人会广为传颂。但我请求大帅头三年官股不参与分红。"

"啥？张季直你疯了！商股参与分红，而官股不参与分红。难道国家还不如滑民重要？亏你想得出。这个绝对不行！"

"大帅，自古圣贤说：'民重君轻。'为什么？难道他们敢冒大不韪不成？不是！因为没有忠诚温良的百姓，也就没有兴旺发达的国家，那也就不存在君主了。我是想在官股的加持下筹集到更多的商股，这样才能投入更多的本钱，才能生出更多的利润，三年后官股才能分得更多的红利。如果一开始就把所有的红利分了，拿什么扩大再生产呀？其实，官股红利只不过在利滚利而已。"

"那些滑民为何分得红利？"

"大帅也说了，他们是滑民。他们为利而来，不分红利他们会入股？那可能一分商股也筹集不到啊！国家等得而滑民等不得啊！"

"嗨，你别说了！这样吧，这25万两也不作为股份了，算是我借你的，只收你百分之八的利息。"

张謇一躬到地："大帅，季直叩首了！季直还有一事请求！"

"你还没完没了了！说吧。"

"我还得筹集30多万两启动资金，这现钱是必须的，要不就不能购入棉花，没有棉花还是纺不出纱来，还望大帅借我点现钱啊！"

"罢了，我就再送你一程。让通州知州汪树棠和海门同知王宾各支持你4万两白银。"

春风清拂盈盈的心事，流水静听心灵的声音，四月的天空晕染了芳菲的故事。有一首歌唱得好：如果有一天，当世界都变了，你一定不要忘记天空原来的颜色。虽然，几经挫折磨难，张謇的理想像极了天空的颜色，不需要渲染。

搞定官股以后，张謇又马不停蹄地赶往上海。他的意识里这次有足够的理由搞定沪股。他没有再去旅馆，而是下船后直奔潘府。当初，通股：沈敬夫、陈维镛、刘桂馨；沪股：潘鹤琴、郭茂之、樊时勋。后因1896年秋，办厂不顺利，陈维镛、樊时勋退出，张謇又请高清、蒋锡坤加入。面上还是六位董事。

"什么？筹集了33万两官股？我们不是说好了完全商办吗？"

张謇也没隐瞒，一五一十地详细说明了官股的加入形式，已经优惠到干地拾鱼了，更何况现在的情形是沪股一分钱都没投入，急等米下锅，我张謇不会傻到好坏不分吧！

其实，张謇一脚迈进门槛的时候，郭茂之正在和潘鹤琴闲聊，估计也聊到大生办厂的一些事。张謇见两位董事都在，就直接把话挑明了，他不可能为了云彩影里的沪股而放弃官股。

"四先生，我和官府打交道多了，那是些吃人不吐骨头的存在。再奸猾的商人也斗不过贪官，最终我们会被盘剥得一丝不挂。"

"我已说过了，官府不派冗员牵制我们办厂，无非是缴一点点利息。"

"那也不行，官府的话不可信。如果保留官股，我坚决退股！"

"我也退股。我早年做生意被官府坑惨了，到现在都心有余悸。"

张謇彻底失望了，想自己以低利息筹集到这么多钱，自以为大大提高了大生办好的可信度，没想到招来退股，他内心深处感觉这潘、郭二人妥妥的忽悠他，而不是真心实意地办实业，脸色一沉拂袖而去。

第八章 变 法

极端的上层突变，是否适合当时的清王朝？

一

"四先生，这是第三封电报了！"

张謇把电报捏在手里，翁师如此催他进京，看来京城要发生大事了。虽然电报里未说明具体原因，但他断定事情的发展已超出了翁师的掌控，这时候他应该在翁师的左右，最起码帮他出出主意。

"四先生，您不会在这时候选择去京城吧？这摊子刚刚铺开，机器正在安装中，一切还没就绪啊。"

张謇捏着电报的手在颤抖，纱厂正在节骨眼上，不能有半点闪失，如果办砸了，一生的梦想也就付之东流了。可翁师需要他，朝廷需要他，自己的理想难道仅仅为了办实业？内心深处的政治抱负像一只小怪兽窜来窜去，让他的思绪飞到了京城、飞到了朝堂。

"桂馨啊，您去把比尔和弗兰克请过来。"

一盏茶的功夫，两位洋技师走了进来。比尔斜着身子躺进椅子里，一脸的朝气；弗兰克却中规中矩地坐下，脸上写满了期待，他有话要说，这些天一直憋着。

"两位技师，纱机需要多长时间能够安装调试好？"

弗兰克先开口："四先生，现在厂子里有些乱，严重影响建厂进度。"

大家都愣了，大家都在忙活，哪一点乱了？

"弗兰克先生，您具体说说？"

"厂子里具体制度不够明确，人情味太浓，用人太过人情化。干多干少没有量化标准。"

高清有些不乐意了："弗兰克先生，这是在中国，没有人情味，我们还办啥厂啊！"

"唉，高先生，你让弗兰克把话说完。"

"四先生，纱厂必须建立现代公司制。首先设立董事会，任命总经理，总经理负责厂里的具体事务，对董事会负责，总经理下面设立部门经理，负责考核工人，对总经理负责，每个工人按工时发工资，不能搞人情化，干多干少都一样。"

"四先生，我也同意弗兰克的意见。安装机器时，很多工人停工闲聊，却领一样的钱，这不公平。特别是有个叫高长福的基本不干活，还牛逼得很，这样的人应该开除！"比尔有些不屑地说。

高清一下子脸红了，高长福是自己的亲侄子，他原本想等工厂开工生产后，给他弄个肥缺，他了解侄子，就是个游手好闲的货色，但再怎么说也不能亏了自己人。"比尔先生，这不是在你们美国，这儿就有这儿的规矩和风土人情，有些事认死理是行不通的。"

张謇严肃地向高清摆了摆手："高董，我也同意弗兰克和比尔的意见。国有国法，家有家规，办厂自然有厂规。这件事本来是想投产前公布，此前我了解了许多洋人的纱厂，基本和二位说的差不多。当然，我也结合了本土的一些厂规，制定了我们大生的规章。下面我读一读，然后张贴出去，照章办事。"

张謇拿出早就准备好的几张纸，朗声念道：

大生纱厂实行董事长负责下的董事会管理机制，本人任大生纱厂的董事长，下设：进出货董事、厂工董事、杂务董事以及银钱账目董事，每个董事下又设有若干执事。业务管理上实行逐层负责制，执事对董事负责并报告工作，董事对董事长负责，从董事长到执事均规定明确的岗位职责，每人应认真履行自己的职责，无溢于权限之外，无欠于权限之内，各董事每天下午两点在厂开碰头会，商议厂内事情，每位董事所办之事，每4个星期由总账房进行一次汇总，并据此编为厂要日记，以备存核，年终由总账房核明结总，开具清折，另刊账略，分别资商务局寄各股东。

具体：大生纱厂对股东的激励以官利和红利为主，对员工的激励以分红为主。分红以董事会负责下的组织架构为参照，制订《厂约》规定：每年余利，除提保险公积外，分13股，以10股归股东，3股作在事人花红。3股中2股归绅董，1股归各执事。绅董2股，作10成分派，绅得1.5成，杂务帮董得1.5成，行厂银钱各得2成，余1成提供善举。各执事的1股，亦作10成分派，行厂各得3.5成，银钱所得2成，杂务得1成，由总账房年终汇其各功过单，核分三等酬给。

其中核分三等酬给的原则是：功大者，月薪四元之人，可得上等；功小者，月薪四十元之人，只给中等；若上班而惩处功过，仅宜得下等花红。当公同察议去留，公过多者不给，私过轻者罚薪。什么是功大、功小、私过，《厂约》都有明确的标准和说明。

············

几位董事都目瞪口呆，谁都没想到张謇会在这么短的时间，弄出一个这么细致的《厂约》，直接把有些人的小九九扼杀在襁褓中，但又不得不佩服张謇的力度，以及把丑话早搁在前头，而不是等出了问题才去解决。

比尔和弗兰克更是带头鼓掌，他俩总算一块石头落了地。张謇雇佣他俩的时候，两人内心非常纠结，他俩在中国的地片上已生活了七八年的光景，对现中国地片上的事也了解个差不多，这种人情裙带关系盛行得让他们有些害怕，以至于有回自己国家发展的念头，最终还是被张謇的真情打动，决定留下来为大生服务。更主要的是他俩对这个神奇的古国充满神秘感，不想毫无作为就卷铺盖卷。

高清心里酸溜溜的，他本想弄自己的几个亲信安插到厂子中，看来这件事得从长计议了，他信奉什么样的土壤培育什么样的物种，这时候的大清朝适合生长投机倒把，挖到自己腰包里才算"正当"。

"敬夫啊，我去京城这段时间，由您暂代董事长一职，主管财务；再由桂馨辅佐，任副董事长一职，主抓业务。比尔和弗兰克主要靠在生产上，当然包括纱机的运行。各位董事、执事根据分工各司其职，今天晚上我和各位董事一起讨论安排各自的分工。"

"四先生，您啥时候去京城？"

"当然越快越好，暂时确定后天出发。京城可能发生了大事，要不翁师不会一遍遍催促。国家不安定，哪还有办实业的土壤？"

高清见权落别人，有些不甘。张謇任董事长他没话说，沈敬夫代理董事长一职，按贡献大小他也能接受，刘桂馨主抓业务他也勉强同意。但两位洋人管生产，觉得张謇安排得有些过分，最起码得有人管住他们，譬如让他做他们的顶头上司，毕竟他们是外人，是花钱雇的，不算合伙人。由于刚才自己表现不佳，这会儿尽管一肚子怨气，也不好意思再过于逞强，以免引起张謇的误会，直接认为他在胡搅蛮缠，那就显得自己过于私利。

二

张謇刚要动身进京，徐端的叮嘱声还未落下，沈敬夫和刘桂馨急匆匆地赶来。张謇一看这阵势，就知道发生了大事。

"四先生啊，通州知州汪树棠答应支持的 4 万两白银大大缩水了！到账的只有 1 万两。"

"王宾大人的呢？"

"王大人的 4 万两已悉数到账了。"

"汪树棠这是唱的哪一出啊？大生纱厂在通州地片上，他出银子是理所当然的事，我们纱厂可是一个稳定的税源，况且我们也不是白要他的银子，而是入股分红。再说了，在通州办纱厂关海门啥事？王同知却慷慨解囊，这真是意料不到啊！"

"不仅如此，我们购买的储家建厂滩涂，储老爷要毁约。"

"这怎么行啊？厂房都建好了，这不是有意难为我们吗？不知是啥原因要毁约？"张謇感觉头都大了，这是哪门子事啊！

"听说是因为汪树棠要收他二成的所得税，他觉得钱还没到手就自己掏上千两的现钱，成了稀里糊涂的冤大头。"

张謇来来回回地在屋里转了几圈，觉得问题就出在汪知州身上，他是李鸿章的门生，李鸿章和清流一派怨恨极深，已到水火不容的地步，汪树棠是有意和自己作对，制造麻烦。要想从根上解决：一方面，购入土地的支付方式改变一下，另一方面，禀报刘大帅，给汪树棠施加压力，让他不能再做一些小动作，妨碍建厂，毕竟他是刘坤一的属下。

"这样吧，沈兄亲自去告诉储老爷，我们再和他签订一个契约，他的土地无偿捐给大生办厂，我们按十两银子一亩给他作股分红。这样就避免了汪树棠的背后使坏，我们也可以减少启动资金。"

"好办法，这下汪树棠一定无计可施，而储老爷一定偷着乐了。"

"虽然，我们躲过一劫，但不能掉以轻心，汪树棠看上去是针对大生，实则是冲我来的，这里面含有政治阴谋，不仅仅是钱的问题。只不过碍于刘大帅的权威，不敢拿到明面上而已。"

"四先生，听您这么一说，汪树棠不会善罢甘休，接下来一定还有别的阴谋。"

"我也想这个事，希望去京城这段时间，他能安生点。等回通州后，我去刘大帅府上说道说道，不会任他胡来，毕竟办实业也是刘大帅的愿望。"

沈敬夫心里一块石头落了地，他一直觉得汪树棠背后有猫腻，但一直不理解一项对地方百利无一害的实业，为什么地方官员处处掣肘。经张謇一分析才明了起来。他也听张謇说过朝堂之事，特别是弹劾李鸿章，让其下野，但他也知道李鸿章经营朝堂这么多年，根基很深，可谓势力盘根错节，抱腿的比比皆是。他也知道张謇志向远大，不会久居人下，日后定能展翅高飞，这也是他跟随张謇并鼎力支持他的因由。

"四先生，您就放心去京城，厂子的事有我和桂馨呢，还有其他董事乡绅，如有紧急，一定给您去电报。我这就去跟储老爷谈妥，我想他一定会乐意的，这可是一个生财的好机会。"

"去吧，厂子的事多多仰仗兄台了。"

储老爷正着急上火，在纱厂没有讨到一个明确答复，或者说对他的出尔反尔，各位董事有些反感，再加上张謇不在厂子里，出现了没人搭理的局面。自己感觉没趣，带着怨言回家了，在家里发了一顿脾气，家人没敢白文的。刚刚沏上一壶茶压压怨气，沈敬夫就上门拜访来了。

储老爷心里嘀咕，刚才去纱厂躲着不露面，这会儿跑到家里来了。不管怎么说，谁让我吃亏都不答应，一定咬住我个人收入的底线，那就是每亩十两纹银，缴税的那块必须由纱厂出，心里想着不自觉地迎了出来。

"哎呀，沈老板亲自登门必有喜讯吧！"

"储老爷算是说准了，我就是来报喜的。"

储老爷一愣，寻思着：不会是真的提高购地价格吧？难道张謇脑子让驴踢了，主动来送银子了？

"不知喜从何来？刚刚却是在纱厂吃了几位老板的闭门羹，连人影都没见上啊！你说这不是欺负人吗？"

"啊，储老爷说哪儿去了？不请我屋里说话？"

"哦，你看我都气糊涂了，屋里请。"

沈敬夫踱步走进堂屋，宾主落座后，储老爷命丫鬟上茶，心里还是憋着一股气。

沈敬夫呷一口茶，慢悠悠地说："储老爷可是当地少有的大户，我们纱厂决定不再购买您的滩涂。"

"什么？你们怎么出尔反尔呢？"

"储老爷先别急，我们只是改变一下合作方式，您的土地还是每亩十两纹银，但用作入股分红，以后您的滩涂可成了聚宝盆了，会源源不断地长出银子。"

"啊，真的吗？"储老爷不停地搓着手，激动得胡须抖动，他真的不相信。这就相当于这片荒废了几十年的滩涂所有权还是他的，却从此以后长出了银子，这样的好事做梦都没想到啊！这真是祖宗保佑啊，原以为祖上置下的这块荒滩百无一用，没想到却福荫到自己和子孙。

立下字据，心里喜悦久久不平，送走沈敬夫后，召集储家老老少少一起到祠堂祭奠祖上，并当即宣布了这项喜事，一家人都欢天喜地。

还没等衙门再来催税，储老爷就亲自跑到通州衙门拜谒汪知州：滩涂他不卖了，借给张謇办纱厂，也算为通州实业出把力、加把火。

汪树棠一头雾水，打死他也不相信储老爷会无偿借给张謇这么大的一片土地，不过地契上明明白白还是储老爷爷爷的名字，没有任何附加条件。他叫来师爷，让他暗地里查查这到底是怎么回事。师爷用几个小钱买通了储老爷的侄子，很快套出了真实情况。汪树棠知道后，从心底里佩服张謇，自己赚钱也不怕肥水外流，巧妙地躲过了他的计谋，这样一时半会儿也找不到阻挠办厂的借口，只能静观其变，再找机会。他知道纱厂建在通州地片上飞不了，以后有得是机会，总之，张謇要和李中堂为敌，自己就不能让他好过。

三

张謇一到京城就直接去了翁府。

翁同龢亲自迎到府门外，开口便道："季直啊，可把你盼来了！"

再看看张謇的车马行李，翁同龢眼眶有些湿润，差一点流下老泪，他知道这是还没来得及回状元府。就有些心疼地说："季直啊，先回状元府休息休息，明天早朝后，我们再议事。在议事之前，你先不要去朝觐皇上。"

徐生茂一直住在状元府，一边打理家务一边攻读。张謇回府，徐生茂既兴奋又忙碌，一来可以向四先生请教，二来确实非常想念先生。张謇看他忙得满头大汗就把他叫到跟前问："生茂啊，我离开的这段日子，都在忙些什么？"

"回四先生，您不在时，我夜以继日地读您的藏书，累了就打扫一下府邸。"徐生茂如实地回答。

"没到处走动走动，拜访拜访朋友？"

"我怕荒废学业，一心向学，没有别的想法。"

"拜访朋友，大多时会促进学业的。你可听说过：'听君一席话，胜读十年书'？"

"学生愚钝，不知这句话出自何处？"

张謇道：

这句话有个典故，很久以前，有个穷秀才进京赶考。他只顾赶路，错过了宿头。眼看天色已晚，他心里非常着急。

正在这时，一个屠夫走过来，邀他到自己家里去。屠夫与秀才谈得很投机。

于是屠夫随口问秀才说："先生，万物都有雌雄，那么，大海里的水哪是雌，哪是雄？高山上的树木哪是公，哪是母？"秀才一下被问呆了，只好向屠夫请教。屠夫说："海水有波有浪，波为雌，浪为雄，因为雄的总是强些。"

秀才听了连连点头，又问："那公树母树呢？"屠夫说："公树就是松树，'松'字不是有个公字吗？梅花树是母树，因为'梅'字里有个'母'字。"秀才闻言，恍然大悟。

　　秀才到了京城后，进了考场，把卷子打开一看，巧极了，皇上出的题，正是屠夫说给他的雌水雄水、公树母树之说；很多秀才看着题目，两眼发呆，只有这个秀才不假思索，一挥而就。不久，秀才被点为状元。

　　他特地回到屠夫家，奉上厚礼，还亲笔写了一块匾送给屠夫，上面题的是"听君一席话，胜读十年书"。

"这个典故阐述的是拜师访友的重要性。我年轻时，跟随孙夫子求学，追随吴提督的'庆字军'磨炼，都是一生的财富啊。"

　　徐生茂嘴上不说，心里犯嘀咕：偌大的京城我哪有一个朋友？

　　张謇见徐生茂不吱声，已猜到他心里想什么。就语重心长地说："生茂啊，自古物以类聚，人以群分。朋友就是志趣相投的走到一块，遇到良师，你不去登门拜谒，也许永远不会有结识的机缘，你现在的条件比我当初求学的时候强了不知多少倍，难道还要抱怨不成？"

　　徐生茂不敢再胡思乱想，转口道："四先生，您先用茶，我去安排厨房准备晚饭。"一转身溜出了书房。

　　张謇看着生茂的背影，笑着摇了摇头。

　　张謇并没有等到明天早朝后，吃过晚饭就来到翁府，他想早一点了解朝堂局势，为皇上和翁师分忧。

　　张謇心直口快，把自己在通州的所作所为满怀激情地倾诉给了翁同龢。翁同龢没想到张謇会在通州搞出这么大的动静，虽然他反对洋务派李鸿章，那只不过是帝后两派政治纷争，至于张謇办实业他还是感到欣慰和支持的。也为自己的门生有此胆识和担当而自豪。

　　翁同龢告诉张謇现在朝堂上有了另一股力量，就是康有为和梁启超为代表的维新派，势头很猛，深得皇上器重。但他主张法要变，但不要过于暴力，走温和之路，最终目的是让军政大权转到皇上这边来，而不是让他们母子俩反目成仇，翁同龢知道，慈禧太后之所以握着朝廷实权，就是因为兵权在她的亲信荣禄手里，没有兵权，朝堂风云说变就变，到时候恐怕后果无法想象。

早朝，光绪帝听完各种奏报之后，目光投向站在前列的翁同龢，"翁中堂，近期可有康有为的奏折？"

"皇上，老臣和此人没有过多来往，深感此人居心叵测。"

"何为叵测？"

"叵测为不可测也！"

光绪帝心里有些不爽，感觉翁师对变法不太上心，特别是对自己欣赏的康有为不待见，这让他心里横了一根刺。

"翁中堂，康有为有过人之处，朕非常欣赏他的见解，让他写一奏疏呈上来，越快越好。"

翁同龢知道皇上内心有许多危机感，远处不说，看看隔海相望的日本，一形似蠕虫的岛国，却生生地骑到大清的头上。但毕竟风浪中一条小船掉头容易，而一艘巨轮是什么样子？他不敢过分忤逆皇上，但也不能毫无作为，正当左右为难的时候，军机处杨锐奏曰："启禀万岁，臣有一本上奏。礼部主事王照投诉礼部六堂官尚书怀塔布、许应骙等人。"

"所为何事呀？"

"礼部主事王照呈奏'转移观听法'，提出皇上奉太后巡幸中外，开阔眼界，以利变法开展，并设立教部，以西人敬教之法尊我孔子之教，以西人劝学之法尊我孔子之教，以西人劝学之法兴我中国之学。但礼部六堂官尚书怀塔布、许应骙等阻抑王照奏折，不肯代奏。"

光绪帝眉头一皱说："朕下诏：废八股、考策论；废除冷兵器、发展商业；废祠堂、改小学；开放言路、精简机构以来，最想听到的就是变法的声音，礼部竟然违背朕的旨意，这是严重的阻挠变法。传我旨意：割去怀塔布、许应骙等六堂官的官职，擢王照三品衔并以四品京堂候补。"

杨锐见一本参中，没想到力度会这么大，扳倒顽固守旧的怀塔布、许应骙，着实心里高兴。但翁同龢却吓了一跳，皇上也太随意和任性了，一下子就罢免了六位大臣，仅仅是因为一个礼部主事的奏折。当然，翁同龢并不知道皇上心里想什么，其实光绪帝早就看这几人不顺眼，处处推三阻四，明显地和自己对着干，正抓不到一点把柄，这会儿可逮着个机会，也算是敲山震虎，心里话谁再阻挠变法，这就是下场。

翁同龢毕竟老于世故，这几人的底他心知肚明，都是太后的人，这么大的动静会不会激怒太后。太后刚刚还政于皇上没多久，一下就让她的眼线都下课了，太后会怎么想？以己度人，太后一定有所动作，弄不好把事情搞砸了，再来个垂帘听政，一切都白费了，更谈不上兵权归于皇上了。

"万岁，老臣有一言奏明。"

光绪帝一看翁师上奏，生怕他为几人求情，让自己骑虎难下，就直接了当地说："翁中堂，只要不是为六人求情，有利于变法的事请讲。"

"这个——老臣年迈，一下子想不起来所奏何事了。"

杨锐偷着乐：翁中堂啊，您老低估了皇上变法的决心，能不吃闭门羹吗？

早朝归来，翁同龢见张謇早已在府里等候。就一五一十地说给他早朝上发生的一切，张謇听了也是眉头一皱。

"翁师，接下来我们怎么办？"

"其实啊，皇上变法的诏书也是我起草的，就是惊动京城的《明定国是诏》。你已经很久不在京城了，京城的事发生了很大变化，皇上已经亲政，太后也没有阻挡变法的意思，撤帘后住进了颐和园，大清第一权臣李鸿章，已被贬到两广任职去了，眼下看来皇上可任意自决政务。只是我怕变法过于激进，无法控制时局，引起后党的不满，激怒太后老佛爷啊！"

"翁师，变祖宗之法可不是闹着玩的，康梁都没做过政务，只是读了几本书，只怕是纸上谈兵，那就害人匪浅了！"

"虽然是康梁力主变法，打头阵，但我还是支持的，希望皇上借助这个时机，扫除旧弊，成为一代明君。"

"有翁师在皇上身边，把控时局责无旁贷呀！"

"这些都是分内之事。你说说这几年办实业看出的弊端！"

张謇整理了一下思路说："第一，必须改革税制，变厘捐为认捐，否则，国穷民贫，只养肥了一帮把持课捐的蠹虫。实质上，入国库的税收还不到三成。第二，工商要改革，官督商办和官商合办，盈利都进了主办大臣的腰包，民依旧穷、国依旧弱。学生以为，商务应该立法，鼓励、扶持民间自办实业，民富才能国强。第三，学体必须改革，学习新学，办小学、中学、大学，启民智、育人才！"张謇洋洋洒洒一口气道出自己的心声。

翁同龢拍手道："季直，你说得不但切中时弊，还务实可操作，和你相比康梁之变法过于虚妄、不切实际。眼下皇上要建京师大学堂，草拟章程一事非你莫属啊！"

张謇深鞠一躬："翁师放心，我必竭尽全力！"

四

张府灯火通明，梁氏端起针线簸箩去了管氏屋里。管氏一向谦卑恭顺，很少与梁氏搭话，原因大致是梁氏口中经常出些恶语，让自己心里惊怵。

"管姐姐，你这大门不出二门不迈的，可便宜了某人呀！"

"梁妹妹，此话怎讲啊？"

"管姐姐是不是揣着明白装糊涂啊？连我这做妹妹的都看不过眼了。"

"我真不知道妹妹指的是什么？"

"我问你，自从吴氏进门，老爷来过你屋几次？扳着指头都能数过来吧！你想想，你是二房啊！才二十刚出头，正是身子滋润的时候，哎，老爷就是偏心！"

"妹妹啊，你可别这样说，我进门都六年了，还没开怀。这六年间，徐姐姐为诞下子嗣着想，处处维护我，只是我的肚子不争气，没有为老生下一儿半女，还有什么脸面谈论这些？"

"你能这么想是老爷的福气，可有些人就不这么想了，人家已经怀上了，一时半会儿不需要同房。可这次进京老爷为什么不带上我们俩，难道徐姐姐这会儿不再考虑添丁了！都是吴氏那狐狸精迷惑得老爷对我俩疏远。"

管氏沉默不语，她也觉出老爷与她同房的次数越来越少，她开始留恋起过去的日子，那时老爷几乎只宠幸自己。但一想起徐端不但不吃醋，反而为自己创造亲近老爷的机会，叹了口气，不再言语。

梁氏数落了半天，管氏一直沉默，自觉无趣，搬起簸箩走了。管氏看着梁氏的背影，自言自语道："这个不是省油的灯，早晚闹出点事来。"

没过多久，徐端也从街坊邻居口中听到了一些风言风语，大致是梁氏诋毁吴氏的恶语，心里非常生气。她心里有杆秤，虽然吴道惜出身寒门，但生性高贵，贤良淑德，温柔体贴，很招人疼爱，又加上身怀六甲，更是家里保护的重点，梁氏如此恶意相向，怎不让徐端不满？

徐端没有单独和梁氏交谈，而是把三妾一起请过来，给她们讲了一个佛家的故事：

很久以前，有一个员外，家有良田万亩，娶有三妾，三妾很不和睦，天天吵架，恶语相向。

员外被吵架折磨得实在受不了了，就去求佛祖，问佛祖怎么解决眼前的问题。佛祖说：这很好办，你家田地里有一座大山，你可以把大妾安排到山南居住，把二妾安排到山北居住，至于三妾就直接安排到山上居住。

那我怎么办？员外很不解地问。

这很好办。早晨，你在大妾那儿吃早饭。吃完早饭，就向山上走，中午正好到达三妾那儿，然后就和三妾吃午饭，然后下山，晚饭正好到达二妾那儿，吃过晚饭，就绕山半圈，天明正好到达大妾那儿吃早饭，每天就这样，不要停息。

员外觉得这个办法不错，就照做了。

不久后，他又去求佛祖。佛祖问：三个妾对你怎么样？员外回答：三个妾都变得异常殷勤，每天都盼着他去，使出百般招数希望他留下，不敢有一点造次。

那你这次来求什么？

员外答道：我每天的时间都走在路上，无法宠幸三妾，至今无一儿半女。求佛祖解决这个问题。

佛祖问：三个妾中，你最喜欢哪个？

员外想了想说：我都一样喜欢。

那你继续走下去，直到哪位妾说：老爷，你这样走太辛苦了，连个觉也睡不上，你不必每天都来，想起我就来我这儿住上一宿，那你就留下来。

员外恍然醒悟。

徐端讲完这个故事，用眼瞟了梁氏一会儿，梁氏表情忐忑不安。

回屋后，梁氏心里开始发虚，感觉徐端有意针对自己，她心里明白得很，徐端在家中的地位无人能撼动，就是老爷自己也不会挑她的毛病，她咬了咬牙嘟囔道："你在家的霸道是有目共睹的，我就再给你加上把火，不信你的口碑就站得那么稳！"

张府不远的另一条巷子里，住着一户人家，家道中落，只剩下婆媳两个寡妇，婆婆姓曲，大家都叫她曲婆，媳妇姓刘，街坊邻居都喊她刘氏。曲婆也是一媒婆，常常为人说说媒，挣些零花钱，嘴巴好使，能把黑说成白，人送外号"明白人"。刘氏却相反，少言寡语，不抛头露面，但女红做得远近小有名气，婆媳俩生活也算过得去。

梁氏常常去找刘氏学习做女红，去得多了自然而然混熟了，家长里短的谈得深入，通过曲婆的嘴也在不断发酵。因为张謇是名人，曲婆对他家的家事格外上心，到了她心里就成了传播机密，每次都神神秘秘地讲给别人。更何况是从张謇的小妾嘴里透露出来的，那更是干货，这也是梁氏需要的结果。

从一个人嘴里说出来叫家长里短，从第二个人嘴里传出来就叫秘密，再传几个人就成绝密了。当有人神神秘秘地讲给徐端听的时候，不知传了多少人了。徐端听着发了馊的传言，没有生气，因为大抵说的她是霸道恶妇，徐端用脚指头想想也知道咋回事，她徐端的为人岂是几句恶语就能诋毁了的，嚼舌头的只是觉得神秘，并没有真相信这些谣言的含金量。

徐端觉得丈夫有很多大事要做，是自己没有打理好这个家，导致这么多闲言碎语。想来想去，她觉得还是把这件事跟张謇沟通一下，让丈夫蒙在鼓里，更是做妻子的失德。

翁府，张謇把刚刚拟好的《京师大学堂章程》草稿呈给翁同龢，翁同龢摆摆手道："季直啊，没必要了。这件事皇上已交给孙家鼐掌管了。"

张謇大吃一惊："翁师，这是皇上的意思？您争取一下？"

"是皇上亲口对我说的，哪还有回旋的余地？你说我和孙家鼐同为两朝帝师，皇上更器重谁？"

"当然是翁师，翁师与皇上情同父子，满朝文武皆知啊。"

"可执掌京师大学堂是读书人梦寐以求的事，也是我毕生的追求。皇上竟然交给了孙家鼐，这让我心寒啊。"翁同龢掏出手帕拭了拭浑浊的双眼，叹了口气。

张謇没有立刻回应，心里合计了一下。

"翁师，我觉得皇上被逼无奈啊！"

"这怎么说？一个没有权势的部门，影响不到哪位权贵，只是读书人的理想而已，怎么会谈得上被逼无奈呢？"翁同龢甚是不解。

"翁师啊，李鸿章下课，谁受益最大？"

"这个——"

"朝堂之上，都知道皇上对翁师的尊重无人能敌，这会引起很多人的妒忌，难免有些人在太后面前搬弄是非啊。太后虽说还政于皇上，但毕竟人家是母子。皇上这是怕您锋芒太露，有意疏远啊！"

五

怀塔布革职后，心中异常恼火，恰巧他的妻子是慈禧远房侄女，就撺掇他的妻子去慈禧太后那儿投诉，哭哭啼啼，说自己受了莫大委屈。其实，这六臣都是慈禧一手栽培的，慈禧自然心中不爽。这还没完，怀塔布原本是荣禄部下，顺理成章地跑到天津找荣禄投诉，荣禄知道这件事后，也觉得光绪皇帝做得太激进、太过分。

朝堂之上更是一片哗然，朝廷重臣孙家鼐质问康有为的新政构想"万端并起"，经费将如何筹措？康有为回答："把西藏卖给英国，可得善价供新政用。"这件事让满朝大臣面面相觑。

然而康有为、谭嗣同其实并不懂国家之间买卖疆土是怎么回事。在康有为进呈给光绪帝的著作之一《日本变政考》里，康有为举了库页岛，日本人称桦太岛划给俄国和阿拉斯加售给美国两个例子，来证明其卖疆土搞变法的理念是正确的。然而日俄《桦太千岛交换条约》并非如康有为所言，是日本政府在"卖地"，而是日俄两国的一次边界勘定。至于俄国出售阿拉斯加，其目的并不是为了卖钱来处理内政，其所得亦非如康有为所说，卖了"金钱数万万"（实际上仅卖了 720 万美元），更没有拿来筑铁路、兴学校、购铁舰、增海军。

更不靠谱的事发生了，当时维新派竟然向光绪皇帝建议，聘请日本前总理伊藤博文做大清帝国的国策顾问，这件事其实八字没一撇，但是有个老臣名叫杨崇伊的，他政治嗅觉很敏锐，跑到慈禧太后那里说：这个不得了，伊藤博文就是日本帝国的代表，皇上要请他入朝当官，那么以后啥事都要听日本人的，有外国人撑腰，这个老佛爷您日后就控制不了了，大清就真的要亡国了。慈禧太后毕竟是老谋深算，让伊藤博文入阁了，这可是境外敌对势力，大清的政局必然失控。这一连串的刺激，让慈禧又惊又怒，立马带人火速赶回紫禁城。

一到行宫，就差人把皇上请了来。在慈禧的意识里，康、谭等人虽然轰轰烈烈，无非是拿着皇上的圣谕行事，干不了啥实际的事，倒是让她头疼的是同样支持变法的翁同龢，这个时刻左右皇上的两朝帝师。

皇上见慈禧回朝，并没多想，在太监的引导下，前去拜见：

"皇爸爸吉祥！"

慈禧正在后花园里侍弄花，当皇上抬起头时，她快速地摘掉几片花瓣扔到地下，满脸怒容。皇上一时半会儿没回过神来，就听慈禧问："皇上近来忙些什么？"

"回皇爸爸，我每天学习西学，学习新政，和臣子讨论新法。"

"你倒是很充实啊！可我却寝食难安啊！"

"不知皇爸爸为何？"

"你那位翁老师该告老还乡了吧！我看他老糊涂了！"

光绪大吃一惊，赶紧解释道："翁师虽然耳朵背点，头脑灵光得很，一直协助孩儿改革痼弊。"

"难道我的话皇上听不懂？我就是让他下课！"

"皇爸爸——我懂了！"光绪泪光闪闪，他知道接下来的日子一定不好过。

"皇上知道吗？许多大臣已经将康有为等人的阴谋与朝鲜的乙未事变做比较，你不觉得其中惊人的相似吗？"

光绪更是惊掉了下巴，这一切是他始料未及的，难道这么多天新政的努力要完蛋了？变法走到尽头了？

"皇上暂时别回宫了，明早就在慈宁宫上早朝吧。"

光绪一下子蒙了，他知道发生了什么，那就是自己失去了主动权，失去了决策权。

大臣们一大早来到慈宁宫外，等待皇上召见，翁同龢站在群臣之首，各位大臣都向他抱拳鞠躬。一会儿，值日太监招呼大臣觐见，翁同龢刚要提起前摆进殿，值日太监喊道："翁中堂请留步，皇上让你在这儿先候着。"

其他大臣面面相觑，纷纷绕过翁同龢进殿面圣。翁同龢一下子矮了下去，身体佝偻得更加厉害，像害了痨病。

光绪没心思听大臣们说什么，只说了句："有事上奏，无事退朝！"大臣们没有敢触霉头的，纷纷鱼贯而出，经过翁同龢身旁，没有拿正眼瞧的，匆匆离开慈宁宫，像是远离是非之地。只有孙家鼐经过翁同龢身边时停顿了一下，叹了口气，摇了摇头。

"翁中堂，皇上要见你。"值日太监这才把翁同龢唤进来。

"翁同龢，你可知罪？"

翁同龢身子颤抖了一下，多少年皇上没有直呼其名了，一头磕在地上答曰："微臣罪该万死！"

"今朕念你年龄已大，不再追究，告老还乡吧！"光绪强忍着泪水，把头扭向一边。

"老臣恳求皇上再留老臣几年陪伴皇上啊！"

"你别说了，去吧！"

"翁中堂，皇上的话你应该明白了，走吧。"

"吾皇万岁，万万岁！"翁同龢颤颤巍巍地爬起来，佝偻着身躯向后退，用余光偷偷看向光绪，光绪在烛光下泪流满面。

这件事立刻传遍朝堂，张謇听说后立刻来到翁府，翁同龢老泪纵横，"季直啊，我看见皇上流泪了。皇上违心的让我走啊！"

张謇知道要发生大事了，翁师在位的时候，弹劾了多位大臣，下野后不知多少人盯着他，时刻有生命危险。赶紧说："翁师，您得连夜离京！不能再做停留了！"

"季直啊，皇上不是真心让我走啊！"

"我知道，皇上应该是情非得已，再不走恐有生命危险。如果我没猜错的话，变法应该终止了。"

六

翁同龢在张謇等几名弟子的护送下坐上了去常熟老家的马车，全部家当就几箱子书籍，看到老师落魄的模样，张謇黯然神伤，官做到了一人之下万人之上又怎么样呢？到头来还不是一无所有，这更加坚定了张謇办实业的决心。

送走翁师后，张謇赶紧告诉徐生茂，拾掇好准备离京回通州。半夜时分却有一人造访，这人就是大名鼎鼎的梁启超。对于梁启超和张謇的交集还是作为《时务报》主笔的时候，那时的梁启超在整个上海是炙手可热的存在，与江南名士张謇相遇是自然而然的事，只不过张謇一直忙于做实事，而梁启超忙于舆论，所以相交并不深，可梁启超主动找上门来，还是让张謇吃惊不小。

"梁公深夜到访不知为何事啊？"

"状元公，有急事相求啊！"

"请讲，如果能帮上忙，我责无旁贷。"

"皇上有危险啊！"

张謇脸色突变，张謇知道皇上有可能被慈禧太后软禁，虽然皇上不是太后亲生的，但毕竟是母子，按常理不会加害皇上的。"皇上有危险？这从何说起啊？"

"状元公，杨公从宫中带出了衣带诏，皇帝亲笔求救信啊！"

"啊，密诏怎么说？"

"太后与荣禄密谋，下个月趁皇上天津阅兵之时，废黜圣上，一举扑灭新政。另立新皇，垂帘训政！"

"这——我能做些什么？"

"除掉荣禄！"

"啊，这怎么可能！荣禄不仅位高权重还手握重兵，执掌天下兵权，岂是我们几个读书人能杀得了的！"

"状元公，您知道这衣带诏是带给谁的吗？"

"谁？"

"袁世凯！新军统领袁世凯曾常年驻扎朝鲜，对朝鲜兵变甚为了解，喜谈变法，并且参加过强学会，皇上把安危押在袁公身上了。"

"万万不可啊，袁世凯变化无常，怎能担此重任？"

"状元公，康师和晚生都认为，此重任非袁公莫属啊！"

"那你找我不知为何？"

"状元公和袁统领交集颇多，听说在袁统领投靠吴军门时，是您收留了他，并且多有提携之恩，还有授业之实。望状元公以故人身份前往游说袁统领，支持皇上，杀掉荣禄。"

张謇苦笑着摇了摇头，一口回绝。张謇心想这些读书人怎么读的书？难道都读傻了？把皇上和自己的身家性命都押在一个不熟悉、不了解的人身上，这不是飞蛾扑火吗？太后身边的人都是些大奸巨猾，荣禄乃何许人也？能爬到直隶总督、北洋大臣位子上，说杀就能杀掉？岂不是滑天下之大稽！皇上能做出这样的决定，少不了这些读书人的吹风，更有杨锐的怂恿。

"状元公，箭已在弦上不得不发。还请状元公看在皇上的安危上，不要再固执己见呀！"

张謇心里话，我哪儿是固执己见啊，这是与虎谋皮呀！更不用说我与袁慰亭绝交多年，早无往来。就是至交，以袁慰亭的为人之道，他能杀荣禄？如果这样的话，当年他就不会背弃吴军门了。

"罢罢罢，事已至此，我只能勉力一试了！"

这天夜里，康有为已命谭嗣同带着密诏去了法华寺，面见袁世凯。见到密诏的袁世凯，内心也非常震惊，甚至有些矛盾，但他同时也觉得这是一个向上爬的好机会。他一方面向谭嗣同保证，一定支持皇上，诛杀荣禄，另一方面，关注事态的变化。让袁世凯没想到的是，刚刚天亮，京城里就贴出了告示：逮捕康有为、梁启超、谭嗣同等人。

张謇去法华寺没见到袁世凯，但看见了正阳门外城墙上的告示，准确地说应该叫布告，知道天要变了，即使见到袁世凯还能有回天之力？

其实，袁世凯这时也极其害怕，因为密诏毕竟在自己手里，极其担忧身边有荣禄的耳目，自己行动晚了，一旦暴露，后果将不可收拾。他思来想去，不能冒这个险，就把密诏呈给了荣禄，荣禄看后大惊，没想到这些手无缚鸡之力的读书人会有这么大的阴谋。安排停当，立刻奔向慈宁宫。

"老佛爷，大事不好了！"

"什么事如此慌张？"

"杨锐从宫中带出密诏，让康、梁等逆贼簇拥袁世凯发动兵变，刺杀太后啊！"

慈禧也非常震惊，没想到光绪会这样不顾母子之情，恍惚之间动了"杀"的念头。原本她只是想软禁光绪，逮捕康、梁等，结束新政，摁住不可控的局面，并没想杀人。可这件事发展到现在，就不仅仅是康、梁等人的问题了，听盛宣怀传达的李鸿章忠告，张謇明显感觉到大凡与变法有关人士都在抓捕之中了，尽管张謇怀疑李鸿章差盛宣怀报信动机，但荣禄调兵包围紫禁城是千真万确，用不了多久京城就会戒严，到时候想走也走不了了，这也从侧面说明策反袁世凯失败了。

张謇明显感觉到一种空前的威压袭来，不能再等了，或者说再等下去，只有牺牲别无意义，自己本没想在京城长住，几乎没有行李，略一收拾，和徐生茂出城去了，一路上有大队的官兵向京城集聚，因为自己和徐生茂目标太小，没有引起官兵的注意，一路上也算顺当。

离开京城不到二十天，主要参与变法事件的谭嗣同、康广仁等六人在菜市口被斩杀。轰轰烈烈的维新变法以六君子流血牺牲为落幕。核心人物康有为、梁启超逃亡海外。张謇听说谭嗣同被捕前悲壮长叹：各国变法无不从流血而成，今日中国未闻有因变法而流血者，此国之所以不昌也。有之，请自嗣同始。

望门投止思张俭，忍死须臾待杜根。

我自横刀向天笑，去留肝胆两昆仑。

望门投趾怜张俭，直谏陈书愧杜根。

手执欧刀仰天笑，留将公罪后人论。

张謇在宣纸上写下我自横刀向天笑，去留肝胆两昆仑。

泪眼婆娑，觉得谭公死得虽然轰轰烈烈，但太过轻率。人之死，有重于泰山，有轻于鸿毛。但泰山之重，重在民心，鸿毛之轻，轻在民怨。可当时民众还未醒悟，围观者多为看热闹、看笑话。哪来的泰山之重啊！

七

"纱厂出纱了！四先生，快看看！这是纺出的第一个纱卷。"

张謇托在手里，仔细看了又看，又从柜子里拿出日本纱卷仔细对照，他脸色大变。新纺出的纱与日纱粗细均匀上几乎没有差别，但色相上还是略差一些，不如日纱白净。张謇皱起了眉，立即让人找来比尔和弗兰克。

"二位技师，你俩看看这两样纱线，有啥区别？"

比尔和弗兰克一打眼就明白了，"四先生，我们是纯棉纺纱，工艺并不复杂，包括原料准备、开松、梳理、精梳、细纱、络筒、加捻以及卷绕。出现这种情况是我们一道工序轧花做得不够到位，由于我们棉质优良，棉丝较长，棉籽分离时紧裹棉籽的丝线也符合要求，就一块剥离下来了，以至于带下部分杂质，我们可以将棉丝长度由 16 毫米调整到 17 毫米，就能避免这样的结果，不过成本就提高了。"

"两位技师，我们首先保证质量的前提下，再谈成本的事，一定不能低于日纱，最好是更上一层楼，这样我们的纱才有竞争力，才能有市场。"

"好，四先生放心，这些纱机虽说积压了五年，就现在来说还是比较先进的，应该能纺出高质量的纱来。"

"那快调整轧花长度吧！"

没过多久，又一批纱卷成型，刘桂馨满怀激动地拿到张謇手里，明晃晃的白摆在眼前，再和日纱一比较，有过之而无不及。张謇托着纱卷流下了眼泪，成功了！

张謇小心翼翼地把纱卷用缎子包裹装入盒子里。

徐生茂跑进来高喊着："四先生，吴夫人生了个大胖小子！"

"啊！夫人生了？我有儿子了！我有儿子了！！"

"四先生，这真是双喜临门啊！"

"各位乡绅贤达，今晚在海安大酒楼设宴，庆祝双喜临门，望各位到时候尽兴而归啊！"

沈敬夫接过话茬："四先生，人比较多，我先提前通知一下掌柜的何海安，让他早做准备，免得到时候忙不过来。"

"那就有劳沈兄了，到时候多喝几杯。"

海安大酒楼灯火通明，掌柜的何海安亲自照应，酒过三巡菜过五味，何海安悄悄地把沈敬夫拽到一边，低声问道："大生出纱了？质量上乘？"

"对呀，这还有假？这可是每个股东都盯着的事，可不能乱说的呀！"

"燮均啊，咱俩关系如何？"

"当然是多年的老朋友了，为何问起这个？"

"不瞒您说，我还真没料到四先生有此胆识和能力。我这时还能入股吗？"

沈敬夫一阵惊喜，现在大生缺的就是银子，有人入股那是求之不得呀。"当然可以，这个事我就能替四先生做主，老弟尽管加入。"

"那好，我先入 5 万两，后续再入 5 万两，入股 10 万两，我是看好四先生和大生了。"

"数额不小啊，我先给四先生打个招呼，您稍等一下。"

何海安一阵紧张，刚才沈敬夫不是说自己能做主吗？这会儿又要给四先生说道，会不会黄了呢？

张謇正在兴头上，沈敬夫一说何海安要入股10万两，心下激动不已，这真是解燃眉之急啊！于是端起酒杯，高声宣布道："告诉各位一个喜事，海安大酒楼的何海安老板认购大生股份10万两，大家鼓掌表示欢迎！"

整个宴会上掌声和唏嘘声响成一片。

何海安走到张謇身旁，端起酒杯说："大家做个见证，今晚这顿饭我请了，算是入门费。来，干了！"账房老田按掌柜的意思，很快取来了10万两银票，何海安直接放在餐桌上，"四先生，各位贤达。话说到这儿了，我当场兑现！"

又是一阵掌声和唏嘘声。

八

"枢机之发，动乎天地；衣被所及，遍我东南。"

翁同龢双手捧着张謇拿来的纱卷，惊喜之余老泪横流，欣然题赠一联。

张謇动容地说："南皮督部既奏以下走经理其事，不自量度，冒昧肩承。中更人情久乖，益以商市之变，千磨百折，忍侮蒙讥，首尾五载，幸未终溃。"

翁同龢爱惜地说："季直啊，未点状元之前，老夫就一直看好你，这么多年过去了，老夫确实没看走眼，自古成事者，哪一位没有历经磨难？没有一帆风顺的，这不也熬过来了嘛！只是老夫为官两袖清风，没有帮上你啥忙啊！"

"翁师高风亮节，岂是损公肥私之流可比，我敬仰的就是翁师的人品。"

"皇恩浩荡，这住宅是同治年间，皇上拨款所建，一直荒废，要不为师告老连个安身之处都没有啊！"

张謇看着身形佝偻的翁同龢，眼圈潮湿。

别过翁师，张謇回到唐家闸，刚一进门，刘桂馨就闯进来，"四先生，我们的棉花储备最多还能挺两天，两天后无棉可纺，怎么办？"

"是啊，大生拥有 2.04 万纱锭，运营资金仅有几万两，真是杯水车薪啊！"

"真是急死人了！"

"按现在市场价，我们的纱毛利多少？"

"刚从上海那儿传回信息，能达到三成多。利润相当可观啊！"

"这样吧，把各位股东召集来，动员动员，希望能再次注入资金。"

没多久，各位股东聚集到张謇的办公室，张謇给各位股东交了实底。各位股东交头接耳地议论着，三成毛利确实可观，但问题是至今还没有到手一分一厘，感觉就像个无底洞，一会儿变得鸦雀无声了。

张謇着急了："各位啊，可是三成毛利啊！眼下投入可是坐享其成啊！"

无论张謇怎么劝解，股东都心存观望态度。

张謇实在没办法，就与沈敬夫商量："燮均兄，我们之所以筹不到钱，就是股东对我们不信任，都以为我们拿他们的银子去堵窟窿，越是这样，机器越得想办法运转下去，否则就更没有投入的了。"

"可眼下，确实捉襟见肘啊。"

"我想权宜之计，可以把纱厂抵押给大钱庄，借高利贷。毕竟现在有一定借款的资本，已不是一开始时身无分文，这样虽然是一个非常冒险的行为，但非常时期就得有非常之举啊！"

"这个——我去给钱庄谈谈，先摸摸口风。晚上给您回话。"

通州为大运河北端，水陆要会，南北方物资于此相汇交易，钱币流通业务量巨大，因商业需要而较早产生金融组织银号，此乃通州运河文化产物，该银号名"宝通"，取金钱交流不滞、亨通互利之义。除北大街的宝通银号外，还有西大街育裕丰银号、裕兴银号，南大街有春和银号、通丰银号。春和、裕兴两家银号既以贷款、放债、兑换为主要业务，又发行土票，可谓生意兴隆。

沈敬夫虽和宝通有过多的业务往来，但想到是贷款，而非兑钱，很自然地先去了春和银号。

"沈老板，我们春和银号对这笔抵押贷款很感兴趣，但纱厂毕竟是当地新兴之物，我们不甚了解，对这些机器更不了解，您要想抵押，只能抵押唐家闸的那片滩涂，我们出 2 万两银子，月利息 1.2 分。我想再没有比我们更低的了，不信沈老板可以去其他银号问问。"

沈敬夫接下来去了裕兴银号，结果真像春和银号老板说的那样，也是抵押土地，月利息 1.3 分。随即又去了几家，没有更多的收获。

晚上，给张謇汇报了情况，张謇让他拿着地契签了春和银号。当然，区区 2 万两也解决不了大生的困境。

"四先生，纱厂又面临着无钱购花了，随着梅雨季节到来，很多洋纱厂清理库存，倾销棉纱，导致棉纱的价格跌落了不少。而且市场上还出现了洋混纺纱，比纯棉纱结实很多，对纯棉纱冲击也不小啊！"

"啊，让我想想，办法总比困难多。"张謇在办公室里踱来踱去，额头上的皱纹很明显地刻成一个"川"字。眼前一亮，一下子想起办团练时典质自家的书籍二十四箱，得款一千元开办。"对呀，出租！"

"出租？"

"是啊，我们厂房仓库，大多闲置，并且我们的仓库都是新建的，地势较高，又临芦泾港，交通便利。梅雨季节即将来临，一定是仓储的首选。"

沈敬夫和刘桂馨也都眼前一亮，禁不住竖起了大拇指。

张謇又说："上海寸土寸金，仓储肯定紧张，招租之事非上海莫属，我这就启程前往上海。"

夜幕已经降临，上海商业巨子严信厚得知张謇正在上海招租，马上派人与张謇洽谈。严信厚先后在上海设立利棉轧花厂、原记轧花厂、礼永和轧花厂等，存货量巨大。严信厚知道张謇这时候的底牌，是穷得没办法了才出此下策，就想狠狠地压压价，也就是想趁机捡个漏。有道是同行是冤家，大生纱厂如果发展起来，会成为自己的一个实力雄厚的竞争者，按照大生当前的规模，一定压自己一头，从内心深处不想让大生发展起来，先下手为强，搅浑这桩生意。

严信厚参与招租仓储这件事，在上海引起轰动，一些实力弱的厂商不敢再参与竞争，这让张謇无法接受，而这时候纱厂已无法运转，也就是说纱厂就这样倒闭了，不但事业完了，信誉也没了，从此在商场上他张謇不可能再有一号，一位靠着别人的钱经商不成功的商人，下场可想而知。

张謇再一次一个人站在了黄浦江边，很久很久以前，上海曾是一片荒凉的沼泽地，其中央蜿蜒流淌着一条浅河。雨水多了，就泛滥成灾；雨水少了，又河底朝天。人们深受其害，咒之为"断头河"。战国时楚令尹黄歇来到这"断头河"河畔，不辞辛劳地弄清其来龙去脉，带领百姓疏浚治理，使之向北直接入长江口，一泻而入东海。难道自己的事业也成为"断头河"？自己能不能成为黄歇？梅雨季节已经来临，厂房租不出去，也就说明这条路已走不通，万分惆怅之时，想起了发妻徐端给自己准备的一个锦囊，让他实在没办法时打开。他已经走投无路，颤抖着打开锦囊，映入眼帘的只有两个字"回家"。

刚回到家中，还没有换下湿漉漉的衣服，刘桂馨就一步迈进来，"四先生，我们的棉纱——"

张謇大惊，以为纱厂出事了！但看刘桂馨面带喜色，赶紧问："我们的棉纱怎么了？"

"赶紧出纱！纱市一夜之间大反转，由于梅雨天气，市场上纱价噌噌地上涨，我们库存的纱一定能卖出好价钱。"

沈敬夫也一脚迈进来，还未站定就说："季直啊，这是个好机会啊，我们应该破釜沉舟，全面投产。"

"哪来的钱买棉花呀？"

"这个我早就想过，由于棉纱疲软，一直没抓住时机。这会儿，就先别考虑分红的事了。用棉纱收入全部购买棉花,连续维持运转。"

………

这叫努力到了份上,连老天都睁开眼,接下来的几个月里,棉纱的行情一直看好,纱厂的资金不断扩展,不但使纱厂得以正常运转,年底还获纯利3.8万两。大生纱厂终于生存了下来。这真是车到山前必有路,柳暗花明又一村。

第九章　东南互保

办实业不忘政治，关注天下大事，识时务者为俊杰。

一

慈禧让盛宣怀发布电诏，以光绪的名义电诏全国，向十一国宣战。

盛宣怀刚刚从京城回到上海，一路上所见所闻，让他感到当下的糜乱。他心里很清楚，当初甲午之战，大清朝面对的仅仅是一个岛国日本国，而当时的北洋海军还有一战之本钱，如今朝廷更加羸弱，军队大多掌握在督抚手里，几乎没有统一的调配权，而面对的却是十一国的局面，哪一国弱于日本？对于慈禧下诏招抚的义和团，不但没有统一的组织，一直处于涣散局面，而且就连大刀长矛都配备不齐，怎么抵得住洋枪洋炮？一旦发生战争，损失最大的应该是他盛宣怀，他的工厂、他的铁路、他的矿产、他的心血都将化作飘零的落叶，一去不复返。

"老爷啊，这电诏到底发还是不发？"

盛宣怀脸沉得像驴脸，摇了摇头，没有回答。他知道不发就有欺君之罪，发那又是万万不能，到底怎么办？

这时候，有一个人却做了一件惊天动地的事，那就是张之洞的师爷赵凤昌。他让京城的一位朋友伪造了一份假诏书，这份诏书是以光绪帝的口吻发给张之洞的，大意是：让张之洞极力促成东南互保协议，安定江南民心。

这件事是赵凤昌找张謇商量好的，义和团从山东一向京津聚集，张謇就敏感地觉察到京津将有战事，而长江流域是富庶之地，洋人的教堂和实业众多，义和团的口号：扶清灭洋。着重对洋人和教众打、砸、抢、纵火、杀戮，捎带着一些官员和有钱人，照这态势，不采取措施，这富庶之地必成为烧杀抢掠的重灾区，自己实业富民安邦的理想和行动很快会破灭。他很快分析了当前的局势，清廷是指望不上了，对待义和团，先是打压，再是安抚，现在成了招安，也就是说朝廷想挑起义和团和洋人之间的仇恨，用义和团抵抗洋人，再用洋人铲除"拳匪"，似乎看起来棋高一着，其实是一步臭棋。一群涣散的人众，怎么敌得过洋枪洋炮。再说，这义和团也不是纪律严明的善类。再一分析，现在的督抚都有人有钱有枪有炮，完全可以维护当地的安危，只要和洋人签订合约，严禁义和团南下，定能保一方平安。

由天津至涿州、保定都有拳民起坛请神、烧教堂、杀洋人，并到处毁坏铁路及电线杆等洋物。涿州知府甚至被三万名拳民占据。慈宁宫里，慈禧派军机大臣协办大学士刚毅和顺天府尹赵舒翘到涿州调查。结果刚毅回京后，向慈禧报告"拳民忠贞，神术可用"。朝中庄亲王载勋、端郡王载漪、辅国公载澜亦主抚义和团，向洋人开战。这时的慈禧已昏了头，因为三位王爷兄弟向她报告说洋人想推翻她的统治，扶持光绪帝，一向专权的她怎能让花落旁家？即使是自己的儿子也不行，何况没有血缘关系。慈禧不顾西方外交人员的抗议，发布维护义和团的诏令。直隶总督裕禄由本来剿灭义和团，变成扶助义和团。除了向团民发放饷银外，裕禄还邀请义和团的首领大师兄到天津开坛聚众，于是山东的拳民涌入直隶。

这时候，张謇很自然地想到保全南方，他又很自然地想到赵凤昌这位挚友。赵凤昌何许人也？赵凤昌乃张之洞的师爷。这里还有一段故事：有一次，张之洞举办寿宴，前来给张之洞贺寿的官员周锡恩，特意写了一幅祝寿词送给张之洞。身为张之洞师爷的赵凤昌当时正负责迎来送往。赵凤昌一看对方送来的祝寿词，便发现是抄袭的。耿直的赵凤昌当着众宾客的面道出了出处。脸上挂不住的周锡恩随即大怒离开了张府。回到自己的府衙后越想越生气，一怒之下给京中好友去信：联手弹劾张之洞揽权，招摇过市。一面是在京的官员，一面是掌握地方大权的总督，光绪帝无奈之下找了个替罪羊：赵凤昌。光绪帝降旨，赵凤昌终身不得入仕为官。因为此事，赵凤昌耿直、迂腐的名声在两广官场家喻户晓，张之洞却没有轻视他，依旧重用，让他给自己出谋划策。这样的人足以左右张之洞的想法。

张之洞绝非泛泛之辈，如此大的动静首先查出处，当即复电询问电诏是从哪来的？赵凤昌这时心中犯愁，毕竟电诏是他找人伪造的，根本不是出自光绪帝之口。为了打消张之洞的疑虑，赵凤昌再次和张謇商议，张謇便示意他找好友盛宣怀帮忙，赵凤昌灵机一动，觉得盛宣怀做这事再合适不过。他立刻给盛宣怀发了个急电，希望他能以京官的名义将电文发给各省官员。这时候，盛宣怀正在为是否发出慈禧的电诏想破脑袋，这件事正给他提了个醒，但事情关系重大，盛宣怀也不敢随意假传圣旨。赵凤昌和张謇联名又给盛宣怀发电，劝解说：伪造圣旨谋私利自然不行，但若是救国就没得说了。况且让你传达的是洋电报，根本算不上圣旨。

"老爷，发还是不发？"这句话不知问了多少遍。

"发！"

"老爷，怎么发？"

"不是发老佛爷的，而是发赵凤昌的。"

"这——可有欺君之罪啊！"

"这老婆子已昏了头，我们不能因她的一句话而困死。况且，电诏是以光绪帝的名义发出，这不是把皇上向死路上逼吗？"

"说得也是，她这也叫伪诏啊！"

盛宣怀琢磨良久，就赵凤昌说的"洋电"两字早已留好退路，用心可谓甚深。如洋电不实，圣上日后追究，最多不过传播谣言而已，和假造圣旨的罪名无法相比，何况既为洋电，也无法查实。直接将原电文："洋电，两宫西幸，有旨商各督抚力保疆土，援庚申例，令庆邸留京与各国会议云。"改为：洋电，北京义和团作乱，完全由于端王、刚毅所指使，蒙蔽两宫，袭击各使馆，擅发对各国宣战之上谕，均不能承认，望各省当局切勿轻信，竭力维持地方秩序，保护外人生命财产。

盛宣怀这一招，找了两个垫背的，日后好为主子开脱，也好与洋人有个交代。真可谓一石三鸟。

虽然，张謇与盛宣怀之间有些瓜葛，但这次他还是非常佩服盛宣怀所做的一切，可谓有胆有识。

在大生纱厂筹办过程中，盛宣怀设置了许多绊子，努力地想将大生扼杀在襁褓之中，给人一种唯利是图的嘴脸，但大生还是艰难地挺过来了。现在想来，也不能全怪盛宣怀，毕竟大生和盛宣怀的纱厂一个锅里捞肉，在盛宣怀的眼里张謇是在抢他的生意，他考虑的并不是拓宽市场，而是锅和肉都是固定的，大生兴旺发达了，他盛宣怀就无生意可做，就这点而论盛宣怀也不过是损人肥己而已。从人性上来讲，没啥大毛病。所以，张謇早已释怀。

二

对于东南互保，张謇自有自己的打算，他心里隐隐约约有个宏伟的想法。这个想法虽然时隐时现，但在他脑海里几经挣扎，还是想说给位高权重的张之洞、刘坤一听听，毕竟在自己这儿仅仅是个想法，没有他们也只能是个想法，绝不会变成现实。在张謇眼里张之洞和刘坤一就是长江流域的定盘星，没有他俩的支持参与，啥事也枉然。

大生已走向正轨，暂且腾出身来。张謇筹办通海团练时，看到南黄海海边有大片海滩荒芜，便萌动、计划垦殖。大生走向正轨后，张謇已带人四次考察荒滩，并借用南京陆师学堂第一届毕业生，对这片不毛之地进行测绘，打算组建通海垦牧公司。因他见到上海拉洋车及推小车的人，百分之九十是海门或崇明人。……他们所以到上海谋生的原因，即是无田可种，迫而出此也，而盐城、阜宁、淮安等县的乡民，多半在上海充当轮船码头装卸货物之杠棒苦力。而通州范公堤外之海滨，直到阜宁县境，南北延长六百华里。可垦之荒田，至少在一千万亩以上。只要仿照范公堤的办法，筑成江苏省内黄海之滨一个长堤，沿海人民，自有陆续报垦升科的人。不到二十年，至少可以增加二三百万亩的棉田。每户农民领田二十亩，可供十万或二十万户之耕种。以每户五口计，可供五十万或一百万人之生活。当然，张謇宏伟的计划不仅仅是垦牧问题，还有一项冒险的政治问题。

虽然，他在刘坤一的地盘上，但张謇还是想先去拜见一下张之洞，在他的心目中，张之洞政治眼光更加活泛，他认为不行的事，在刘坤一这儿一定通不过。再说他也想和老朋友赵凤昌聊聊，这东南互保的关键时刻，赵凤昌一定在香帅府上。张之洞由于私人原因，向盛宣怀讨了一个武昌电报局挂名差使给赵凤昌，作为生活之资，而派他住在上海，办理通讯、运输和其他机密事务。昔时武昌有"湖广总督张之洞，一品夫人赵凤昌"的戏语流传，足见赵凤昌在张之洞主持的"湖北新政"中的作用不可小视。也是因为任职于电报局，才给了他伪造圣谕电诏机会。再一个他也想听听汤寿潜的意见，毕竟东南互保，他也参与进来了，虽说这几年他一直在游历中，但近来也一直游说张之洞和刘坤一加入东南互保。

张謇先给赵凤昌拍了个电报，询问了一下汤寿潜的行踪，果不其然，两人都在香帅府，张謇即刻启程。见面后，张謇提出了自己的宏伟计划，惊得汤、赵二人直言没想到，思虑再三还是先探一探张之洞的口风。

"香帅，您觉得此事能否操作？"

"万万不能！"张之洞头摇得像拨浪鼓。

他们三人充满了疑虑，为什么香帅拒绝得如此彻底？都竖起耳朵想听下文。

张之洞斜睨着眼说："大清发迹于东北，东北被称为大清的龙脉，这片日本人入侵之前，一直休养生息，为的是什么？"

他三人都知道缘由，但都没有回答，专听下文。

"那就是关中一旦失势，就退守东北，东北是满人的老巢。而南方是汉人的天下，你们想一想，这娘俩再不济也不会逃亡南方，怕是一下子成了傀儡，毕竟满汉存在着现实的不平等，即使是老虎也怕走进狼窝。"

张謇才明白张之洞为什么会成为一方霸主，他对清朝的脉把得确实准啊！

张謇又向张之洞提起办垦牧公司的事，仔仔细细陈述了可行性的理由。张之洞沉思了一会儿说："季直啊，我在署理两江事务的时候，也考察过长江两岸的地势民情，你的思路和想法很有见地，我会向岘庄沟通这件事，会鼎力支持的。放心就是了。"

"感谢香帅玉成此事，我先为当地百姓叩首了！"

"哎，季直啊，这事对朝廷也是件好事，况且岘庄也多了收入，于私于公都上得了台面！"

"那也得叩谢香帅知遇之恩，没有香帅的支持，季直寸步难行啊！"

"啊，哈哈。我们就一块商量一下东南互保的事吧。"张之洞对张謇的高帽非常受用。

"是啊，这件事得好好谋划谋划。"汤寿潜和赵凤昌一块应声道。

就在各督抚密谋之际，同样得到消息的李鸿章，经过深思熟虑后做出了个惊人的决定，复电朝廷："此乱命也，粤不奉诏。"

这时的李鸿章任两广总督，虽已不是京官，但甲午之战的惨败一直像达摩克利斯之剑，无法让他走出阴影，即使已过去六年，也无法释怀。不是他李鸿章吓破了胆，而是他知道此时的朝廷几斤几两，也明白他是现在汉人权臣中资格最老的，他的一举一动深深影响着大清的国运和走向。他也知道《马关条约》之后，各地汉人督抚已和朝廷貌合神离，各自招兵买马，独霸一方。这种形势下，要的就是自保，自己电报发出，呼应者肯定从众。思前想后，李鸿章本着不点名地指出此诏书是端郡王、刚毅等谄臣的"乱命"，给慈禧和光绪留足回旋的空间，另一点也狠狠地敲打一下慈禧这个老寡妇，让她清醒清醒，此一时非彼一时，已不是她为所欲为的时候了。"乱命"一词是李鸿章精心选择的政治术语，李鸿章深知"若不量力而轻于一试，恐数千年文物之邦，从此已矣"。

电报已发出，盛宣怀收到后立马原文电告各督抚，各督抚精神为之一振。

张之洞虽贵为湖广总督、封疆大吏，但是一直被排挤，没有进入军机处，心中一直不满，李鸿章的这封电报给了他很多的底气，让他提出"李鸿章大总统"方案：一旦北京不保，就共同推举李鸿章出任中国总统以主持大局。李鸿章幕僚刘学询并去信孙中山谓："傅相因北方拳乱，欲以粤省独立，思得足下为助，请速来粤协同进行。"张謇还是向刘坤一、张之洞提出了自己的想法，毕竟就于高位者大多为满人，操之过急会让国家四分五裂，进入"后战国"时代，而列强又虎视眈眈，如果各方势力都依附不同的强国，战乱会席卷华夏大地。进言两位总督，既要保存南方，又不脱离朝廷。

东南各行省违抗支持义和团的命令，以为"乱民不可用，邪术不可信，兵衅不可开"。无论北方情形如何，请列国勿进兵长江流域与各省内地；各国人民生命财产，凡在辖区之内者，决依约款保护。在刘坤一、张之洞等人的支持下，由盛宣怀从中牵线策划，上海道余联沅邀请各国驻上海领事举行会晤，并议定了《东南保护约款》九条和《保护上海城厢内外章程》十条。

就在约款签订的第二天，师爷满面凛色报告盛宣怀："老爷，一英国炮舰闯入汉口，继续向内江挺进。"

盛宣怀来不及收拾，戴上礼帽就去了英国上海公使馆。他深深知道，费尽心思签订的约款，一旦英国人突破，其他国家就会不请自来，那这份约款就成了一张废纸。

"公使先生，根据《东南互保约款》，贵国炮舰闯入汉口，有何意图？"

"杏荪先生，这是个误会。这次行动纯属友好行为，绝无军事目的。

我马上电告英国水师提督,以后不再派船入江,如有更调,必先知照。"

"公使先生,这份约款和章程贵国政府何时正式批准?"

"杏荪先生,这样的大事得需要时间,首相先生声明尽快答复。"

"那我就静候佳音了!"

其实,各国政府拿到这份约款和章程,一方面为避免两线作战、保障其在长江流域商业利益而不得不选择。各列强又绝不能把它作为约束力的约章来看待,因为它包含有列强不能委弃的约款特权,甚至把中国政府理应承担的义务加诸各国政府。所以,西方各列强一直没有正式签字,而是保持含糊其辞。

盛宣怀知道在长江流域英国利益最大,就急火猛攻,向英国公使晓知拳匪之利害,英国首相向中驻英公使声明:"英国政府对东南督抚维护商教的措施予以极高的评价。英国乐于执行那些便于执行的条款。"虽然没有正式签字,但盛宣怀还是敏锐地觉察到,西方列强迫不得已已承认该约款。

盛宣怀马上给闽浙总督许应骙电报:粤督李鸿章、江督刘坤一、鄂督张之洞三帅均已联络一气,力保东南,洋人亦允不派兵相扰……闽、浙海疆同在东南,如钧处同此办法,即电商三帅联络,共保大局。许应骙忙回电答应:敝处早经会各公使,力任保护,与江、鄂办法不谋而合。浙江巡抚刘树棠更是主动请求盛宣怀替其在章程上画押。

南方沿海和长江中下游已经互保联网后,李鸿章又电告盛宣怀,欲成大事不能忘了袁世凯。

盛宣怀又电告袁世凯说:慰亭兄,粤、闽、浙、长江各省已与各国商定互相保护,各领事询山东如何,或以各国牵制一国何如?但须先任保护各国商民,盖与岘、香二帅商之。袁世凯回电:他不仅同意加入互保,而且已经实施。在烟台仿照南方各省派兵妥保口岸,内地均派兵护送洋人烟台暂避。教堂仍饬属保护,倘有猝不及防,照数认赔。

盛宣怀询问四川总督奎俊:川中教堂甚多,如允保护,令其归并。奎俊忙以同意列名回电。

一时间，"互保"扩至东南、中南乃至西南了。维持秩序范围已达半壁河山。盛宣怀将使西方列强暂时放下野心。多年的洋务买办生涯，他与驻美公使伍廷芳、驻英公使罗丰禄、驻德公使吕海寰等洋务派人士私交甚好，联合各驻外公使的力量，对外交涉提供最大方便。

三

尽管张謇要办新学，徐生茂还是想博得功名。这也不能全怪徐生茂，张謇的求学经历太励志，让无比崇拜他的弟子，有了状元情结。

徐生茂坐了张謇进京中状元时的马车，车夫还是那位车夫，只是六年光景，背驼了，腰弯了，不过精神还好。徐生茂一心这样做，就是图个吉利，沾沾当年先生中状元的运道。

很快进入山东地片，官道上一队队官兵掀起的尘土让人有些恍惚。车夫见这情景，心里有些担忧，从常年赶车的见闻来看，像是要打仗的节奏。惴惴不安的车夫，也不敢离开官道，怕是遇上土匪。一辆简陋的马车，虽然进不了官兵的法眼，但土匪就不一样了，那是有好处就占的主啊。

接近午饭时分，七八个装扮各异的人，有的短衣短裤，有的光着膀子，还有的没穿鞋子，大体扛着各种农具，有钉耙、锄头、叉子等，模样一溜农民的脸，饱经风霜。车夫一阵紧张，他隐隐觉得这一队人就是义和团，被家乡人称为拳匪。猛地刷了一个鞭花，想避开闯过去。

"嗨，站住！赶车的，说你呢。"

车夫脑袋嗡的一下，"吁——"马儿惯性地踢踏着前蹄停下来。

徐生茂掀开帘布看向几人，见装束就想下车理论。车夫小声说："先生，千万别冲动，我先去搭话探个究竟。"

车夫定睛一看，发现这堆人里还有两个女的，一抱拳："各位爷，你们这是去哪儿呀？"

"我们是义和团，要去京城办大事。你这辆车被征用了。"

车夫灵机一动说："各位，我们也是义和团的，也是赶往京城，顺道啊。"

"啊，哦，那一同前往，兄弟们就坐你的车了。"

"好说，好说。"

徐生茂先前就听四先生讲起过义和团，没想到如此粗俗。心里也生起了担忧，不敢再有其他念想，只能走一步说一步了。

一会儿，车篷里塞得满满的，实在塞不进去的三人抅在车辕上两人，车尾蹲了一人，像一群类人猿聚在一起。马儿有些吃力地探着身子向前迈步，犹如在漫坡上前行。

通州张家府上，徐端正在为孩子绣兜兜，吴氏在旁边逗孩子玩。自从吴氏生下孝若后，徐端除惊喜之外，就是把吴氏像亲妹妹一样对待，甚至有过之而无不及，吴氏原本贤惠善良，自然懂事，把孩子照顾得妥妥当当，很得徐端的疼爱。徐端想起徐生茂禁不住叹了口气，吴氏若有所思地说："姐姐是不是担心生茂啊？""嗨，这孩子也不知哪根筋管的，非要走科举之路。""姐姐，生茂一直照顾先生起居，形同父子，深得先生神髓，他是效仿先生啊。""是啊，可如今闹拳匪，去往京城的路上凶险得很，也不知他是否到达京城？"

徐生茂已到达天津廊坊，这一路上，跟着这群义和团员，吃、喝、住不需要银两，临走还有拿的，车夫倒是心里窃喜，但徐生茂每每歉疚，给出银子却吓得店家惊呼："怎么能要'大师兄'的钱呢，这不是折我的寿吗！"这让徐生茂郁闷得很，如果开店的免费吃喝，早晚得关门歇菜。

在杨村有开坛口的，义和团、红灯照活动频繁，一同来的八个人都留了下来，邀徐生茂和车夫一块留下，车夫借口京城有亲兄弟早已到达，等他俩前去会合，得以脱身，徐生茂为车夫的机灵而慨叹，自知圣贤书读呆了，人情世故都读丢了。

到了北京，就传来了廊坊大捷的消息，但也有杨村义和团全体阵亡的惊险坏消息。车夫听了后惊出一身冷汗，和徐生茂嘀咕：亏了没有多做停留，要不就交代了云云。但徐生茂更关注的是实情，据说：直隶总督、北洋大臣裕禄命聂士成率配备重机枪的精锐部队武卫军前往守卫天津杨村一带。西摩尔联军在廊坊一带遇到了聂军及义和团的阻击，刚至天津西郊杨村，便被清军和义和团包围。聂士成命令义和团打头阵前线冲锋，结果在八国联军的机枪下伤亡惨重，被迫掉头，但又被聂军用机枪扫射，在双方的机枪下，义和团民被杀殆尽。此后，清军和联军才直接交战。联军只是七拼八凑的杂牌军，而西摩尔又是不擅陆战的海军将领，一经交战，联军便处于劣势，只能撤回天津待援。

没多久，就有八国联军主力部队攻占大沽炮台，援军到达为西摩尔解围的消息。接下来，天津城沦陷，八国联军入城纵兵杀掠。直隶总督裕禄率清军余部退往北仓。

北京的义和团更是惊险，街上已见不到洋人和教会人员，基本都躲进了租界，由洋人组建的保卫队在租界口架了机枪、长枪，死守。义和团组织进攻了几次，留下了许多尸体，没产生多大效果。

由于团民也劫掠官员、商户和平民百姓，徐生茂没敢住进状元府邸，而是和车夫一块住进了通州会馆。

一安顿下来，赶紧给四先生发了电报：已安全到达京城，一切安好，准备应试，勿担心。

其实，徐生茂很想告诉四先生实情，但恐担心，报喜不报忧。

让人惊慌的是京城的物价飞涨，特别是粮食价格更是噌噌地涨，价钱是原来的四五倍，就这样还很难买到。车夫一大早就拿了布袋买米去了，一直到太阳落山了才回来，口袋里瘪瘪的，没买到一粒米。

车夫有些泄气，很失望地说："先生，照这样下去，用不了多久，我们就断炊了。"徐生茂看了看米缸，又看了看水缸，说："明天我先去买两个大水缸，把水蓄满，这几天限水供应了，这个更要命。"

"差点忘了，明天我继续早起排队买米，先生买缸蓄水，分头来做。

您那书先放一放吧。还有买两把钢刀放家里，关键时候防身。"

"买钢刀干什么?"

"看这仗势是要打仗了，钢刀有时候也能救命啊!"

徐生茂想了想也是那么回事儿，第二天就按车夫嘱咐的办该办的事了。

太阳极不情愿地消失在地平线，不但米没买到，就连钢刀和水缸也成了稀罕物，照样的没买回来，两个人在门口对视了一会儿，叹了口气坐下来。车夫说："先生啊，您身上还有多少钱? 我也不忌讳问您了，如果钱足阔的话，我们可以把买米的价钱提高到六倍七倍，甚至八倍，这样也许能淘到米，至于水缸我们也用同样的方法，要不一旦开战，食物就更买不到了，到时候守着银子也花不出去了。"

一大早，徐生茂来到大街上，一路走过去，一抬头看见一家要转让的饭店，老板和伙计正在收拾东西，两个伙计抬着一大水缸走进里屋，徐生茂一下子有了主意，喊住伙计："哎，这水缸卖吗?"

伙计摇了摇头，说："老板在那儿呢。"

徐生茂笑着走向老板，"老板，你这水缸卖我吧，还有那两把剁肉的刀，我出个好价钱，怎么样?"

老板一愣，觉得这些物件暂时也没什么用场，不如换个钱再说。眯起眼问："给个啥价?"

徐生茂也不是纯念死书的榆木疙瘩，跟随张謇也跑里跑外，只不过这几年读书多，有些不屑生计，这会儿他头脑又灵光起来，笑呵呵地说："老板，您看这几样物件都是旧的，也值不了多少钱，我按新物件价格，您看怎样?"

老板略一沉思，随口道："好好，拿走拿走!"

车夫去了几家米店一瞧，空空如也，想来想去，决定去家大户人家碰碰运气。赶上马车来到城门外，走了不远，就见一家高门大院，很是气派。向前叩响门鼻，里面传出几声咳嗽，一位老者打开了院门，问："你找谁啊?"

"哦，老人家，我是想买些米。有些急用，行个方便吧。"

"你这人奇怪了，买米去城里的米店啊，怎么跑这儿来了呢？"

"老人家有所不知，米店里的米都卖光了，我家又急用，就跑到城外了。"

"急用？干啥急用啊？"

车夫心里话：有啥急用关你屁事啊，家里余粮多卖点就是了，干吗问得这么细呢？

"哦，老人家，急着娶儿媳妇呢，这两天急恼坏了！"

"这是大事啊，你等着，我去问问老爷。"

老者去了一会儿又返回，说："行是行，不过这价钱？"

"老人家放心，城里的米行出啥价，我就出啥价，决不亏您。"

"好吧，您要多少？"

车夫合计二百斤就绰绰有余，不会在京城待那么长时间，吃不完带在身边也坠沉，就说："二百斤吧。"

太阳再落山的时候，天空出现了火烧云，鲜红得像在滴血，闷热得没有一点风丝。整个天空像极了古战场，被血腥渲染了。

第十章 垦 牧

节约成本，建立产业链。

一

慈禧偕光绪帝逃离京城，一路奔向西安，八国联军在京城烧杀抢掠。

徐生茂灰头土脸地回到了通州，没过多久，八国联军天津都统衙门倒是模仿中国科举，在北京最大的金台书院举行了一次考试。联军元帅瓦德西亲临金台书院，考试诸生。这让徐生茂气得吐血，绝食了三天。

徐端看着心疼，就跟张謇商量，生茂这孩子就这点不好，一根筋。先生不是组织了测绘队吗？您就让生茂加入吧，让他参与具体的测绘工作，也许会分散他的执拗。

张謇没有说话，抬眼端详着徐端，像是在欣赏一幅画。虽说是老夫老妻了，但还是把徐端看得脸色绯红，低下了头。小声嘟囔："这是唱的哪出？都看了二三十年了，这张老脸还能看出花来？"

"夫人此言差矣，我是想现如今盛行欧风，女子大都受教育，抛头露面像男人一样工作。"

徐端心里一动，她何尝不想帮助丈夫分担一些事务，每天看着先生忙得焦头烂额，既心疼又着急。张謇一提及此事，她心下释然。但嘴上还是说："我向您说生茂的事呢！我一个大字不识的婆娘，能做什么？"

"夫人可不能这么说，偌大的一个家庭被您操持得井井有条。办实业就像持家一样，关键是有谱才行。通俗的话说一切做到心中有数就行。"

"先生真的认为我能帮上忙？"

徐端知道，家里分工明确，她确实没有多少必须要做的事。梁氏负责抚养螟蛉子佑祖、襄祖，吴氏负责抚育亲子怡祖。管氏倒是落了个清闲，开始吃斋念佛，张謇又忙于事务，去她屋里的机会越来越少，尽管有徐端的关爱，少言寡语的管氏也渐渐淡出，这些张謇和徐端倒没有觉察到。

徐端面带红晕地说："如果您不嫌弃，以后您走到哪儿我跟到哪儿。"

"对对对，就这个意思。洋人叫秘书。桂馨给我提了多次，说我应该有个秘书。我看呀谁都没有夫人来得合适。"

"那我这秘书先跟您提个建议，给生茂安排个事干，别让他一天到晚的像丢了魂。"

"这个夫人放心，正是用人之际，生茂又读了那么多书，派上用场的地方很多，夫人就是不说，我也早有这个心。只是他一心考取功名，就想磨磨他的锐气，没有急于安排他事干。有些事，只有亲身经历了，才叫历练。"

"先生想给生茂安排个啥差事？"

"在西方的管理中，有一种职业叫财务管理，类似于我们中国的账房先生，生茂品格敦厚，我想让他学学财务管理。具体的先学习一下会计，跟沈敬夫打个下手。"

徐端禁不住在心里竖起了大拇指，在知人善任这方面，先生确实有着过人的本事，虽然自己没有直接参与到他的实业中，但对先生的人事安排她一直留意着，可以说做到了人尽其才，职位和性格才华恰如其分。

江导岷是这次测绘的主导者。说起江导岷就不得不说江谦，江谦幼年颖悟好学，十七岁那年参加了六场文试，都是第一名，一时声名鹊起。十九岁又参加了江宁的两省乡试，在矮檐考场经过三场九日的文力角逐，江谦开始崭露头角，文章得到了房官刘崇照、主考黄绍第的高度赞赏，拟立元卷，已付刻印，但是三场考试江谦在草稿上写了许多数字，被勒令不得弥封，因此不得送入，考试作废。这次的打击对江谦深入骨髓，一向身体虚弱的他不得不拖着疲倦的身躯从江宁来到位于崇明的庙镇散心、休养。这儿有伯父开的祖业——元和店，该店是江谦的曾祖父江国锟所创，经营杂货及烹饪，百余年来，江家人赖此衣食。

一天，庙镇的一位朋友找到江谦说："崇明瀛洲书院的山长是大魁天下的张季直，如果能得到他的赏识，日后定能飞黄腾达。况且，瀛洲书院开放式考试，你虽不是瀛洲书院的学生，但同样可以参加考试。"

江谦早已对状元张謇心生仰慕，就请朋友要了崇明瀛洲书院的试卷，一气呵成。张謇拿到江谦的试卷，先是吃了一惊：文字老练、富有哲理，禁不住拍案叫绝，批为第一名，并且认为此作卷人年龄应有四十岁。朋友把这个喜讯告诉江谦，江谦喜由心生，很高兴能引起张謇的注意。

过了些时候，江谦再次参加书院考试，又被批为第一名，为了真正证明自己，这次他用了他人姓名，这引起了张謇的高度重视，并认为这文章非崇明县人所为，而且出自一人之手，故托人来问询，才知道这人是年仅十九岁的江谦。这年冬天，江谦渡江来到海门拜会仰慕已久的张謇，张謇称赞他：进止温而恭。察其业，颇窥三代两汉之书。与人语，辞顺而气下，益爱重之。

后来，张謇受两江总督刘坤一之聘任江宁文正书院山长，命江谦随学江宁，江谦又推荐同乡族侄江导岷入文正书院就读。就这样，江导岷也成了张謇的学生，后又被张謇推荐到南洋公学学习测绘。江导岷对数字敏锐，很自然地成了这次垦牧测绘的主力。

测绘工作极其复杂，进行地籍测量控制点、界址点的实地选点、埋石等争议很大，一个兔子不拉屎的地方，没人问津的时候，引不起什么风吹草动，当它有利用价值的时候，公公婆婆特别多。好几家财主找上门来，向测绘队伍勒索钱财，说自己祖上曾在这儿放牧牛羊，你把地占了，那些牛羊的子子孙孙到哪儿去吃草？甚至有一家从家传的一本古书中找到祖上在这儿活动的踪迹。江导岷把实际情况如实地汇报给张謇，张謇想来想去，觉得要想测绘顺利进行，一定得当地官府出个有说服力的公告才行，经过努力首先得到当地李审之、张如峰的支持，张謇依靠他们的帮助很快解决了纷繁复杂的地权纠纷。

再一个，滩涂凹凸不平，运用经纬仪等仪器对土地及其附属物的量距、水平角、垂直角、水准测量带来不小的难度。江导岷一行人带足食物和水，每天从早上干到晚上，利用在江宁陆军师范学堂学到的测量、绘图、算术、营垒、桥路等各种扎实学问，不辞辛劳，埋头苦干，只用了一个多月时间，便完成了任务，测得滩涂二百三十二里，十二万三千二百七十九亩，绘制成"东海荒地图"，为张謇创办通海垦牧公司提供了决策依据。

此后，在江导岷等陪同下，张謇又三次到海滨勘测，做好了开垦的前期工作。十一月中旬至十二月中旬，张謇根据"东海荒地图"撰成《通海荒滩垦牧初议》，议订《通海垦牧公司集股章程》。

这么大的工程，单单靠刚刚起步的大生注入资金是不现实的，还得集资，实行股份制。

二

大生的成功运作使得张謇不但有了底气，而且有了人气。

张謇首先想到汤寿潜，这位仁兄淡泊名利，但也注重实业，推广学校，开发矿藏，修筑铁路，兴修水利，加强海军防务等，并著书立说阐述自己的主张。

张謇想了很久后，就想向人说道说道自己的想法，但在没成熟之前，又不便于暴露给朋友，徐端就成了他倾诉的对象，一来夫妻间非常默契，几乎无话不谈，二来徐端做事坦荡又合情理。

"夫人啊，您说这垦牧公司单独招股呢？还是组成一个团队共同发起集股好呢？"

"先生的大生纱厂招股之难还历历在目，是什么导致走上正轨？先生心中可有权衡？"

"沈敬夫、刘桂馨、汤寿潜等友人，不离不弃的鼎力相助，可谓第一功！"

"为妻虽然没有读过圣贤书，但也耳闻古人有'苟富贵，莫相忘'之说。朋友聚，则事业聚；朋友散，则事业散。"

"夫人说到我心坎上了。大生自筹建起，寿潜兄就一路扶持，但并没讨得一分一厘，此等友情我铭记在心。垦牧一事不能少了他呀！"

"先生之品性，比肩古贤。结交新朋友，不忘老朋友。眼下可有新的朋友？"

"郑孝胥、李审之、罗振玉在垦牧初期做了大量的工作，我想集股之事也不能少了他们呀！"

"我只是问先生一件事，导岷可有合适职位？"

"他是垦牧的第一功臣，又年轻上进，我已想好了，让他主持筹办和经营通海垦牧公司。"

"先生不怕他年轻误事？"

"年轻自有年轻的优势，想我二十一岁就随孙夫子左右，孙夫子书信往来都交于我，文件起草也经我手，孙夫子极其尊重，从没看轻于我。我怎么会在用人方面缩手缩脚呢！"

徐端更加佩服先生的胆识和魄力，用人不疑，疑人不用。自己十五岁，还是个姑娘家，收租放租就做得有声有色，得到祖母的首肯和偏爱。

五月，张謇与汤寿潜、郑孝胥、李审之、罗振玉发起集股，组建通海垦牧公司，得到刘坤一支持，报部批准。

七月的一天，张謇把江导岷叫到办公室。

张謇开门见山："之源啊，你得挑重担了。"

江导岷一阵忐忑，这段时间他吃饭睡觉都在想问题，有时候就像硬板床上铺了蒺藜，难以入睡。年轻是本钱，这段日子虽然辛苦紧张，但也充实得很。现在先生又有更重要的事交给自己，心里既高兴又担心。

"不知先生让我办啥事啊？"

"我和几位董事，一致同意由你主持通海垦牧公司筹办事宜。"

"可是，先生。我有些担心辜负了您啊！"

"不经历，哪有磨炼？我相信你！"

其实，江导岷已经心下摩拳擦掌，跃跃欲试。他一定干出个样子，报答恩师的知遇之恩，同时为恩师的现代城理想添上自己的一笔。

江导岷直接把铺盖卷搬到了公司的临时简易房里。接下来的工作是选址。张謇考虑到工程一旦上马，茫茫荒滩，房无一间，几千民工，万亩围田，必须有个落脚点。经过张謇和江导岷多次勘探，选中新老土结合部的高地为公司所在地、大本营，这样既便于从后方组织后勤物资，又便于前方指挥，安全也有保障，公司的建筑设计方案随之考虑成熟。八月下旬，张謇再次来到南通、海门交界处规划、选址、丈量垦牧公司屋基。

江导岷向张謇请示："四先生，公司就要奠基了，应该有个响亮的名字。"

张謇仔细琢磨了一会儿："公司总部建在南通、海门交界处，就称'通海'吧，又是围垦荒地，荡草放牧，畜肥改田，自然叫'通海垦牧公司'。"

第二天就商定屋工、堤工。这几夜张謇宿如峰仓，彻夜不眠。江导岷更是兢兢业业，生怕有所纰漏。

就在紧张布局的时候，当地批户陆三、彭丁两人带着十几人前来滋事。

因为屋工还没入住，堤工更不必说了。江导岷和五名设计人员在场，如果处理不当，就会遭到群殴。

江导岷主动告诫陆三、彭丁："通海垦牧公司的成立是江都刘大帅亲自报部审批的，如果你们滋事就是和刘大帅过不去。"

听到刘大帅撑腰，陆三有些犹豫，但彭丁依然嚣张地说："别拿刘大帅唬人，真有官府文书，拿出来看看。别以为我们兄弟是吃干饭的，从小吓大的。"

江导岷自然拿不出官府文书，因为这么重要的东西，不可能随手放在这简易房里。但他冷静应付："这么重要的官府文书不可能随身携带，你们的诉求待我汇报给状元公再说。"

其实，陆三和彭丁也知道这事江导岷做不了主，幕后还得张謇说了算，就算今天闹破天也不会有个结果，再说这么大的摊子一定有官府撑腰。虽说来挑衅，但心虚得很，很大的成分是想碰碰运气，一下子碰上个软柿子，就狠狠地敲一笔外快，毕竟自己人多势众。

陆三向彭丁使了个眼色开口道："我们兄弟要的就是个说法，这么大的滩涂你们都占了，我们当地人总该有所赔偿。不能睁眼看着你们吃肉，我们汤都喝不上。兄弟啊，难道我说得不在理吗？"

江导岷知道，今天就是自己说出花来，这些人也不会心甘情愿地离开。看样子，暂时这群人也不想动粗，就道："各位兄弟，我会把这事报告给状元公，状元公乃明理之贤人，会给大家一个满意的答复。"

陆三向前一步说："都说张状元誉满天下，总不会名不副实吧！我们走，明天再来。"

江导岷总算舒了口气，赶紧骑马拜见张謇，商量对策。

张謇首先想到的是不能把江导岷他们置于险地。

"这样吧，之源啊，你先从首批佃农中挑选壮丁，组织操练，一面拓荒，一面护垦。再一个，在当地广贴公告，告知当地百姓，垦牧是为了造福地方，解决农民无地可种的局面。"

江导岷多方了解，知道陆、彭二人也就是当地的混混，说到底就是两个泼皮，但也没有危害乡里的过多劣迹，就跟张謇商量吸收到壮丁队伍里，也算给了他俩安身立命的一个营生。

就这样，张謇连续六天，终日手披口答，内筹开工，外筹御侮。

十月下旬，在多方努力下，通海垦牧公司基建"祭神开工"。

没想到，公司一开工就遇上了饥荒，由于干旱无雨，秋收收入寥寥，大多农民流入逃荒的大军。

灾荒使垦牧步履维艰，江导岷看在眼里急在心上，由于缺粮，很难招到民工，已经招到的民工也在流失。江导岷把工地发生的一切都详细地记录下来，汇报给张謇。

春天到了，民工仍在流失，垦牧工作放缓了脚步，张謇思忖着，再这样下去，将严重影响开垦的进度。徐端见丈夫一直心事重重，就问："先生，近来总是神思恍惚，遇到了啥难事不成？"

"啊，夫人，灾荒之年，让垦牧受阻啊！"

"哦，是不是农民大多逃荒去了，招不到民工啊？"

"夫人说得极是，我一直找不到解决的办法呀！"

"先生何不早说啊！过去我娘家可是有几百亩良田，有不少的佃户啊！靠天吃饭，肯定经常遇到旱灾之年。"

"哦，夫人是说有办法了？"

"当然了，我们家一般用'平粜'的办法留住佃户。"

"平粜？"

"是啊，就是提供平价杂粮的办法啊。"

"对对对！我怎么没想到呢。民工都有工钱，是按月结的。我们可以平价将粮食赊给民工，发工钱时再扣下，真是个上上之策。"张謇像孩子一样露出了灿烂的笑容。

年初二，张謇与江导岷商议了这一计划的具体方案。正月下旬，以"平粜招工"的一千多人来到工地，民工人数由原来的四千余人一下子增至七千余人，一直干到了这年夏天。

原计划进行得有声有色的时候，江导岷又协助张謇制订了围垦川流港南荒地的规划。

张謇有很多大事要做，经常穿梭于州省之间，不能常驻垦牧，除了堤址审定、堤势相度、大的规划、制定章程等，其他具体的事项完全仰仗江导岷。江导岷为垦牧全身心地投入，开办之初，很多地方寸草不生，生活极其艰难，大多在鸟类栖息的草丛里，聊作休息，但人多了就无处可藏。

后来发现丁荡有一海神庙，很久无人管理，已经破旧不堪，买了一些木材修葺一番，作为根据地，又在周围搭建许多草房，总算有了栖身之地。但喝水饮食都要从十几里外运送过来，每天往复。更让人唏嘘的是一些重要物资运入的时候，无路可走，无河可航，怎么办呢？一句话，自己修路，自己挖河。

就这样江导岷和公司的办事人员，天不亮就起床，除非大风大雪，就是年除夕也奔驰监工，从不停歇。

张謇看在眼里，心下明了。很快就明确宣布，他自己只掌握大的决策，公司规划、运作、经营、督导和人事等则完全由江导岷负责。

江导岷的能力和忠诚让张謇很快腾出手来办教育。张謇一直认为，教育和实业是相辅相成的，大生的经营中，让张謇明显地觉醒道：苟欲兴工，必先兴学。而学必先从小学开始，而小学急需的是教师，那么，教师又来自师范，当务之急，师范学校不能再耽搁。师范是教育之母。当然，办教育必须要金钱，金钱来自哪儿？必然是实业。实业必然是教育之父。

张謇想办教育是社会之事，必有社会来办，他首先想到的是官办。

一开春，张謇就给刘坤一发了电报，提出了兴办学校之事，言之凿凿，理之昭昭，刘坤一心动，发电报邀请张謇去江宁商谈具体办学之事。这也是张謇过早放手垦牧公司具体事务的一个重要原因。

第十一章　办　学

苟欲兴工，必先兴学。

一

从江宁回来，张謇就去苏州拜见藩司吴，陈述办学之事。

可张謇并不知道，他得罪了一个人，盐道胡。盐道胡虽不是朝廷重臣，也是三品大员，更重要的是盐道是个肥差，当差的富得流油。有了银子，自然向上走动得勤快顺溜，很快就把巡道徐和藩司吴买得和谐相处。张謇其实并没有和盐道胡直接冲突，究其原因，是他向刘坤一建议改革盐业，让督抚直接插手食盐制作和买卖，很自然地就堵住了贩卖私盐的口子，直接断了盐道胡的聚宝盆。盐道胡再富有也不能拿刘坤一怎样，但却恨上了张謇。当张謇提出地方出资办学堂的时候，盐道胡觉得时机已到，就找上巡道徐一起游说藩司吴。

"吴大人，张謇办学堂这件事万万不可呀！"

"刘大帅都支持，有什么不可呀？再说，这也是朝廷颁布新政的一部分。"

"吴大人，这张謇胃口太大，任他这样下去，不知要办几百所学校啊！"

"这个不也是造福地方吗？"

"吴大人啊，银子呢？银子哪儿来？"

"这个——"

"张謇倒是扬名立万了，可这银子还不是您来出。名义上地方政府办学，实则是张謇损公肥私啊！"

"胡大人这一说，倒是在理。徐大人怎么看这件事？"

"吴大人，办学之事应长远考虑，这本身就应该久久为攻。虽说朝廷有意办新学堂，但眼下朝廷一文钱不出，刘大帅也只是停在口头上，我们还是缓办为好啊。"

藩司吴点了点头，不得不佩服巡道徐，都说巡道徐心如狐，外号巡道狐。进来一句话也没说，一开口就讲到点子上。关键是朝廷和刘大帅都是空头支票啊。

"徐大人，老夫怎么向刘大帅开这个口哇？"

"这个吴大人有什么作难的，直接让刘大帅出一半办学费用就行。我看两江一带赋税本来就很重，督抚已经入不敷出，刘大帅肯定拿不出银两，这件事也就不了了之。"

"对呀，还是徐大人精明啊！"

"哪里哪里，都是银子惹的祸。有银子谁不愿办好事啊！"

张謇在藩司吴那儿自然碰了一鼻子灰，一点周旋的余地都没有。事情卡在这儿，但问题不能不解决。

张謇从大生的开办和垦牧公司的创建，得到了许多启示，官办不行就私办。孔夫子两千四百多年前，尚能办私学，时至今天张謇定能效仿之。虽说办纱厂筹款很难，但那是为了盈利，造福地方明面上一时半会儿看不出，但兴办学校，直接是公益行为，通海一带，绅风浓厚，捐助办学阻力不会太大。

说干就干，张謇首先找来罗叔韫、汤寿潜等同人筹划在通州自立师范。张謇首先提出捐助办通州纱厂五年来应得未支的公费连本带息两万元，另外的再向社会集资。大家一致认为，此法可行。

首先，成立了劝集资助会，张謇亲任会长，罗叔韫、汤寿潜任副会长。这次，徐端同样在乡绅太太中发起劝集资助团，成为张謇得力的助手。首先捐助的是张謇三哥张詧夫妇，自幼张謇就和三哥张詧最亲近，为了张謇的学业，张詧自愿放弃科举之路，而今又是江西学正，兄弟办教育哪有不支持之理？

张謇对张詧说："三哥，这捐助之举还得举办个仪式，登台戴红花。办学虽是事业，但全为公益，造福地方。就应该大张旗鼓，告知百姓，对百姓开化思想和心理起到促进。"

张詧原本低调，张謇之事犹如自己亲历，这大红花他一定得戴。从江西启程回通州之前又收到张謇电报：弟媳徐端组织了乡绅太太劝集资助团，所以与罗叔韫、汤寿潜两位副会长商量，夫妻皆戴红花，望三哥偕嫂嫂一起前来。

劝集资助离不开大生股东们，他们已切实从大生的成功中获得了分红，这件事自是张詧来到再做定夺。没过几日，张詧和妻子徐姮来到通州。徐姮是徐乃昌之女，徐乃昌和张謇算是同门，都是翁同龢的学生，张謇和张詧是亲兄弟，所以徐乃昌对张謇的工作大力支持，这次办学也捐助了银钱，张謇执意让徐乃昌一起来戴红花，徐说女儿女婿都在场，做父亲的站到一列多有不便，一再推辞。张謇一再邀约，说是新事新办，并不妨碍。实则，张謇有意邀约是想他日让徐乃昌进大生董事会，对于徐乃昌的能力和人品张謇很是认可。

张詧一进门，张謇就让人抓紧宰杀鸡鸭。吃的方面，张謇每天饭菜，基本是一荤一素一汤，没有特别的客人，向来不杀鸡鸭，有时饭后抽一支小雪茄，漏气了就粘一纸条再抽。这也在张謇家形成了规矩。张詧表情严肃，从张謇辞官办纱厂起，张詧就一直关注着弟弟的行动，这又办了垦牧公司，还要办学堂，这一桩桩一件件，哪一项不是大手笔？他一定很忙很累，一定需要帮手，自己又是个务实之人，无意于官场，怎么四弟就没想到他呢？

其实张謇早就有此意思，不过三哥仕途也算顺当，大生纱厂有沈敬夫、刘桂馨他们，垦牧公司有江导岷，不到万不得已，张謇不想惊动三哥，这回办学校，确实想不到合适之人，就趁三哥来通州之际，和他讨论此事。

张謇见张詧表情严肃，就半开玩笑地说："三哥，是不是这么远跑来有些怨言啊？"

还没等张詧说话，徐姬插了一句："我说四儿啊，你哥怨言多着呢！天天盼着你让他来，可您事业都到这个份儿上，还没想起他，他能没有怨言？"

"啊，是这样啊。嫂子啊，四儿是什么人您还不了解？自小我与三哥的感情还用说，读书、幕僚、中状元，哪一件没有三哥能成？三哥与我如同一人，胜过手足，一直怕耽误三哥之仕途，不到万不得已不想惊扰三哥。这次三哥来通州，我就想和他商议此事。既然三哥早有此意，我这就奏请刘大帅，请他修书一封，向江西巡抚要人。"

张詧严肃的表情才放松下来，脸上挂上了笑意。

张詧见无外人，屋子里就妻子徐姬，弟媳徐端、吴道愔，稳住声音道："四弟啊，你的真实打算是什么？"

张謇有些激动："立学校须从小学始，尤须先从师范始。整个教育事业如同一条源远流长的江河，师范启其塞，小学导其源，中学正其流，专门别其派，大学会其归。办学程序应该是：先师范，后小学，再专门，然后逐步升级，直到大专和大学本科。所以，我们先创建一所师范学校——通州师范学校。而后，本着立之有本，行之有方，次第有序的思路，先后在南通这片江海平原上创办几百所小学，几所高等学校。同时，还创办诸如女子师范、中学和各类专门学校几十所，创办盲哑师范传习所、女工传习所、贫民工场、流浪人栖流所、妓女济良所等诸多的社会教育机构。"

"啊！"张詧吓了一跳。

张詧的理解中，张謇只是办实业，捎带着办学堂，没想到有一个这么庞大的计划，这教育到了社会的旮旮旯旯，连残疾人、妓女都收留了。

"季直啊，这流浪人多为不务正业或者精神有障碍者，收留会带来很多不必要的麻烦，你确信要收留他们?"

"三哥，人不分三六九等，但分能力大小。在上海的时候，就曾有一群乞丐从两个日本浪人手里救了我和桂馨，要不我不可能活到今天，从人性上讲他们也是英雄，可他们在风雨里也无安身之所啊，怎不让人心酸?我的理想是：人尽其能，物尽其用。他们自有有用之处。"

"季直啊，古人云：人海茫茫，皆为利来，又皆为利往。当然，自古也有一心为公者，愿天下大同，但毕竟为少数。所以，不要过早地暴露你的全部意图，那样会带来很大的阻力，从长计议，这办学一所一所地来，温水煮青蛙，不会造成强烈的反弹。"

"我也这样想，因为我一提出这些想法，只有刘大帅鼎力支持，但大生的董事一致反对，而且反应强烈。"

"天下大同，是自古以来的仁人志士的最高理想，刘大帅也不例外，但具体实施就牵动各方利益，都知道你是从大生取钱，他们能不反对吗?"

"那就先办一所通州师范学校。全部用捐助来办。"

二

张謇向刘坤一陈述实情，并汇报了张詧的情况，刘坤一马上让人给山西巡抚发了份电报：办洋务事急事大，望借调张詧回通州。山西巡抚也很欣赏张詧，不愿失去一个得力部下，婉言回绝。

张詧思虑再三，深深感到大清已是强弩之末，这官当与不当意义不大。张詧受父亲张彭年的影响，实干的意识深入骨髓，深知张謇之事业也是自己的梦想，毫不犹豫挂印辞官，收拾家当赶回通州。

再次回到通州，张謇正赶上通州师范学校选校址。张謇认为接近十万元的捐助，每一文钱都要用到刀刃上。办实业的张謇和生活中的张謇表里如一：穿戴方面，有的衣衫穿了几十年，直到不能再穿，平时的衣物也穿十年八年，袜子更是补了再补，补到不能再补。写信用的信封，都是拿人家来信翻了再粘贴好，再将平时人家寄来的红纸亲贴裁下来，加贴一条中间，一枚信封就做成了。平常包药纸或者废纸，大多拿过来起稿子或者写便条用。拿了口利沙的红酒瓶，做了一个塞子，寒天当汤婆子，告诉人适用得很。平时走路，看见一个钉、一块板，都捡起来聚在一起，等到相当的时候去应用。他常说应该用的、为人用的，一千一万都不得眨眼顺手就用；自用的、消耗的，连一文钱都得想想，都得节省。办实业也是这样，该花的一文也不能省，不该花的一文也不能花。

选来选去商定当地千佛寺为校址，方丈室改为校长室，其他拓建改造。这一做法大大地节约了资金，省下的钱，张謇和张詧商量，要找最好的老师，进一些先进的教学仪器。当然，找老师得根据学校所设科目的需要，文理兼备。模仿日本师范模式，根据学校的规模，首先招收了四年制师范正科（即本科）和一年制讲习科各一个班，所设课程主要包括国文、修身、教育、伦理、算术、物理、化学、历史、地理、博物、图画、手工、体操等。

汤寿潜提议理科要请外教，由于地域文化的限制，而日本师范教育已发展三十年，有许多成功的范例，所以，外教以东洋人为主。

张詧道："是啊，数理学科非请外教不行，这是短板。但国学还得请一些名望素著的大儒，这办学则中西文化并重，中华文化源远流长，绝不能损在新学中的地位。"

"三哥说得很对，我打算请罗振玉、王国维、陈师曾来师范任教。"

"这三人可都是实打实的大儒，而且王国维尤为突出，翻译了《教育学》、写过《人间词话》。十六岁中秀才，曾经留学日、英、德三国，学贯中西，是不可多得的大儒。"

"罗振玉也不赖，上海的东文学社、湖北的农务学堂都是他开办的，又是金石大家，对甲骨文、敦煌写卷研究颇深，也是不可多得的大儒。"

"陈师曾也是大儒，他们三个都是东文学社的大才子，对中西学问研究颇丰，办师范就需要这样的老师。"

张謇非常高兴，像是已聘请到三人。但张詧提醒道："四弟啊，现在三人都在南洋公学任职，那可是盛宣怀开办的学堂，待遇可不低啊。"

张謇略一沉思说："这三人我亲自去请，去之前我先修书一封，让生茂送给罗振玉，信中约定时间，前去一会。"

几人正在讨论确定教师的事，徐生茂领来了一位中年人，向张謇深施一礼："状元公，家叔翁中堂让我送学校题名来了。"

张謇赶紧还礼："感谢翁师，昨天我还念叨他老人家，身体无恙吧?"

中年人又说："家叔身体还算硬朗，只是不能远途奔波了，要不他会亲自前来祝贺。"说完将一个手卷和一个钱袋放在桌子上。

张謇见一袋银洋，赶紧问："这是——"

"这银子是家叔的一点心意，是为助学，请状元公收下。"

"啊，翁师清贫如洗，这怎么行呢?"

"状元公如不收下，我无法向家叔交代，他老人家会认为您看轻他不是?"

到这火候上，张謇只能收下，又展开手卷，眼前一亮：字体稳健、厚重，毫无瑕疵。张詧禁不住赞叹："翁中堂不愧为我朝第一书家，这字炉火纯青。"

张謇送走客人，表情有些凝重，感叹道："翁师都到这个年纪，还如此看重新学，可见他对新思想的看重啊!"

张詧道："翁中堂因维新而被免职，一直行走在政治旋涡里，他对新思想、新事物总有自己的判断力，尤其对四弟寄予厚望。"

事过人非，张謇眼眶有些湿润。

张謇正在校长室踱步想着什么，张詧一脚迈进来道："四弟，你看谁来了?"

三个年轻人紧随张詧身后走进来，张謇一愣，"这三位是?"

"哈，晚生罗振玉。"

"晚生王国维。"

"晚生陈师曾。"

"啊，没想到你们都这么年轻啊。我信中说是要亲自去请你们来的，这还没来得及启程，你们就自己来了。"

三人深施一礼，罗振玉道："状元公的声望如雷贯耳，晚辈们一直仰慕，我们怎么会劳驾您亲自前往呢？收到信后，我们就辞职结伴前来了。不算唐突吧？"

"啊，以后就别客气了，就叫我四先生吧，我也喊你们先生。你们是我和三哥等千挑万选请来的，是良师之师，怎么会唐突呢？三哥让三位先生休息一会儿，然后一起看看学校的环境和设施。"

"四先生，我们几个放下行李，洗把脸就过来。有点急不可待了。"

张謇把三人领进了一座别致的小院，有十几间宿舍，是专门为老师准备的。为了清净，罗振玉挑了最西头的一间，陈师曾挨着罗振玉，王国维挨着陈师曾。从这一点，也可看出三人真的很和谐。

三人很急切地想看看教室的布置，衣服也没来得及换就来到前院，张謇也很兴奋，一来按照原先的规划，请到了三位老师，二来没想到三位老师都是热血青年，这会给学堂带来生机和朝气。

三人先来到教室，教室门框上有一副对联：艰苦自力，忠实不欺。王国维拍手称赞道："这个可作为校训。这个办学理念，能让每一位学生成长为'经师'和'人师'，既学业精湛，又为人师表。"

"王先生说得极是，当今国家羸弱，匹夫有责。而国民之技能和觉醒，要有良师。一艺之本，学必有师，此古今中外之通义也，况图国家强立之基，肇国民普及之教育。当然，更应教育学生要勤不要惰，尤其师范生日后要成为学生表率，更应养成勤劳的习惯。"

罗振玉抚摸着院子里的体育器材，感叹道："真的没想到，四先生对体育这么重视啊。"

"野蛮其体魄，才有其他之说，否则一切都是空谈啊。"

三个人又一起来到实验室，看到琳琅满目的仪器，彻底折服了。明白了四先生真真切切地办新学。

陈师曾发现有几架显微镜，动容地说："这么贵的仪器都舍得买啊，四先生这是下血本了。"

"新学就要有新学的样子，需要的，再贵我们也得想办法啊！不能顶着个噱头，办些不伦不类的虚名。"

"这样的仪器南洋公学都不舍得进，四先生的眼界在国内还是第一人啊！"

正在这时，徐生茂领着江谦进来。张謇大喜，刚要介绍三位老师，江谦深施一礼道："三位都是授业恩师，在南洋公学时，承蒙各位老师教诲，至今不敢有所望项。"

罗振玉道："你可是学业和品行皆优的得意门生，也早听说你与四先生有师生之谊，今日皆已明朗，望加倍努力。"

张謇进一步道："古人说，物以类聚，人以群分。志向相投者，不走到一块都难啊。"

张謇心下一动："易园啊，我正在起草办学章程，你又在南洋公学上过学，想必对办学有自己的想法，年轻人就应该挑重担，这章程之事就由你起草吧。"

"这——弟子愚钝，愿全力以赴。"

"哈哈哈。"大家一起笑起来。

三

张謇的通州师范学校招生了，为办好通州师范，张謇可以说是到了事必躬亲、呕心沥血的地步。张謇自己也说："中国之有师范学校自光绪二十八年始，民间之有自立师范学校自通州始。"

刘坤一上报朝廷："张謇所设通州师范，实树各省先声，规模宏远，成绩昭著。"刘坤一内心里表扬张謇，他认为张謇确确实实干出了了不起的成绩，于国于民都是福音。希望朝廷对自己的这位部下给出应有的褒奖。

慈禧可不是这样想的，她更想知道的是庚子赔款筹集得怎样。假惺惺地说了些无关痛痒的话后，问："张謇的大生纱厂挣了不少钱吧？"

刘坤一一愣，这边说办学的事呢，怎么又牵扯上大生纱厂了呢？但大生纱厂当然红红火火，就一躬到地道："太后啊，张謇的纱厂确实办到点上了，收益颇丰。"

"如今朝廷国库亏空，今年的赔款还没有着落，张謇在你管辖之下办厂，总该让他出些银两吧，也算是朝廷对他栽培的回报。"

"禀太后，张謇办厂是绅领商办，官股没少分得银两，怎么好额外再收。"

"张謇口口声声富民强国，如今国家有难处，捐钱不是他分内的事吗？如果你觉得为难，我让皇上下一道圣旨，名正言顺地让他拿钱。"

刘坤一心里想这不是强取豪夺嘛，还美其名曰名正言顺。

"老臣谨遵圣谕。"

总督府内，弥漫着火药味。刘坤一腾地站起来，沉着脸说："张季直，这三十万两银子，你交还是不交。"

"大帅，什么国家有难处！分明是夺食养虎，而且养的是一群虎。养壮了就来撕咬我们。"

"张季直，别在我面前理直气壮，这儿可有圣上的手谕，你自己看吧。"

张謇看也没看，云淡风轻地说："就是圣上亲自驾临，我也不会捐这银两，庚子赔款，谁签的让谁交吧！"

"这可是公然违抗圣谕，是要蹲大牢的。"

"这要是抵御外侮，就是倾家荡产，我张謇也在所不惜，养虎为患的事，就是砍头我也绝不捐一分一两。"

"来人呐！押入大牢！"

"不用押，我自己去！"

张謇说完，气宇轩昂地走了出去。

刘坤一望着张謇的背影，有些欣慰地点了点头。

三天了，刘坤一又邀请了云居寺方丈慧云法师下棋，侍卫来报，汤寿潜求见。刘坤一和慧云法师相视一笑说："等的就是他，抓紧请他进来。"

大生纱厂里，厂董们聚集在会议室，气氛郁闷得很。

徐端说："各位厂董，召集大家来，是商量一下四先生入狱一事，看看大家有什么解救的办法。"

一阵沉默后，在旁边站着的徐生茂沉不住气了，先开口说："四先生是大生的主心骨，为大生呕心沥血，大家不能看着不管。"

刘桂馨咳嗽了一下说："要大生拿出三十万两银子，就把家底掏空了，生产将无法进行。"

储老爷试探着说："要不出一半先应应急，把四先生救出来再说。"

沈敬夫站起来道："要是拿钱的话，四先生也不会有牢狱之灾了。看来四先生不会同意出这个钱，我们还是想想其他的办法吧。寿潜兄与刘大帅交情较深，您怎么看这件事？"

汤寿潜道："要说与刘大帅交往笃深，在座的各位都不如季直，他既然把季直入狱，就不是谁去说道说道就放出来的。"

因为是自家兄弟，张詧一直没有说话，见大家找不到好的法子，就说："我觉得大家已说得很透彻了，刘大帅可能也不是真心羁押四弟，我们是不是联合当地工商界一起请愿，并把请愿书登报昭示天下，那时，刘大帅放出四弟，也好在朝廷有个说辞。"

汤寿潜说："这法子能行，既保住了刘大帅的脸面，又给了他一个台阶。让朝廷知道释放四先生是民意所向。"

总督府内，汤寿潜深施一礼道："大帅，您看到昨天的报纸了吗？"

"我看到了，工商界对释放季直呼声很高。"

"大帅，民意呀，天意啊！"

"哈，这是兔死狗烹的味道。害怕这捐款降到自己的头上吧？"

汤寿潜隐约明白这件事，但没向细处想，恭敬地说："大帅不是真心羁押季直，要不岂是区区工商界担待的事。"

"知我者蛰先也。你快去传话把季直放出来，说我摆宴为他压惊，正好慧云法师一块入席，谈一谈佛法。"

当汤寿潜来到牢房里时，张謇没想到这么快就解决了问题。这几天，刘坤一为了考验一下张謇，一直没给他送饭。汤寿潜见到张謇时，吓了一跳，赶紧嘱咐狱卒弄碗小米粥来，让张謇慢慢喝下，才恢复了些许体力。

来到二厅，刘坤一摆摆手说："季直啊，让你受苦了，你不怪我吧？"

"大帅说哪里话呢，您保住了大生，我应该感谢您才对。"

"啥也别说了，你去洗个澡。我备了薄宴一桌，给你压压惊。"

酒席上，刘坤一道："季直，大生是保住了。但你给我出了个难题啊，这银子我上哪儿找啊？"

"大帅，我还是那句话，这银子还得从盐政上下手，盐政已到了非整治不可的地步了。"

"盐政，还是盐政。盐道这些人手眼通天啊，不是我不想整治，而是无从下手啊。"

"放开盐业的垄断，鼓励盐业商办，调整税收。如果大帅不嫌弃，张謇愿意兴办制盐业，为大帅开一块税源。"

"好，季直就放开手脚干吧。本帅会全力支持你！"

张謇回到南通，心里想了很多，与其让人惦记着大生这块肥肉，还不如分出部分利润用在通州师范学校上。并且，张謇为了招到优秀生源，注重挑选性淑行端、文理素优者免费入学，为众多家境清贫的学生提供就读机会，这大大增加了学校的负担。

张謇把从大生纱厂的利润中抽出一部分做师范经费告知各位厂董，但遭到股东们的反对，在他的据理力争下才得以通过，并形成规定：每年从大生纱厂的利润中抽出十四分之一作为办学经费，这不仅是通州师范一所学校的事了，关系到以后办学经费的来源，不过通州师范所得最多。同时，张謇决定每年从自己的工资和股息收入中抽出相当数量贴补通州师范。

在聘请外籍教师时，也遇到了很多阻力，国人对洋人没有好感，对日本人更没有好感。张謇和张詧考虑到现实情况，还是力排众议，为保证师范教育的质量，聘请日本籍教员木造高俊、西谷虎二等七人来校长期任教。日本籍教师的聘任也架起了与日本师范交流的桥梁。

四

光绪二十七年，徐乃昌任淮安知府，特授江南盐巡道。主办积谷、厘捐、赈捐和督察通海垦务，是张謇名副其实的父母官，给予张謇垦牧工作很高的评价，虽说张謇对盐业微词颇多，但也没有动摇徐乃昌对他的认可。

因徐乃昌也是科举出身，属文官行列，对办学改革持支持的态度，朝堂之上也大声鼓噪。光绪二十八年，受命考察日本学务，偕夫人马韵芬前往，回国后提调江南中、小学堂事务，总办江南高等学堂，督办三江师范学堂。

徐乃昌回国后，第一件事就是偕夫人拜见张謇夫妇。

张謇正在校长室写字，徐端在一旁研墨，张謇沉思半晌，久久不能下笔。徐端问："先生可有心事？平常文思若涌，此时却陷入思忧之中，不知何故？"

张謇道："夫人，昨天夜里做了一梦，梦见自己身处一大峡谷，峡谷之中水流滔滔，却又清澈见底，鱼儿自由自在，一点儿都不受湍急的水流影响，有的溯流而上、有的跳跃嬉戏，还有的静止在水中，醒来觉得甚是蹊跷。"

徐端莞尔一笑："先生梦中全是吉祥之物，大、清、自由、静，多么美好啊！"

"夫人说得极是，就以梦为题，拈诗一首。"说完饱蘸墨汁写下：

将雨山云忽际天，有时山忽上云颠。

晚来更被横风扰，万点青苍尽化烟。

写完夫妻俩相视一笑。这时刚刚招进学校打杂的富财进来汇报："四先生，徐乃昌夫妇求见。"

"啊，徐大人夫妇来了。夫人，走，我俩一块去迎接。"

张謇夫妇还没走出校门，就远远看见徐乃昌夫妇在那儿东张西望，为了不影响学生上课，张謇没有喊出声，而是疾步走出校门，寒暄道："乃昌兄，天天盼着您来啊！"徐乃昌深施一礼："四先生，无事不登三宝殿啊。"

"乃昌兄这是有事？走，屋里说。牡丹，你招呼徐太太。"

徐端早已牵住了马韵芬的手，说："他们谈他们的，我们俩去那边小树林走走。"

两个女人牵着手来到学生休息温书的小树林，说是小树林不是因为树小，而是因为树林的面积不是很大，除了几丛丁香树外，大多是几十年的银杏树，还有几棵上百年的，甚是茂盛。树下有木凳、石几。

"张夫人，这读书环境清幽美丽，让我实在是没想到，四先生一己之力把学校办得如此有品位，真是难得呀！"

"哪里呀，多亏了一帮志同道合的友人鼎力相助。您知道，为了这事我还成立了妇女劝集资助团呢，在乡绅太太中发起劝集资助。"

"张夫人，您真的了不起！不愧为状元之妻。"

"徐夫人过奖了，换做您也会这么做的。"

"说到这儿，乃昌和我还真是为办学而来。一是朝廷委任，二是乃昌喜欢的事业。他和状元公一样，都觉得兴学堂是富民强国的重要一环。"

"这就对了，以后，他们俩劲往一处使，不愁这学堂不兴旺。走，我们去听听他们说些什么。"

两个人又牵着手进了校长室，正赶上徐乃昌在评价张謇刚写好的那首诗：

> 这前两句，将要下雨之前，山中云气倏忽之间缭绕升腾，上接苍天，将逶迤的群山都遮没了，可是有时猛地吹过一阵风，青苍的山峦又露出云端之上。好哇，好哇！末两句诗写雨中的景致，傍晚时分，山中云气被一阵从空中横扫而过的狂风所侵扰，凝聚成浓重的积雨云，绵密的雨丝从空中落下，露出云端的万千青苍的山峦都隐没不见了，仿佛都融化在迷迷蒙蒙的烟雨中。这首诗连用了"际""上""扰""化"四个动词，使全诗充满了运动感和形象性。

"知我者乃昌兄啊。这首诗源于一场梦境，夫人说吉祥之意，必有贵客，这不您就不请而至，此乃天意啊。"

"我这次受朝廷委派，提调江南中、小学堂事务，总办江南高等学堂，督办三江师范学堂。还得四先生鼎力相助，否则，难以成事。"

"乃昌兄用得着我的地方，我一定鼎力相助，绝不马虎行事。"

徐端和马韵芬相视一笑。这时张謇和徐姮走进来拜见徐乃昌夫妇，马韵芬握着女儿的手，左看右看，满是爱意。

徐乃昌与张謇同是翁同龢的弟子，早就称兄道弟，后来，徐乃昌的爱女嫁给张謇，他和张謇之间仍是称兄道弟，各论各的。张謇也向徐乃昌解释了辞官办实业的决定。徐乃昌也为爱婿有此魄力而高兴，私底下竭力促成张謇的事业。

徐乃昌一直督查通海垦务，这对张謇垦牧公司的创立和发展起了至关重要的作用，这次张謇又向他聊起了通海垦牧公司的相关事宜。张謇说："蓄淡排卤、种青疏土等一系列的土壤改良，最终成为适宜耕种的良田，需要一个漫长的过程，在这个过程中只有投入，没有效益，哪来的税收？希望这期间，一切减免，否则垦牧公司无法生存，更谈不上发展。"

徐乃昌道："这个我自然知道，关键是免税期限是多少年？这个我还得与刘大帅沟通。"

"请乃昌兄放心，只要垦牧公司一有收益，我马上足额缴税。估计五年之后才有收益，排除毁灭性灾害之外。"

"啊，这么长时间才见收益啊！季直为什么选择风险大而收益慢的垦牧呢？"

张謇眼睛望向窗外，缓慢地说："我虽然是通州籍贯，实际生长在海门。通州与海门，虽然接壤，但百姓生活方式迥然不同。通州人安土重迁，很少往别处营生，除种田以外，大都以纺纱织布为业。海门人则不然，我自创办大生纱厂之后，常到上海，上海拉洋车及推小车的人，百分之九十是海门或崇明人。他们生活都很困苦，来上海谋生的原因是无田可种。我又发现盐城、阜宁、淮安等县城的乡民，多半在上海充当轮船码头装卸物之杠棒苦力。此比洋车夫更为恶劣。我就想到，通州范公堤外之海滨，直到阜宁县境，南北延长六百华里。可垦之荒田至少在一千万亩以上。可这垦务费时费力，投资巨大，官家肯定不愿意做，说也无用。其实，只要仿照范公堤筑成江苏省内黄海之滨一个长堤，沿海百姓自有陆续报垦升科。不到二十年，至少可以增加二三百万亩的棉田。每户农民领田二十亩，可供给十万或二十万户之耕种，以每户五口计，可供五十万或一百万人之生活。这种事业我如不做，恐怕没有第二个人肯负此责任也。"

徐乃昌竖起了大拇指，但他觉得张謇还有一个很重要的原因，就是解决了大生的棉源问题。

张謇笑了笑说："当然，还有一个很实际的原因，兄台肯定也能猜到，就是大生纱厂的棉源问题得到有效解决，这也是大生刚盈利就先创办通海垦牧公司的直接原因。"

徐乃昌有些不解地问："这不毛之地都会成为良田？"

张謇捻须道："这件事我正想向您汇报，因一场牢狱之灾，奏请刘大帅许可，下一步还得承办盐业。您是盐巡道，还得恳请您的支持。"

"我就说嘛，很多地方整个的就是盐滩，怎么可能种出庄稼，果不其然，季直还留有后手。这盐业可是块肥肉，在您想之前都是官家经营，当然不乏监守自盗，打着官家的名义卖私盐的，这是假公济私，偷税漏税甚是猖獗。这下好了，商营首先保住了税收，把一切做到明面上，我自然支持。"

"乃昌兄秉承翁师风范，一直是官场的一股清流，可谓为官一任，造福一方啊！"

"季直啊，当今朝廷污浊软弱，而我如羸萤之火，能做多少益事？早晚都得步您后尘，加入实业行列。"

"这也是现实所迫，本身课税很重，又加上庚子赔款，如果不重视工商业，必将民不聊生。"

"谈起这事，我在日本考察数月，亲历了日本的各个行业，特别是工商和学堂，包罗万象，真的值得我们学习啊。季直如若东游日本，我一定促成。"

张謇透过窗户，看着远处的丁香树，陷入沉思。

五

张謇日本考察之事，徐乃昌一直装在心里，瞅机会玉成此事。

就在这节骨眼上，发生了一件大事，刘坤一病重，张謇约了汤寿潜、李芳园前往江宁总督府看望。没想到传来的却是李芳园去年已经仙逝，这让张謇更是伤感，心里头还是想着当年的琵琶声，如今已阴阳相隔。汤寿潜也唏嘘不已，当年香帅修马路，也是自己挑的头，有幸结识这位琵琶大师，没想到再邀就不在人世了。

刘坤一是南洋通商大臣，是清廷仰仗的柱石之臣，是整个东南地区的主心骨，也是张謇等人办实业的定海神针，有刘大帅在，心里就有底。张謇和汤寿潜马不停蹄地赶往江宁，还没到江宁地界，就传来噩耗，刘坤一已驾鹤西游，永远告别了这方水土。

张謇泪流满面，与汤寿潜改探病为吊唁，急匆匆赶往总督府。

在总督府，张謇拟挽联：

> 吕端大事不糊涂，东南半壁，五年之间，太保幸在。
> 诸葛一生唯谨慎，咸同两朝，众贤而后，新宁有光。

躬身祭拜道："大帅，大清羸弱，列强虎视眈眈，争相割肉，大帅坐镇东南，东南才能自保，学生才有办实业的信心和机遇，富民强国相去甚远，大帅却驾鹤西去，心之痛，无以言表。"

汤寿潜也写了挽联：

> 鹃声犹带月光寒朗月清风怀旧宇，
> 残山剩水读遗诗等闲暂别犹惊梦。

躬身祭拜道："大帅，学生常伴左右，有幸常听教诲，如今内忧外患，您却撒手人寰，化羽而去，国之不幸，民之不幸啊！"

刘坤一的遗像是手绘的，威武严肃，眼睛里好像有万般叮嘱。

幸运的是这年张之洞调任两江总督。

一月份，徐乃昌差人送来一封邀请函，是日本驻江宁总领事馆发出的，邀请张謇参加日本国第五届大阪劝业博览会，虽说日本国劝业博览会已举办五次，但对张謇来说还是比较陌生，询问西谷虎二后才知道，大概就是世界性质的产品展销会，为了殖产兴业，日本急需要推销自己的产品，在大久保利通的倡导下，明治十年初，在东京举办该类型博览会，这已经是第五次了。主要展示和销售机械，美术工艺品等。

近来，通州师范学校正在筹划招生事项，又加上张謇此时的设想是参观学习日本国的教育，特别是师范和初等教育，打算推掉这次参观学习的机会。西谷虎二却坚持说:"四先生,这是个机会,一个全面了解日本工商业的好时机,对四先生来说百利而无一害,四先生不仅办教育,更是以实业起家,要想办好纱厂,日本有许多成功的经验。"

张謇沉思了一会儿问:"西谷先生认为先施行宪政呢还是先办实业?或者二者兼得?"

"四先生可熟悉日本的明治维新?"

"愿闻其详。"

"日本的明治维新是宪政的开端,却不是实业的开端,它是资本家和政治贵族达成的一种和解。从这一点上说,是先有了实业的发展才使得不得不实行宪政。"

"西谷先生和我想的一样,我要把南通建成一座现代城,以此为样板,在全国推开,又想同时呼吁朝廷改革弊政,推行宪政。"

"那四先生更不应该放弃考察机会,劝业博览会的举办对日本产业技术的提高和发展起到极大的作用。"

张謇陷入沉思,在这期间,或者说去日本考察之前,他得物色个胜任校长的人才,他想起了一直帮自己起草各种办学章程的江谦,以真才实学经官方奏保,获"经济特科"文衔。可以独当一面了。决定把二十六岁的江谦从垦牧公司调来任国文课教习,时机成熟后任监理,继而代理校长、校长,主持学校的工作。

"西谷先生,谢谢您。我决定参加这次参观学习。"

西谷虎二露出了灿烂的笑容。

二月底,张謇登上了前往日本大阪的客轮,大阪是西谷虎二的家乡,他修书一封给当地的一位功勋教师小泉三郎,拜托他给予张謇一些方便。

大阪港口。

张謇满脸的惊讶,这不是自己心目中的现代城吗?整个大版可以用一个词来形容——巨大华丽。各色建筑林立,中国式的各种庙楼,掺杂着大量的欧式楼房,直的、弯的大街都宽阔、整洁,即使各色行人走在上面,也没有过多的喧哗，静默是主色调。张謇在看景的同时，也在注意着人群，远远地看见一个瘦小的老头，高高地举过头顶一个牌子，写着自己的名字。赶紧向前走去，看着穿着朴素、干净得体的这位先生，问道："您是小泉三郎先生？"

"啊，张謇先生。跟人们描绘的一样英武。"

这时，张謇才看到，小泉先生虽然头发花白，但收拾得干干净净，精气神好得很，胸前一枚功勋教师的徽章格外扎眼。

来到小泉先生的住处，张謇更是大吃一惊，一位普通教师住的如此场面，虽谈不上奢华，清一色的原木，简洁、朴素、大方，桌凳都是矮矮的，重心极具下移，但摆放整齐。

小泉先生的妻子正在准备饭菜，见丈夫和张謇走进来，赶忙放下手中的活，小碎步快走到门口说："爸爸回来了。"

"妈妈，这就是我常向你提起的状元公张謇。"

张謇虽说接触过许多日本人，但还是第一次听这样的称呼，刚听见称呼小泉先生爸爸时，还以为眼前这位是他的女儿，再听到小泉先生喊出称呼，又见女人的面貌估计和小泉先生不相上下，才敢断定二人是夫妻。见张謇发愣，小泉先生笑着说，这是我妻子千代。

在榻榻米上，小泉怕张謇不习惯于跪坐，就是人取跪姿，然后坐在自己的脚后跟上。就说："四先生可以跌坐。"说完张开腿盘腿坐下，张謇也盘腿坐下。千代奉上茶后，端坐在一旁，也就是并拢双脚跪坐，给两位先生倒茶。张謇知道这是日本人的礼节，也没过多地纠结。

吃完饭，张謇要去宾馆居住，小泉坚决不依，坚定地说："孩子们都已成人，不和我们住在一起，这房子宽敞，五个卧室，四先生没有理由住外边。"

"我要在大阪参观学习四个月，不能总是打扰小泉先生，我还是住旅馆比较方便。"

最终，小泉夫妻没有拗过张謇，静悄悄地把张謇送到松田屋温泉酒店，下榻后，小泉先生并没有立刻离开，而是邀请张謇一块体验松田屋的温泉，这家旅店已接近二百年的历史，幕府时期，松田屋曾经是日本将士们休憩泡汤的场所。客房是传统古朴的和室，典雅又美观，在这里泡汤，闭上眼静静冥想，仿佛真的能穿越到二百年前，但舒适中的张謇却打了个冷战。

晚饭时分，小泉仍没有走，他知道张謇第一次来日本，对于日本的特色饭菜不甚了解，这些都代表了日本的文化，作为一个资深教师，从内心里想让这位状元公了解日本。

小泉对张謇说："四先生，我们今晚不妨尝一尝日本名吃——寿喜烧。"

张謇不会讲日语，但没想到小泉一直操着一口流利的汉语，禁不住问了一句："小泉先生在中国生活过？"

"四先生有所不知，我在中国做外交官多年，因不满军部的所作所为，就辞职回国做起了教师。"

"哦，原来是这样啊。"

一个身穿和服的侍女，低眉顺眼地迈着小碎步走过来。她先用猪油擦一遍锅底，放上葱段、豆腐、魔芋丝，淋上酱油。待开锅后放入一片稍肥的牛肉。之后便退下了。

牛肉基本烫一下就熟了。小泉用筷子一夹，轻松分成两块。张謇学着小泉的样子，也来了一块。

小泉说道："四先生，可别小瞧这一小碗的生蛋黄酱，它可是寿喜烧的精髓。把滚熟的牛肉蘸着蛋酱吃，爽滑鲜美的蛋液更能激发出牛肉的口感。既能让牛肉更嫩滑，又能瞬间降温不烫口。捞出来，滑溜溜的。您来试一试。"

"真的是太美味了！"张謇赞不绝口。

"配的菜涮一下也都非常好吃，尤其是葱段，我这个不爱吃葱的，都当正菜吃了。"

"真的，这葱段又甜又多汁啊！"

小泉又点了菊屋莺饼和羊羹糕，还要了些金平糖，都是些日本传统名吃。

"四先生，您尝一尝菊屋做的莺饼。相传是菊屋创始人治兵卫在一次茶会中为郡山城主丰臣秀长制作的和果子。因为莺饼口感极佳，得到了丰臣秀长的盛赞，本家菊屋的和果子从此一炮而红，成为日本和果子界的传奇啊。"

张謇尝了一块，甜甜的、软软的，有入口即化的感觉。张謇又尝了一块羊羹糕，清甜可口。没想到，日本的饭菜虽没有中国的多样化，但也有自己特有的一些东西。

小泉见张謇皱起了眉头，感到有些不安，轻声问道："四先生吃不惯这个口味？"

张謇叹了口气说道："小泉先生应该知道，中国和日本是一衣带水的邻邦，可日本总是想从中国巧取豪夺。要不然，就从饮食上都有相互借鉴的地方。"

"四先生，非常对不住。军部都把日本的扩张写进了教材，我为他们感到耻辱。但胳膊拗不过大腿，很多老师因为有反对的声音，而被学校辞退。"

"是呀，就像这晶莹剔透的羊羹糕配上的却是一杯苦涩的清茶啊。"

小泉惭愧地说："我想世界应该像这盘金平糖，柠檬味的、汽水味的、草莓味的……您说呢，四先生？"

"小泉先生能持有这样的观点，让我倍感欣慰。看见了大阪，我想到了我心目中未来城的样子。除了教育之外，我还要办电厂、铁厂等，就像这松田屋酒店一样，让家家户户都用上电灯。"

六

张謇在小泉的带领下，先去了劝业博览会的现场，虽没有开馆，但很多场馆已摆设停当。城南区天王寺里里外外熙熙攘攘，张謇有意识地寻找中国展馆，虽然大生没有展品，张謇还是非常重视中国在此设馆，机器的纺纱织布是洋人的特长，自然张謇不会拿自己的纱布去和洋人争个所以然。张謇没有随参展的清廷邮船一块前来，一是没有自家的产品，二是不愿掺杂那些烦琐的程序。

张謇远远看见中国展馆几个字，打着招呼，快步走过去。那边的驻日公使杨枢顶着二品官服，赶紧过来招呼，其他人只是在那儿说说笑笑，没有人理会这位青衣小帽的造访者。

"杨大人别来无恙啊。"

"季直兄怎么没随朝廷邮轮一同到达？"

"哦，我这次来主要是考察日本教育，随船一起来会多有叨扰，不太便利。"

"自从甲午恩科，季直兄高中榜首，传胪唱名之后，再没有见过面啊。一晃快十年了。听说季直兄在通州大展身手，搞得红红火火。"

"杨大人官运亨通，已官至二品，可喜可贺。这位是小泉先生，日本一友人。"

"小泉先生在哪高就啊？"

"杨大人说笑了，我是大阪一普通教师。"

杨枢一眼看上了小泉别着"功勋教师"胸章，大惊。他在日本待了多年，了解日本的民情，这功勋教师必须有三十年以上教龄，比达官贵族更受尊重。明治维新到现在也不过三十五年，从教三十年的不多，功勋教师更是少之又少。

杨枢一拱手道："小泉先生在日本可是大人物啊，失敬、失敬。我给二位介绍一下：贝子载振、侍郎那桐、左丞瑞良、左参议陈名侃、侍读学士毓隆……这位是恩科状元张謇，这位是功勋教师小泉先生。"

这次来日本参展，工商人士中有张謇的名字，而且排在第一位，作为商部尚书的载振没想到张謇会不给他脸面，独自前来，而且也没给他请示，心里很是不爽，似笑非笑地说："状元公，你应该还吃朝廷的俸禄吧？"

张謇感到了恶意，但不露声色地说："拿不拿俸禄，我都是吃的大清的饭，每一片土地莫非王土。"

"那你为什么不随考察团一起来大阪？"

"我这次来日本，不单单考察工商，还有社会、政治、教育，甚至大阪城的布局和建筑，怕随团多有不便。"

旁边的那桐傲慢地"哼"了一声，他心里想的却是：你张謇再折腾也不过是他们满人养的奴才，如此放肆就是对朝廷不满。一直包庇你的刘坤一已经归西，看你还能蹦跶多少天。

其他的人只是点了点头，根本就没把张謇和小泉放在眼里。

小泉看着清廷派来的庞大队伍，穿着崭新的官服，不禁皱起了眉头，心里想：这是来参加会展呢？还是组团旅游？

见着这帮光鲜亮丽的官员，没有一个动手摆放物品的，干活的都是雇佣的日本人。张謇内心烦躁和愤慨，据说这次组团光清廷拨款就三万两白银，再算上地方跟进，还不知道花多少钱。不用说朝廷没钱，就是坐拥金山银山，如此豪费，结局可想而知。

张謇不想再和他们逞口舌之强："杨大人，还是等展会开始后我再来吧。这会儿我想看一看大阪这座古城。"说完一拱手，潇洒地离去。

那桐说："贝子，如此不识抬举之人，您对他那么客气。"

载振笑了笑说："我们满人注重的是骑马射箭，说起锦绣文章还是汉人的强项，而这张謇更是出类拔萃，我想既然他来了，他就有义务为我们写奏章，我们只管享受就是了。"

"他会替我们写奏章？"那桐满脸疑惑。

"他会写的。"载振满脸狐笑。

张謇转过一个弯刚要离开，一眼瞅见一个特殊的展馆，这个展馆没有物品摆放，赫然写着"学术人类馆"，张謇大惊，问小泉："先生可知这个展馆的情况？"小泉尴尬地说："四先生有所不知，据说东京帝大教授坪井正五郎建议建立该馆，具体展示什么我还不是很确定，我这就去找负责人问问。"

小泉刚走开，有四个日本浪人说说笑笑地走过来，看见张謇站在"学术人类馆"门口，大笑着指指点点，嘴里不停地吼着："支那人，这展馆就是为你准备的，劣等的人种！"张謇虽然不懂日语，但见此情景，心里也明白了许多，愤怒之情灌满全身。日本浪人见张謇发怒，更加得意放浪，四个人把张謇团团围住，嘴里吼叫着，像围猎动物一样，要对张謇动手，张謇握紧拳头，准备以死相搏。

　　"浑蛋，你们想干什么？这是我们尊贵的客人。"

　　四个浪人愣了一下，看了看匆匆奔过来的小泉，拱了拱手，一声不吭地离开了。张謇倒是不理解了，同样是赤手空拳的小泉，却有如此大的气场，一下子就把几个浪人喝退，稳定了一下情绪问道："小泉先生，您用了什么魔法喝退了那些浪人？""哦，这些人都被军部洗脑了，真的对不起四先生。他们之所以离去，是因为我胸前这枚勋章吧。"

　　这时一个穿条形和服的中年人走过来，小泉介绍说："四先生，这位是这个展馆的筹设人西田正俊先生。"

　　张謇拱了拱手问："西田先生能介绍一下学术人类馆吗？"

　　显然，西田正俊懂汉语，拱着手说："刚才小泉君已介绍过四先生，这个展馆是坪井先生策划的，源于巴黎万国博览会，主要展出印度、爪哇、中国、朝鲜、琉球和台湾人种，还有日本北海道爱奴族。"

　　张謇愣住了，不解地问："为什么展览这几个人种？"

　　西田正俊昂起了头，有些严肃地说："因为他们都是落后人种，便于研究文明的进程。"

　　张謇大怒道："岂有此理！我向贵国提出严正抗议！中华文明源远流长，是日本民族一直学习的榜样，怎么说是落后人种。"

　　西田正俊狡辩道："四先生，这只是限于学术研究，并没有触及贵国的利益。"

　　"西田先生，如此侮辱的行为，你竟然觉得没有触及国家利益，真是强盗逻辑，我不能接受，中国人都不会接受。"

"这个牵扯到日本国的许多意图，不是我一人能够决定的，请四先生谅解。"

"西田先生，一个民族，像一件物品放在这儿供世界品头论足，是日本国的意图，这太可笑与荒谬了。"

小泉涨红了脸，不愿再待在这儿，拱手道："四先生，我们走。在这儿讨不到结果，我们另想办法。"

张謇看了看昂着脑袋的西田正俊，转身就离开了，今天他已没有心情游览大阪城了。突然记起驻日公使杨枢，就折回中国展馆。

张謇一五一十地告诉杨枢刚才的情形，杨枢一直紧锁着眉头，这件事杨枢早有耳闻，但站在一个弱国的立场上，他没有做出反抗。如今听张謇这么一说，心中也像吃了苍蝇，毕竟他是驻日公使，发生这样的事，装聋作哑显然说不过去。

"状元公，这件事我会向日本政府交涉。也会电告朝廷，敦促日本政府撤展。"

张謇见一时半会儿也弄不出个结果，就回到松田屋温泉酒店。顺便拿起侍女送过来的《大阪朝日新闻》，报上刊登了坪井正五郎策划的《人类馆开设趣意书》，以调侃的方式掩盖了事实的真相，文章中隐隐透露出日本向外扩张的真实意图。这件事让张謇如坐针毡，无法释怀。

一夜未眠，张謇起身洗漱，顺手拿起侍女刚刚送过来的《浙江潮》，才知道这是在日中国留学生主办的杂志。其中，中国留学生以悲愤之情表达了对人类馆的看法。

张謇这时才感到异国他乡的无奈，焦虑之余无有他法，静等小泉的到来。小泉处理过身边的事，早早地赶到张謇住处。

张謇劈头就问："小泉先生，这件事不是小事，代表一个国家的形象，纯粹是侮辱。您可想到良策？"

小泉说："还有一个办法，就是找一个有威望的人疏通这件事。"

张謇沮丧地说："在中国，让我找几个重量级人物出面，应该没有问题。可现在在日本，我真不认识权贵。"

"四先生，日本和中国国情不同，有些人虽然不是高官，但也很有分量，最好他是中国人，这样更有力度说服举办方。"

"除了驻日公使，我还没想到哪位认识的人有分量。"

"有个人，他是华侨，在日多年经商，名字叫孙淦。"

张謇一拍大腿，腾身曰："此人我认识，因与汪康年相交，有两面之缘。可他是一位普通商人，能有多大分量？"

"他虽是一位普通商人，但他热爱公益，推广'红十字'，深受日本当权者尊重，说话极有分量。"

"好，现在我们就去登门拜访。不知小泉先生是否方便？"

"我已调整了休假，这段时间专门陪同四先生。"

在张謇拜访孙淦之前，早有留学生组织给他讲起过这件事，他已登门约会过西田正俊，西田正俊答应取消中国人的展示，但还得看看当地政府的意思。孙淦也表达了对台湾的意愿，但西田正俊声明台湾已归属日本，属于日本内部事务，没有采纳。

这件事，驻神户的领事也多次前来交涉，就该博览会中特设人类学馆，内置一二中国人，表演我国腐败旧俗，以代表我国民全体，有辱中国尊严的展示，深表抗议。留学生们更是忍无可忍，商定以留学生会馆的名义，致函国内正准备派往大阪博览会的各省官商，告知日方在大阪博览会上有严重损害我国家尊严之举，劝告他们不要前往大阪。此事引起日本政府重视，他们深怕事态进一步扩大，引起世界舆论哗然。遂下令大阪地方官干涉此事，答应中国留学生的要求。同时，朝鲜也如法炮制，最终也得到了应允。

这件事已办妥，张謇兴致开始涨上来，决定去大阪城一游。

这个季节，对大阪城来说惬意得很，气温适宜，平均温度十一二度，唯一让人诟病的是湿度比较大，阴晴不定，好好的天气，瞬间就会下雨。如果三月底就好了，那是樱花盛开的季节，常常有日本文人志士，樱花下击掌而歌，感叹岁月匆匆，人生苦短。这件事，自然不和张謇的胃口，对于一位废寝忘食的实干家，他是没那么多闲情逸致的。他所瞄准的是大阪城的规划。

大阪城的外围是濠，也就是充满水的护城河。从大手门进入，豁然开朗。南部是一大片墓地，是日本人敬重的神道，建有神社供奉。再往里走就是内壕，里面没有水。这儿不得不提几点：一个是种有众多樱花的西之丸庭园，据说是观赏夜樱的好地方，但现在既不是夜间也不是樱花盛开的节气。再一个就是大阪城里尤为著名的天守阁，它是气势恢宏的城门和沿着护城河而建的塔楼。天守阁气势非凡，外观五层内部八层，外部有金光闪闪的镀金浮雕。在第八层上设有展望台，可以一览大阪城的景致。

经过一天的"勘察"。在张謇的心里，用勘察更为合适。张謇觉得大阪城大开大合，一点都不拘谨，像极了中国的上海，但风格又与上海差别很大，时尚中透露着古韵。张謇更看重的是近年来糅和进来的时尚元素，这些应该是他心目中通州现代城的主色调。

第五届劝业博览会终于开展了，在这之前张謇多次深入大阪留学生会馆，结识了一大批有志青年，很多是兴中会成员，而且正在酝酿成立全国性组织中国同盟会，主张用革命的手段推翻清王朝，成立共和政府。这与张謇主张的君主立宪出入很大，但张謇并没有因为政见不同排斥留学生，而是想给他们一些力所能及的资助。其中有一件事令他震动很大：第二次去留学生会馆，他碰上了身材矮瘦，穿着满是补丁，吃着干饼子温书的李四光，满是怜惜。了解到李四光来自湖北黄冈，学习造船业，竟然是因为甲午海战，北洋海军输给了有着先进远洋舰的日本海军。十四岁的年纪，如此单薄的身躯，如此恶劣的条件，却有着非凡的志气，让张謇倍感中国之希望在少年、在青年。

几次去留学生会馆，张謇萌生了让朝廷关注留学生生存现状的想法，他直接找到杨枢，告诉他留学生的一些实际情况，希望引起政府的注意。没想到杨枢似笑非笑地说："四先生不是不知道，朝廷现在官员的俸禄都发不全了，哪还管得了这些？倒是四先生有心可以捐助一些。"

张謇道："捐助是捐助，朝廷是朝廷，朝廷拿出来的不只是银子，还有对留学生的关怀和政治影响，能让他们在异国他乡抬起头来。"

"四先生能捐出多少，我就以官府的名义筹集多少，也免得背后有人戳脊梁骨。"杨枢断定张謇也不会出多少银两，摆出一副很有格局的样子，唬一唬人而已。

没想到张謇眉毛都没皱说："我先捐助一万两，直接通过留学生会馆，分到留学生手里。希望杨大人不要食言啊。"

杨枢心下一凉，没想到自己把自己卖了，真不知这一万两从哪儿筹集，他忽然想起一人，张謇捐了银子，这人没有不捐的理由，况且他又不缺银子。绷着的眉头渐渐舒展开来。

"四先生捐银子可不能没有动静，国内的大报小报得造造势，我好向朝廷要银两。最起码在上海得叫响，让盛宣怀大人塞满耳朵，事就好办得多了。"

张謇没想到杨枢是个滑头，盛宣怀的德隆纱厂很想把大生压下去，当然，他也不会让张謇过于风光，总想搞事抢风头，这要是把捐款的事搞大，盛宣怀肯定想办法压一头，正好中了杨枢的圈套。不过想想，这样更好，免得朝廷只是一纸空文，留学生这边只挂了个朝廷资助的名头，无法兑现。

张謇离开公使府，直奔劝业博览会现场，各国展馆已全面开放。转了一圈，张謇发现洋人的展馆大多展现大型机械，就日本除了大型机械外，多了些艺术品。而中国展馆展出的茶叶、丝绸、药材和古董，还停留在老祖宗的福荫里，没有一点现代气息。很明显，洋人和中国出现了代差，中国还没从文明古国走入现代文明。这更加坚定了张謇建立通州现代城理想。

张謇再次来到"学术人类馆"，发现几名年轻人正在与展馆举办人员理论，原来展馆里雇佣了一个穿中国服饰、缠足的女人。一开始，这女人说自己是湖南妹子，几位留学生找来一名湖南籍同学，以方言求证，结果大跌眼镜，这个女人并不会说湖南方言。和举办方求证后，才知道这个女人是台湾人。

"西田先生，日本官方已明确承诺不展出中国人，你们私下里怎么还雇佣这位女士？"

"她不是中国本土人，是台湾相关人士介绍来该馆工作的，我们并没有违背承诺。"

"你们这是掩人耳目，明明这是展览缠足陋习，是我等亲眼目睹、亲耳所听，我们提出强烈抗议。"

张謇见学生抗议无果，西田正俊并不想改变已有的现状。张謇只好通过杨枢拜访了贝子载振，希望他出面，代表大清朝解决此事。贝子载振认为人类馆事件有辱皇族体面，如果日方一意孤行，大清将退出博览会，立刻返程回国。

日本官方认为博览会有助于推动日本在清、韩两国的商业利益，人类馆事件不仅使日本的初衷化为泡影，还令日本帝国多年苦心经营的两国官方及民间的良好关系明显受挫。东京、大阪的各级官方迅速做出了反应，干预此事，最终解聘了那位缠足女人。

七

张謇结束了七十天的考察回国了。

张詧接到电报后在码头等候，张謇下船挥动着右臂向张詧走来，脸上洋溢着自信，见到如沐春风的四弟，张詧心中一块石头落地，他知道四弟一定收获满满，不虚此行。

"四弟，气色不错啊。一定满载而归呀！"

"哈，三哥。这次看得透彻。不是一般的收获啊。"

"那就好，大家都在学校等着你，先给大家讲讲再一块吃饭。"

"好哇，吃饭就安排在学校食堂，让厨房里宰两只鸡，犒劳犒劳大家。"

"这个你放心，我已叮嘱厨房，连学生的饭菜一块改善了，这钱我出。"

"三哥，这怎么行呢？"

"四弟啊，三哥还要做事呢。这顿饭就算联络一下感情，也借着你考察回来蹭点热度，给三哥树树威望。"

"三哥啥时候都是三哥，很多东西还得从三哥身上学啊！"

张謇以为大家在校长办公室等他，到了才发觉师生都集中在教室，就等他的到来，徐生茂从张謇手里接过行李，奔跑着放回宿舍，跑回时先生的精彩演讲刚刚开始。

张謇让学生搬走讲桌，直接站到讲台上。最先开讲的是日本的师范教育：首先让人刮目的是"多"，日本初学美国，全国建有五所师范学校，有的说八所，学生不足二百人，教科书文部省统一编纂。可如今，各府县各建一所师范学校，又增建女子师范学校，广设幼稚园，教科书也屡修屡改，更适合教授，大大提高了学生成绩。日本教育的命脉在政府有知识能定兴趣方向，士大夫不但赞成还能担责任，形成上下同心，才有今天这个局面。不像现在我朝之中，一室之内胡越异怀，一日之中朝暮异趣，误国误民。

二让人刮目的是"严"，端午节那天，我观礼了大阪小学三十年校庆会，风雨中，小学生行列不乱，士气高昂，口号响亮，无一点懈怠，足见三十年之成效。

三让人刮目的是"律"，日本师生高度自律，无论贫富入校饭食和就寝都是统一的。学生日常膳食：两片生鱼片，两条小鱼，两片咸菜，各放入小碟，每天都是这样。除非遇到重要节日，改善生活，外加鸡蛋炒牛肉片等。

……

对于日本教育的长处，张謇侃侃讲出了八九点。接着又着重讲述了日本的实业，特别是制盐业和航运业。关于河流等的污染恶臭，只是装在了心里，并没有讲出来，优秀的人盯住和放大的都是优点，至于缺点就像警钟一样悬在心头。

张謇一直琢磨着物色一位管理学校的人才，类似于执行校长，或者叫学校总监。其实，他心里早就考察着一个人，就是品学兼优的江谦，自从结识江谦以来，他就把他规划到自己事业的圈子里。想想自己年轻时就出人头地，更加坚定了他不遗余力地举荐后辈。办学初期，他就把起草学校章程的事责成江谦，这时候火候已到，应该委以重任了。

江谦这时正在睡觉，徐生茂嗷的一嗓子，江谦一个骨碌爬了起来，瞪着眼睛说："啥事啊？吓死个人呐！"

徐生茂气喘着说："四先生让我来请你。"

"请我？你啥时候这么客气了。"

"我琢磨着你要挑重担了，到时候别忘了兄弟。"

"啥？我这跟着三先生干得正带劲呢。你等等，我得先跟三先生打个招呼。"

其实，张謇在做决定之前给张詧沟通过，江谦是块学习做学问的料，从起草章程上看，对管理也务实可信。张謇见江谦匆匆迈进来，就和颜悦色地问："不好好休息，这么匆忙为何？"

"三先生，四先生找我，我来告知三先生，免得找我不在。"

"哦，这一年多辛苦你了，总是在半夜里巡视车间，没睡过囫囵觉。"

"三先生的意思我不太明白，这是要赶我走吗？"

"快去吧，免得四先生等久了，抽空常回大生看看。"

江谦丈二和尚摸不着头脑，但心里还是嘀咕着：千万别让我去学校啊！

江谦现在的工作是协助张詧管理大生纱厂，就是半夜里巡视工厂车间，看到睡眠者，就搭话问安，至天明后复就寝，也就是工厂管理中，歇人不歇机器，工人三班倒。自从南洋公学辍学后，江谦视学校如畏途，确实是个拼体力、费脑子的地方。

"易园啊，你知道我叫你过来为什么？"

江谦摇了摇头，沉默不语。

"自古，物尽其用，人尽其才。学习期间，你品学兼优，是可塑之才。而现今正是急切用人之际，你要挑重担了。"

江谦仍旧沉默不语。张謇看了看肃立面前的江谦，笑着说："从今天开始，你就以教师的身份入通州师范教授国文，有基础后，再委以重任。"

江谦仍旧沉默，他心里在剧烈地进行思想斗争，是否答应四先生。

"易园，从进得门来你就没说一句话，不知为何？"

江谦深施一礼道："先生知遇之恩，我深有感知。为完成先生的兴学育才之宏愿，我将全力以赴助力先生。"

张謇点了点头说："易园，你一直求学问道，为的什么？"

"富民安邦！"

"民富才能国富，国富才能安邦。而民智开化是富民的根本，开化的钥匙在教育，而教育的根本在办学，办新学。"

"谨听先生教诲，倾我所有为之。"

张謇满意地捋了捋胡须。

第十二章 求 索

路漫漫其修远兮，吾将上下而求索。

一

"师爷，德隆纱厂近来如何？"

"老爷，纱厂仓库存货拥挤，销售渠道不很畅通。"

"什么叫不很畅通，卖不了就是卖不了。原因在哪儿？"

"洋纱充斥市场，再说大生势头正旺，在长江流域和东北市场占了大的份额。"

"看这阵势，大生不是占了大的份额，而是把我们挤兑了，今天说话遮遮掩掩，一点都不利索。"

"东北市场，我们很难挤入啊！"

"为什么？我们纱布质量不行？"

"老爷有所不知，纱布质量我们和大生半斤八两，德隆的纱布并不差。主要是人脉，帮助大生起家的沈敬夫，原本就做布匹生意，在东北广有声誉，老客户很多，大生发迹，他却坚决请辞退出，只专心经营布匹生意，这一操作，让他名声大振，在奉、吉、辽、沈很有信誉和人缘，此人帮了张謇大忙。"

"你的意思是我们坐以待毙？无可作为了?!"

"老爷，也不是没有缝隙进入，大生内部也有争斗。前段时间张謇三哥张謇接手管理大生，替代了刘桂馨的位置，刘桂馨觉得自己受到了排挤，一肚子怨气，厂里流传重亲轻友。"

"师爷的意思是？"

"老爷，刘桂馨失势，最不满的却不是他，而是他的一个侄子，是他结拜大哥的独子。这人掌管杭州的进货出货，是大生杭州的代言人。关键是此人好赌，虽然赌的数额不大，但赌瘾不小。"

"哦，是这样啊。"

"我买通赌坊给他做个局，让他欠上一大笔赌债，不怕他不听摆布。"

"以我对刘桂馨的了解，此人虽有点傲气，但也不是狭隘之人，他不会惯着他侄子，知道后一定重罚，这条线也就断了。"

"老爷，我们做得隐蔽点儿。等他们发现事情已成定局，杭州的市场已是我们的了。"

"好，放手去干吧。"

大生纱厂办公室，张謇正在听各处市场的汇报，当听到杭州市场完败的消息后，大为吃惊。他心事重重，但没有立即声张，而是找来了刘桂馨，沟通了杭州的形势。刘桂馨也感到很吃惊，杭州销售业绩一直名列前茅，怎么这半年的时间里，一败涂地，他想亲自去看看。

一到杭州，布店一条街充斥着德隆纱厂的布匹，几乎见不到大生的魁星牌，他没有直接奔向大生的布店，而是选择了一家装潢比较豪华的布店，问伙计："你这店里为什么没看到魁星牌布料？"

"哦，客官想买布先看一看德隆的布匹吧。看看质量怎么样？"

刘桂馨抚摸着光鲜的布匹："质量好是好，但我更喜欢魁星牌的，那可是独占鳌头的品牌啊。"

"客官，您不是本地人吧？魁星牌布料没问题，关键是价格总是贵上那么一块。对于买布料的客人可能无所谓，但对我们布店损失可就大了。"

"哦，那我做件袍子，你看看我这身量需要多少？"

"客官您稍等，我给量一下。"

"这价钱？"

"客官放心，价钱自然公道。几乎跟我们店买进魁星牌一样钱。"

"你们的棉纱呢？也是德隆的？"

"当然，棉纱我们卖的比从大生进货都便宜。客官要多少？"

"这样吧，我先去大生纱行、布店了解一下。真像你说的我再进货。"

"客官尽管去，货比三家嘛。"

刚到大生纱行，还没进门，早有伙计迎出门外。刘桂馨来过纱行两次，一次是纱行开张的时候，另一次就是送侄子刘全掌管杭州纱行。那时候他知道杭州是个花花世界，一路叮嘱刘全远离嫖赌毒。

刘桂馨屁股一沾椅子就问："刘全呢？让他抓紧过来。"

"掌柜的正不在，我这就去找。"

"上哪儿找？到底去哪儿了？"这时刘桂馨脸都绿了。

"这——可能——"

"走，带我去找他！"

伙计这时已不敢怠慢，领着刘桂馨去了杭州最大的赌坊。这家赌坊建在日本租界拱宸桥，这让刘桂馨更加气愤，不用说这赌坊日本人定分一杯羹，盘剥的却是中国老百姓。

刘桂馨没有理两个凶神般把门的，昂首走进赌坊，一眼就看见瞪着铜铃般眼睛的刘全，走过去劈脸就是一巴掌，刘全立刻就蒙了，刚要张口大骂，嘴张开就没再合上。

"叔叔，您怎么来了？"

"不成用的东西，还不快滚！"

还没等刘全转身，赌坊的几个保镖围过来，领头的一个问："谁这么大的胆子，敢在徐爷的地盘上闹事？"

"我在教训我的侄子，不干你们的事。"

"教训侄子，回家教训。在这儿刘客官就是我们赌坊的座上宾，容不得你撒泼。要想走就把赌坊的银子还了，要不谁也别想走出这个门。不过要走也可以，留下一只胳膊作为信物，凑足银两再赎回去。"

刘全吓傻了，心里想：赎你个头啊！胳膊砍下来还能再长回去？"扑通"跪下，抱住刘桂馨的腿，一把鼻涕一把泪哭起来。刘桂馨的结拜大哥就这一个儿子，原本推荐给张謇，盼他有出息，娶妻生子，光耀门楣。现在倒好，要被人砍掉一条胳膊，面临残废，真让他忧心忡忡。

刘桂馨虎着脸问："欠赌坊多少钱？"

"刘掌柜，你自己说说吧，免得说我们赌坊欺负人。"

"这——三千多两吧。"

"啥？三千多两？"刘桂馨目瞪口呆。这三千多两用到正道上要办多少事啊！刘桂馨平静了一下心情，问："你们大东家是不是叫徐宝山？"

"那是我们家老爷。"

"我和你家老爷有些交情，让他宽限几天，一定凑足银子还上。"

"丑话说到前头，上海、江浙一带全是我们家老爷的地盘，不怕你跑到天涯海角，今天就卖你个面子。兄弟们，让他们走。"

刘桂馨一甩袖子，自顾自地走出赌坊。刘全和伙计赶紧跟出来。

走出赌坊，刘全胆子大了起来，抢先说："叔叔，您不要问我纱行的事，我知道有人给我做了局，用赌债逼着我抬高纱价、布价。就是没有这一出，我也气不过，凭什么大生在您手里起死回生，哗哗挣钱了，却又交到张謇手上。这还有天理吗？"

"畜生！跪下！！"

刘全一哆嗦，跪了下来。叔叔没有男孩，从小惯着他、疼着他，从没见过他发这么大的火，不敢再吱声。

刘桂馨长叹一声道："我们刘家怎么出了你这孽障，不懂礼义廉耻！简直是下流之至！！这一码归一码，董事会调整人，是要举手表决的，这大生纱厂不是刘家的，为什么非得我来主持。可你做了什么！这是在犯罪！！完全可以法办！！！如果不是及时发现，有多少人会因你家破人亡，毁了大生的未来！"

"叔叔，您救我呀，我可是您侄子啊！"

"唉，我也保不了你。你现在抓紧回通州向四先生请罪，一五一十地说清楚，四先生念你年轻，也许会从轻处罚。大生你是不能待了，另去谋份职业吧。"

二

光绪二十八年七月，两天了，远处的群山特别清晰，平常模糊的绿格外新鲜，东边卷得像羽毛一样的云彩越聚越厚，白天吹向海边的风也乱了方寸，垦牧工中的一位老农告诉江导岷，近期要有台风来袭。

江导岷一下子重视起来，他早就听当地人说：今日潮明日雨，当地垦牧异常艰辛。所以，防潮大堤应该宽五米，他会加宽到八米，应该高三米，他会抬高到五米，这件事他早给张謇汇报过，张謇鼎力支持，他明白辛苦是怎么泡汤的。眼下要做的就是把应急休息的帐篷收起来，加固丁荡海神庙，快速把这件事报告给正在忙于办学前期工作的张謇，了解此事后，张謇立刻亲往现场。

果然，第三天晚上，风雨交加，就算是七八十岁的老人都惊讶于这风雨之大，记忆中未曾遇到过，江导岷随张謇一起组织垦牧队伍，一块儿躲进海神庙，还有周围建的土坯房屋，没想到台风一刮就接近一周，这天终于放晴，风也停了。张謇和江导岷站在堤坝上，满眼狼藉，不堪入目。幸好由于防御工作做得好，灾害之后，估计修复需要万两白银，而补筑工竣不过八千，让张謇甚是欣慰，更加重视江导岷，垦牧工作几乎全部仰仗他了。

这时候，江导岷向张謇建议：垦牧区域地处江边，遇到的最大难题是抗击风潮，为了减少损失，应该广疏沟渠，高筑房屋地基，使得住所和仓库，能抗击风雨和潮水，张謇一一采纳，让江导岷放开手脚，高标准严要求。

一次，建一存棉仓库，地基已选好，技工考虑到地势比较高，直接起屋，地面是实地，比较结实。屋墙垒了接近一半了，江导岷用测准仪量了又量，觉得地势最少再抬高半米比较妥当，立即让人将墙拆除，又抬高了一米，用三合土砸了墙基，重新起屋。这件事传到张謇耳朵里，张謇在大会上郑重地表扬了江导岷，说是做事实靠，乃成事之基，万事当效仿之。

果不其然，光绪三十一年八月初，爆潮以迅雷不及掩耳之势袭来，狂风掀起巨浪，排空蠹起，跨堤而入。江导岷与龚伯厚、李伯韫等诸人，皆昼夜守护危堤，出入于狂风暴雨之中，与骇浪惊涛相搏，夜半编筏凫水，整晚不休息。这样，从工头到普通垦牧工，没有一人退缩，直到浪潮退去。整个牧场几乎全部淹了，次年春动员了三千余人修堤，并筑格堤。由于房屋仓库建得得当，得以全部保存。

时年，江导岷的母亲病重，他仍然丢不下手头的工作，张謇写信给他说："尊堂病剧，如何可留？"催促他赶快回家。张謇说："通海垦牧公司之地，天下最难垦之地也。知其难，而欲以是为凡易垦之地倡，故为之。"江导岷深知自己所承担使命的重大意义，所以他在困难面前从不低头。而垦牧工作正在关键时刻，自己如何能够分身？令江导岷没想到的是，张謇早已雇好了马车要随他一块奔赴江西婺源江湾镇，这让江导岷异常感动。江母临终前握住张謇的手，浊泪模糊了一颗快要停止的心脏。

原本江导岷应该守孝三年，但江母临终遗言：不必拘泥于世俗礼节，速速跟随四先生办实业。以防乡邻误解，让族里人告知乡邻，儿若不听，方为不孝。张謇也没想到江母有如此格局，对江导岷更加倚重。

这时候，各地纷纷闹起学潮。张謇怕影响学生学习，他不是让学生不关心政治，但学生以学业为主的观念不能变，主张严格实行学校章程。

张謇找来江谦道："易园，近来多地学风松垮，导致学生放下主业，走向街头做些不明就里的事，我担心会影响通州师范。"

"四先生担心的极是，近来学潮影响，导致校风松动。"

"学生不是不能关心政治，我担心他们会受许多不良思潮左右，做出一些过激的事来。从今天起，你代替王晋藩、马锡吾任学校监理，负责学校实务，我不在时行使校长职责。"

"四先生给我如此重担让我心下惶恐，自己感觉阅历不足，选一经验丰富的监理，我做一助手方可。"

"青年人应有大作为，你师母也是这个意思，她总是提醒我，疑人不用，用人不疑。你自少年就崭露头角，早就应该委以重任，只是原觉你对学校业务不太了解，才先以国文教师介入，应该独当一面了。"

江谦感觉责任重大，低着头走出校长室，又低着头走进办公室。到了下午张謇组织全体教职工和各位校董开了大会，在会上公布了江谦的新职务，大家都给江谦道贺，但江谦一点也高兴不起来，内心久久不能平静，很是担心辜负了恩师的栽培，接连三天彻夜难眠，夜半忽起，望着皎洁的夜光，心潮澎拜，忽然发现群星有疏有密，井然有序，悟得"宽严"二字，就像群星过密显得拘束，过稀就无章法，稀疏搭配才能相得益彰，办学也应宽严相济，缺一不可。既要严格遵守章程，又不能完全拘泥于章程，一些情理中的事既要有理有据，又要合情合理，不能一刀切。

第一个礼拜，要求学生背诵学校章程，达到能够默写章程，作为学生考试成绩之一，人人达到满分，否则抄写十遍。江谦认为，要想遵守学校章程，必先烂熟于心，而章程也就十几条，以招收学生的素质，背诵默写不是难事，故要求实打实的严，结果一周后测试全部通过。

接下来，一个月规范学生的行为，不左不右，行中庸之道，包括文明用语、吃饭姿势，甚至走路都有所要求。两月之间应合节拍解决困难，而校风肃然。办学路上，初有小成，江谦并没有沾沾自喜，而是和张謇商量，学校应走务实这条路，特别是师范生将来都是教师，更应该能耕能读，吃苦耐劳。查阅典籍，两汉学风最为恰当，开办农场为实习场所，矫正空读风气。通州师范所立的校训是"坚苦自立，忠实不欺"。在江谦看来，"坚苦自立"是要通师人克服一切阻力，立己立人，"忠实不欺"更是通师人自立自强、做人做事的根本所在。江谦身为通师人，自然深明其中蕴意，所以他上任伊始就开展了制定校训的活动，进而提出以"诚"为校训，认为"诚者自成"，要求全校师生以诚植身，以诚修业，以诚健身，以诚处事，以诚待人，"诚"遂成为通州师范学校最具本质的内核。

江谦办学方面的才能张謇看在眼里，行事老成而有主见，办学方面是一位完全可以托付之人。抽出身来考虑全盘。

随着大生纱厂为中心的唐家闸工业区雏形初现，张謇很快就意识到企业要经营发展壮大，必须辅以便捷的交通物流条件，保证所需的机器设备能够及时运入，生产的工业品能够及时运出。通州在这方面非常欠缺，和上海比起来有天壤之别，不过通州也有通州的长处，虽然只有一江之隔，通州闲置土地比较多，地价、用工和其他物价都便宜许多，如果打通与上海的交通，在通州办实业有很强的竞争优势。建造货物吞吐港口区的设想很快被提上了议事日程。

如何建港？在哪里建港？

张謇找来张詧、沈敬夫、刘桂馨、储老爷、江导岷等商量此事。虽然沈敬夫已不是大生的董事，但重大决定，张謇都请他到场拿拿主意。

张謇说："企业要做大首先得交通便利，我们有沿江的优势，那就要发挥出来。参加日本劝业博览会的时候，我专门考察了日本的港口建设情况，考察期间的所见所闻令我深受启迪、获益匪浅，这次考察激发了我在家乡通州建设港口区的热情和信心。"

江导岷垦牧的时候，对沿江都做过勘探，对沿江还是比较熟悉的，他见各位厂董没有说话，就先开口道："通州沿途已有姚港、任港、芦泾港，而芦泾港离我们最近，是否考虑收购芦泾港？"

张詧道："芦泾港好是好，但它不在长江主干线上，分发货物受到一定的影响。长远来看不是很优选。"

沈敬夫和刘桂馨也都同意张詧的看法，并且提出了芦泾港不是一家之产业，未必能够收购得了。

张謇心里已有了底，他要亲自建一个理想的港口，就说："这样吧，知源去找几位水利专家，明天我们一起沿江勘察，寻找合适的港址。"

大家都觉得张謇的这个决定靠谱，要想有说服力，还得实地考察才行。

他们从狼山脚下登舟沿江北上，先后考察了姚港、任港、芦泾港，最后抵达天生港。他同水利专家们一起对沿江各港口进行考察调研，相互比较后发现，天生港作为江边的一个天然港湾，既能进潮，又能排涝，还好行船，港口水深流稳，航道宽阔不淤，确为长江船只航运避风之良港。加之该港名为"天生"，有"天赐良港"之义。优越的自然地理条件加之美好的名称寓意，让张謇最终决定将天生港建设成为通州的第一个港口工业区。同时咨呈两江总督周馥，申请自开商埠。咨文讲道："通州土产所宜之工厂陆续创设，外江、内河小轮亦均驶行，而各厂购运物料由沪至通，均于中流起卸，风涛之险在堪虑，爰拟自设趸船以为轮步。"张謇还特别指出："天生港由江口之内河道仅十余里，其东至海门，西至靖江、如皋、泰兴、泰州，北至东台、兴化、盐城，凡八州县，一水可通，而天生港适为枢纽之地。"周馥清楚地看到，张謇把天生港规划为南通的港口区，是一个具有区域广度的战略安排。周馥对张謇已另眼看待，没有犹豫就批复了。但张謇要求的资金方面，还是被驳回了。

张謇知道自己的实业还在起步阶段，大生盈余不足以支撑现在的扩张。有了大生集股和垦牧集股的成功案例，他打算建港口码头也走这条道。

招股广告贴出来以后，反应不大，只集得 2.5 万两，究其原因，大多人认为天生港是个无底洞，因长江主流逼近北岸，港口前沿水深浪急，江岸坍塌频繁，所以在此建码头困难很大。

张謇没想到这时候谣言四起，都谣传大生纱厂因为杭州事件，资金短缺，急需资金填补杭州空缺，这次集资建港是一个幌子。一时间，已集股的要求退股，不想为大生填窟窿。刘桂馨一看这阵势，深感侄儿这次闯的祸几乎要动摇大生的根基，就主动站出来说："杭州事件是在下侄儿所为，是大生内部的事，与这次集股建港口没有一点关系。如果大家信得过我，股金如有闪失，我一人偿还，可以立下债据。"

张謇见刘桂馨如此作风，也深受感动，亲自给股民解释道："大生运转良好，不会因一城一地得失，而拖垮大生。请大家放心，大生不仅不会动用股金，还会拿出一大笔钱用于投资建港。"

股民们见张謇都出来承诺，才满心疑惑地散去。

经过这件事，张謇陷入沉思。现在来看，显然低估了建天生港的艰难，他又想起大生建厂初期，再难还能难过那时？他为了稳住民心，还是想争取官股，只要官府投入，就会改善民股的氛围，立即乘船前往江都府。

此时的张謇已非往昔，在工商业圈已经声名鹊起，完全值得信赖和依靠。

周馥跟随李鸿章办洋务达三十余年，诸多赞画，深受倚重。遂由候补县累迁至封疆大吏，成为淮系集团中颇有建树和影响的人物，他深知洋务的重要性。

"季直啊，你可是给老夫出了个难题呀！"

"大帅，建码头不仅可以抵制洋人在航运上的入侵，官股还能分红，增加税收。如果允许洋轮停靠，还可以收取关税，是个一本万利的买卖。"

周馥捻须沉思了一会儿说："你这样一说，码头陆上部分用官银来建，其他的你来想办法。分红对半。"

"大帅，里外我们得分出来，大生轮船靠停装卸货物，以及码头所建仓库不能收取任何费用。"

"张季直，你真是变成了不折不扣的商人，见利就沾。看在你一心一意为当地谋利的份上，这事我答应了。"

张謇一叩到地，大声说："感恩大帅成全，通州百姓一定念大帅的好。"

唐家闸的工业区已有了，天生港的港口区也确定了。接下来张謇将目光投向了一江之隔的上海，运用他的创新思维，谋求接轨上海，以促进通州经济和社会的跨越发展。

张謇在通州天生港码头建"通州天生港大达轮步公司",这时候他想到,即使码头建成依旧在上海没有自己的地盘,还会受人所制,因为上海的码头大多控制在盛宣怀的名下,自己的货物不会那么顺当。他联系上海商业巨子严信厚,相约一同在上海十六铺建码头,他对严信厚说:"上海滨临黄浦一带,北自外虹口起,南抵十六铺止,沿滩地方堪以建步停船处,除招商局各码头外,余尽为东西洋商捷足先登。华商识见短浅,势力薄弱,不早自占地步,迄今虽欲插脚而无从。每见汽船帆舶往来如织,而本国徽帜反寥落可数,用为愤叹。惟念自十六铺起至大关止,沿滩一带岸阔水深,形势便利,地在租界以外,尚为我完全主权所在。屡闻洋商多方觊觎,意在购地建步,幸其间殷实绅商产业居其多数,未为所动。值此日俄战事未定,外人观望之际,若不急起直追,我先自办,将来终为他族所用,因此推广租界,借端要索,利权坐失,后患何穷。兹议约结同志筹集开办经费,先就十六铺以南老太平码头左右购地定基地,建筑船步,并造栈房,以立根据而固基础。……务冀华商多占一分势力,即使洋商少扩一处范围。商战方殷,未容多让。绅等俱有身家,甚惜名誉,讲求实业,不敢架空。"

严信厚没想到张謇如此胸有乾坤,侃侃而谈,都是真知灼见。当场拍板,在上海十六铺码头建"上海大达轮步公司"。大生占股 51%,张謇任总经理。开辟了沪通间的第一条长江交通运输线,迈出了谋求接轨上海的具有里程碑意义的第一步。

夜已深了,张謇在客厅里踱来踱去,这段时间既忙碌又兴奋。用什么办法建造码头既坚固又实用,摆在施工队伍的面前。经多方求证,沿江一带工匠颇多。

最终,码头的建造工程由浙江宁波、海宁一带有经验的海塘石驳工和通州当地的泥瓦工、木工共同承建。由于当时钢筋混凝土结构还未广泛使用,尤其是水面、水底施工更受技术条件的限制,施工人员便结合当地人民在长期的防洪抗灾中积累的治水经验,决定将码头造在岸上。

码头的建造反映了人民大众的智慧，他们首先在天生港港口拦江大堤内的平地上规划出未来码头的位置，其次挖去地表浮土，打下梅花形木桩作为基础，再用糯米汁拌和石灰砌造成石驳岸。然后在石驳岸内用黄泥和干石灰粉拌和夯实，构成石码头。待码头工程完工，便挖开外面的拦江大堤，利用湍急的江流冲刷码头外多余的岸堤和滩地。经过江潮不断地冲刷，最终石码头则濒临于江面。

　　这种石码头当时建成三座，分别称为东码头、中码头和西码头。其中两座码头上建有木质栈桥，并配有趸船等附属设施。东码头上面还盖有铁皮雨棚，既方便雨天上下客货，又可以临时堆放货物。栈桥前沿系泊一艘由报废旧炮艇"威海号"改造而成的趸船。趸船外挡水位较深，枯水时近10米，可常年停靠1000吨级轮船。因趸船取名为"通靖"，故东码头又称"通靖"码头。中码头称"通源"码头，规模不及东码头，栈桥前系泊"通源"号趸船，乃一艘木质帆船改装而成，也可停靠1000吨级轮船。西码头仅建有石驳岸，因资金缺乏，未能设置栈桥和趸船。为了减轻江潮对码头的冲刷，保证码头的安全，当时还采用抛石护滩的方法，在码头前沿及附近的江滩抛下大量的石块，并在江滩栽种芦苇，用来减缓江潮的冲刷力，稳定港口岸线。

　　建造天生港的费用，除600米长的块石护岸和三座码头由官府出资外，其余购置趸船、建造栈桥、岸上仓库等设施所用10.5万两，均由张謇筹资。其中集股仅2.5万两，其余都是从大生纱厂公积金中借垫来的。

　　天生港码头建成后，长江轮船在通州有了固定的停泊点，客货上下不必再用木筏从江心过驳，使旅客进出港口和货物的及时装卸都有了保证。天生港码头的建成，结束了通州地区沿江近海港口无码头的历史。天生港大达轮步公司建成后，公司经营业绩迅猛增长。首条沪通线的开辟也突破了千百年来通州"往南不通"的交通发展瓶颈，从此通州民众南下不再困难。

　　自天生港开埠，两个"大达轮步公司"分设一江之隔的天生港和上海，从而拉近了通州与上海的距离，使张謇谋求接轨上海的创新发展思路从谋划变成为现实。天生港与上海"天堑变通途"。狭义地讲，天生港率先接轨上海，迈开通州接轨上海的第一步。这时，张謇又将目光转回到工业重镇唐家闸，欲使唐家闸取道天生港接轨上海，从而迈出通州接轨上海之第二步。这样，修建一条从唐家闸至天生港的公路计划应运而生。

计划是有了，但实施阻力很大。大生的股东们集体反对，认为大生没有能力再承担如此浩大的工程。

天生港紧锣密鼓地论证和建设，让张謇有底气再一次募集社会资金。经过多方论证和思考，张謇打破常规思维，在修建港闸路之前，先创办了"通州泽生外港水利公司"，由公司单独向社会招股。利用泽生水利公司先对港闸河疏浚清淤，然后就地取材，将疏浚河道取出的土方做港闸路的路基，路面再铺设煤渣，这样一条紧依港闸河的港闸路便成功修筑完成了。由于该路是就地取材，所以大大节约了修路时间和工程预算。张謇巧妙地运用创新思维，一举数得，既疏浚了河道，又修筑了公路，使得唐家闸至天生港既可以走港闸河水路，也可以走港闸路陆路。从此萦绕在张謇心中的唐家闸取道天生港接轨上海的交通运输问题彻底解决。

大生的全体股东，对张謇一举数得的神话般操作，佩服得五体投地。大大提升了张謇的威望和决策权。

当然，张謇弄出这么大的动静，一定有很多撼动人心的插曲。

夏季风已吹了一段时间，空气湿度明显加大，张謇预感到梅雨时节很快到来。而地表浮土的挖掘进入关键期，梅雨季节坑中将变成泥水，用现有的铁锹很难操作。张謇找来施工人员一起商议此事。

一位六十多岁的做饭的师傅说："四先生，我家那片经常清淤，常用一桶锹，锹面窄而短，两边沿卷起，形成半桶状，这样既容易扎入泥中，也好启锹甩泥。"

"黄师傅是启东人吧？"

"回四先生，我是启东沿江那一片的。前几年在上海码头扛包，年龄大了人家不用了，感谢四先生照顾。"

"这样吧，黄师傅把桶锹画个图纸，我让铁匠连夜打造。"

桶锹没几天就备齐了，梅雨季节也到了，在泥水里桶锹确实发挥了效力。

有句谚语说得好，"雨打黄梅头，四十五日无日头"。连日的阴雨、高温潮湿让民工身体有些虚脱，老黄看在眼里急在心里，这样下去，工期肯定大大延长，得想办法让大伙儿补一补，长江边上一带的水流沙坝，流行火锅，它原料粗简、味道单寡，却是一道不折不扣的菜。江上冬日，朔风凛冽，露重霜寒，唯具姜桂、麻辣燥热之性的川味可以挡之。这样，一款加柴保温、自烹自调的饮食形式便应运而生。且用水牛毛肚烫火锅，特生一股鲜嫩水灵、快爽脆利的齿感。江边沙滩是牛羊屠宰集散之地，内脏头蹄既多且贱，几文钱便可一解馋气，长江边上拉船的纤夫、码头工人，生活条件艰苦，很难吃上好的生活，于是大受穷苦水手纤夫的喜爱。艰苦的纤夫将其内脏煮食，改善生活，世代相传。而张謇的垦牧公司就屠宰大量牛羊，黄师傅一想这不是现成的嘛，就找上几个工友前去讨要了一些。

开饭之前，整个工地上被香气笼罩，民工们个个口水直流，只得提前半个时辰散工开饭。没多久，一个个肚子吃得滚圆，打着饱嗝、回味着美食，进入休息模式，下午还没开工，大多数民工腹泻、呕吐。

这可把老黄吓坏了，赶紧报告给张謇。张謇一听也吓了一跳，听老黄一说，心里明白了个差不多，梅雨季节，大家脾胃虚弱，原本应吃些清淡食物，这一顿暴食，伤了脾胃。

"黄师傅，不要太着急，大家应该是肉食吃多了，一下子肠胃不适应，我知道你也是好意。"

"可我这好心办了件傻事，真的该死，这件事应该给四先生早汇报啊。"

"黄师傅不要太自责，有事应该多沟通，多听听其他人的建议。这样吧，我让生茂请个大夫瞧瞧再说。"

其实，张謇嘴上不说，心里确实着急，因为后天周馥要来视察，如果大家都不上工，这让总督怎么想？拨款之事会不会大打折扣。他不是怪老黄，而是怪自己这段时间因处理刘全的事，忙于杭州市场的调整，而忽略了码头的事。码头应该有个主事的，处理日常工作。

杭州的事，也让张謇非常头疼。魁星牌一切产品降价到略低于德隆牌同类产品，这才发现利润很低，没想到刚刚有所好转德隆又降价百分之二十五，按这个价格大生产品直接亏本百分之二十。一下子导致市场全乱了，杭州布贩子铺天盖地，都在低价买进，一下子产生了连锁反应，上海的洋纱洋布在码头上堆积如山，到了无人问津的地步。

正在焦头烂额的时候，码头工地又出了这事，张謇的心火腾就上来了，起了满嘴的燎泡。但张謇知道抽丝剥茧的道理，千头万绪得从每根线头开始，先解决眼前的民工生病问题。整个下午盯在工地，大夫开了一味药——蒙脱石散，又开了散湿健胃饮食：山药、扁豆、赤小豆、薏苡仁等熬粥，经常饮用。

到了晚上，见大家有所好转，张謇紧急请三哥张詧来主持码头的事，自己急匆匆赶回大生纱厂。

张謇召集厂董开会，制定对策。

张謇先提出来，是不是敞开价收购布纱，特别是洋纱？

沈敬夫立刻敏锐地感觉到不能贪吃，因为这块市场太大，特别是洋纱布堆积太多，这样会帮了德隆的大忙，他折了百分之二十，却占用了大生的全部资金，就对等的还是德隆的四倍，更不用说再购进洋纱、洋布。

这时候，张謇才感到盛宣怀的阴险，但他立刻决定，做一个市场假象，自售、自买、再自卖，大生以亏掉百分之三十向外售出纱布，指定收购商，再从收购商手中高出四成买进，整个流通过程是大生内部的闭环，让刘桂馨悄悄坐镇杭州，秘密操作。

三个月过去了，盛宣怀实在扛不住了，因为纱布出现疯抢，让德隆面临倒闭，当他发现张謇的神操作后，已经晚了，无法挽回。

三

从日本回来，张謇就积极地投身于办学和立宪上。在日本的考察中，张謇确实有了危机感，切身体会到日本宪政的许多好处，搞多党政治，还搞议会，也就是重视民意，搞舆论监督，权力受到广泛的制约。这些并没有妨碍日本人的办事效率，但张謇也知道中国为什么实行中央集权制，也明白它的历史渊源：中华民族渊源于一条河——黄河。这条河是我们的命门，但却桀骜难驯，常常泛滥成灾，集全国之力就是为了治理这条河。但这个集权制却要求当政者明镜高悬，有高超的智慧和公心。

由于地理位置的原因，岛国日本本土文化从历史上就没有很深的根基，很多都是从中国学习来的，同时也有从西方学习来的，是一个不断学习吸收的国家。再一个日本刮骨疗伤的深刻变革，彻底改变了人的思维和生活方式，不是一个一蹴而就的事，这一点上，张謇没能很深入探究。其实，大清朝建朝初期也是一个不断学习吸收的朝代，但随着历史的进程，它变得老态龙钟，不愿接受新事物，闭关锁国。从一二事就可窥一斑而知全豹。黄河泛滥成灾，张謇第一次上书了一份治河方案《疏塞大纲》，凭着自己的学识和经历，在方案中他大力主张恢复黄河故道。交到奉旨勘察黄河的钦差大臣李鸿藻手里，他仔仔细细看完之后，给出了一个结论，他认为这个方案是好的，但"工程浩大"，批复是：不予采纳。这个因为国库空虚，张謇的建议不切实际，还情有可原。但接下来有一份建议，回复就让人大跌眼镜，为了节约资金，这一套方案是主要针对那些弯曲凶险、易出故障的河段，根据地形水势引直河道，为了加快工程进程主张引进工程机器施工。直白地说，就是让河水无障碍前进，减弱河道弯曲处所承受的压力。这次的批复却是：该方案不和旧俗，不予考虑。就是用机械是新办法，洋人的办法，不合全是人力、纯手工的旧俗。这样的回答，让头脑正常的人哭笑不得。有一次慈禧想坐火车，而大臣们对火车有两种意见，一种认为火车比马车好，跑得快拉得多。另一种认为火车一跑就冒黑烟而且响声很大，结果慈禧想了个主意，把车头去掉，让马拉着车厢在铁路上跑，真是奇葩的出奇，让人瞠目结舌。大清朝这样的事不胜枚举。

张謇一门心思想通过一种和平的方式成就民富国强，而日本的强国路给了他很大的信心，当然，一切成功都是从梦想开始的，而成功也不是无缘无故的，而是在准备好的情况下发生的。至于用什么途径达到立宪的目的，对于无实权的张謇来说，只有利用人脉。

张謇考虑来考虑去，觉得空口说辞力度不大，很自然地就想到先出一本书，《东游日记》就在这种形势下诞生了。

书出来后就要分赠友人，张謇首先想到的是这些人的影响力，挑来挑去鄂督张之洞、江督魏光焘是必送的。这不仅是因为二公握有实权，更重要的是二公都是办实事的股肱之臣。

张謇无论多忙，一定亲手送上《东游日记》。他首先坐客轮来到江宁，总督府内：

"大帅，三江师范筹建顺利，让季直佩服之至，心生敬仰。"

"季直啊，本督最有成就感的事就数博达书院和三江师范的创立。"

"这都是福荫千秋万代的事，不仅是本朝人歌功颂德，后代子孙也心生仰慕。三江师范虽是张大帅定的盘子，但如此浩大的工程都是您亲力亲为，没有您的鼎力支持，这件福荫子孙的大事只能喊在嘴上。"

"季直啊，想当初我主政新疆，邻国接壤甚广，与俄国、英国等国际事务交涉案件甚多，而随着政局的逐渐稳定，吏治方面最感棘手的便是外文官的缺乏，而新疆及西北地区发展缓慢，教育落后，可以说几乎没有教育的存在。创立新疆博达书院，确实为当地培养了急需人才。"

"大帅，这些不是一般人能为也！要不是您精于理财，勤于治事，军务报销，综核悉当，哪有什么博达书院！就是三江师范顺利承建，也是您整顿盐政、厘金、铜元的功绩。您的施政能力确实让晚生佩服之至。"

"哦，季直，你这次来找老夫不只是来看望我吧？"

"大帅，我这次是专程来给您送书的。我刚刚印刷了一本《东游日记》，讲述了我在日本的所见所闻，对于日本施行宪政后的成果，特别是教育，有一个比较全面的认识，真诚希望大帅加入推行我朝宪政的行列来。这可是个富民强国的必由之路，日本就是活生生的例子。"

"季直啊，这条路很难走啊。你试想一下，一个手握朝廷命脉的当权者，你让他把权力交给别人那是多难的一件事？即使让人分享他的权力，都是用刀子剜他的肉，他能痛快地答应？"

"这个我明白，但如果不实行宪政，任由列强分割，那将不可想象！"

"张南皮的想法是啥？"

"我第一站先来了大帅这儿，张大帅和您都是朝廷股肱之臣，想法应该大体一致。只要大帅同意，我下一站就去鄂督府。"

"季直啊，我虽为江督，但并未掌握太多的兵权，还得需要说话砸坑的人参与。"

走出江督府，张謇觉得魏帅话里有话，被江风一吹，打了个激灵，一个人在脑海里闪过，如果有他参与，一定事半功倍。

从鄂督府回来，张謇等啊等啊，发现基本没啥动静。这时候，发生了一件事：日俄战争。

这场战争的结果让权力高层对是否立宪有了松动，那就是发生在大清朝东北的日俄战争，这件事给人的感觉怪怪的，在大清朝的地片上打仗，大清的军队却不参与，任由日本国和俄国斗得你死我活，主人却不敢吭声。这时朝廷内外对大清的江山很是担心，如此折腾下去，这日子还有法过吗？话又说回来，人家为什么敢在我们的地片上打来打去呢？争的是我们的土地。这个问题就讨论起来，特别是在大清朝的权力高层。争论来争论去，有一个声音占了上风，就是大清朝没有立宪。

这种情形下，张謇自然非常活跃，常常和友人谈论到深夜，设身处地地参与立宪活动，积极策动江浙一带搞立宪，同时推动大清朝高层派遣有实力的大臣出国考察别国宪政。日俄战争中日本的胜出给立宪派打了鸡血，想方设法把这事搞成。搞成这事得有个清晰的行动方案才行，那就是走精英路线，网罗有权势的官员和社会名流，向皇室要立宪大权。为什么不走下层路线呢？也就是发动群众呢？因为这些社会精英，自然是社会的佼佼者，他们奋斗到今天非一朝一夕之功，怎么会轻易地动摇社会的根基，颠覆自己的优势呢？

时间很快到了四月份，皇帝谕旨封张謇三品衔——商部头等顾问官。对于官场来说这也是对张謇这些年来的肯定，因为张謇已成长为有声望的资产阶级的上层人物，而不是徒有虚名的愤青了。当然，朝廷的恩宠也不是空穴来风，什么人都能得到的，这时的张謇确实在实业和教育方面做出了许多业绩，也具备了比较大的社会影响力，而这些都是实实在在、看得见摸得着的，大清王朝为了笼络人心，是比较现实的一个举动。

张謇这时虽没有膨胀，但也觉得身价、分量、地位有所提升，办起事来应该更顺当，他又拟了一份折稿。从日俄战争说到变法，又从变法说到立宪。这次他拉上了许多社会名流，更重要的是这回支持他的还有鄂督张之洞、江督魏光焘，他知道没有朝廷大员撑面子，闹不出多大动静来。当然，张之洞和魏光焘都是老谋深算的主，知道要想成事，自己的分量还不够。有些人虽不是皇亲国戚，但也是一言九鼎，他想到一个人——袁世凯。这和张謇的想法不谋而合，现在的袁世凯是执掌北洋兵权的铁腕人物——直隶总督，没有他的支持可能只是雷声大雨点小。张謇虽不情愿再与袁世凯打交道，但他也知道袁世凯的实力，没有他支持可能真的只冒个泡泡而已，不会有实际结果。为了立宪大业只能委屈自己，再次与袁世凯修好，现阶段寻求袁世凯的支持是不可或缺的。张謇不得不鼓吹鼓吹袁世凯，给他扣上一顶高帽子。他知道今日的袁世凯已不是庆军时共事的袁世凯了。

张謇给袁世凯拍电报道："袁公安好，日俄之战，较量的不是枪炮实力，而是立宪和专制两大体制的较量。像伊藤、板垣能弄成宪法，论能力、论才能，袁公应在诸人之上，肯定能成。"

虽然张謇费尽心思，晓之以理，但袁世凯是什么人，那是一个心思极深的人，他觉得大清王朝虽已败象横生，但还没到墙倒众人推的地步，再者，袁世凯从骨子里喜欢帝制，并不想从根本上改变这种制度。

袁世凯轻描淡写地答复道："时机未到，一切暂缓。"

没有袁世凯的支持，张之洞和魏光焘自然也就没多少兴趣了，轰轰隆隆的雷声没下一滴雨。

对于这些官僚做派，张謇知道自己的行动还只是建立在理想上。在上层人物还没有思想准备之前，走上层路线是走不通的。但是，张謇没有气馁，反而立宪的斗志更加高涨，他也清楚：不行春风哪得秋雨？这样的呼吁早晚会传到朝堂之上，当权者的耳朵里。

同年7月份，真的从上面传出立宪的意思，说商部尚书载振赞成立宪。这位贝子自从日本的劝业博览会回来，感觉到岛国的许多优势，都与立宪有关，思虑再三，上奏太后和皇上。

张謇立刻警觉到了这条信息，他高度重视。他觉得北方政治高层有了立宪的意思或者说意愿，作为南方必须加把火让他们的立宪思想燃烧起来。张謇说干就干，想来想去还是从出书入手，这一次，他没有自己写书，而是翻译了日本国的《宪法义解》《日本宪法》《日本议会史》，并快马加鞭地印出来，自然送友人就不必说了，更重要的是张謇托人秘密带进了皇宫，目的是想让光绪帝看看，做做参考。为了打动高层，张謇在序言中写了立宪的好处和步骤，让皇上相信既简单又好操作，大致是说：只要皇帝同意，这件事就完成了八成，剩下的就让大臣们去做就行了。

这事巧得很，《日本宪法》传入宫中后，慈禧认真看了，也许老佛爷开眼，受国际大环境影响，也懂得了学习新事物。事实上，俄国的战败而日本的战胜，也触到了大清当权者的神经，他们没有去驱赶带枪强行进入东北的日本人，而是开始关注日本的立宪政体，舆论认为日本之所以胜，就是因为搞出了立宪制。最主要的也许是外面立宪的呼声愈演愈烈，传到宫中，慈禧的做法只是为了安抚群臣和百姓。不管怎么说，慈禧还是召集大臣讨论这件事。一时间关于日本宪法的书出现了疯抢，因为慈禧传出话来："日本有宪法，与国家甚好。"

听到这个消息后，张謇没有亲自上书，而是再次致电袁世凯，他认为先得说服袁世凯。他觉得全国立宪呼声高涨的情况下，袁世凯不会再推三阻四的了。这次电文中帽子戴得更高："公但执牛耳一呼，各省殆无不响应者？不朽盛业，公独无意乎？"

张謇如此高看自己，袁世凯也不会无动于衷，再说袁世凯是一代枭雄，自然有自己的主意，他没有飘飘然，但心里肯定也美滋滋的，回电道："各国立宪之初，必有英绝领袖者作为学说，倡导国民。公夙学高才，义无多让。鄙人不敏，愿为前驱。"袁世凯很巧妙地把张謇推到了前台。就这样，张謇和袁世凯在电文往来中建立了立宪联盟。

在各方压力扑面而来的情况下，慈禧公告天下，先搞预备立宪。就在这一年，预备立宪终于出台，考察宪政的五大臣从北京正阳门车站出发，可突然遭到炸弹袭击。考察事宜不得不暂停。

张謇知道这个消息后，非常吃惊。他认为这件事，上应天意，下顺民意，怎么会有人搞破坏呢？而且放炸弹的那个人不明不白的死了，也就是身份不明，一切云里雾里。张謇思前想后，认为是自己一直不看好的革命者干的。

张謇认为他们是在玩火，要别人的命也在要自己的命，不如立宪这条路来得稳，既不流血牺牲，也不推翻大清王朝，只是改变一下从上到下的生活方式，就能让国家由弱国变成强国。毕竟有日本这个成功的范例。翻天覆地的变化，会掀起血雨腥风，让社会动荡不安，民不聊生很长一段时间。但张謇也隐隐感觉到风暴的来临，不破不立，要想让顽固的封建王朝接受一些"离经叛道"的洋玩意儿，是很难说得通的，是否成功只能交给时间了。当然，即使成功，那也是一个相当漫长的过程，在这个过程中各种力量交杂，难免生出很多变数。所以，对于向好形势，张謇极力推动和维护，但也不十分排斥新事物。

炸弹事件过去三个月后，五大臣经过调整后，终于出洋考察。这五大臣还真的开了眼、洗了脑，发现洋人的宪法真的有很多可取之处，回到北京后，异口同声奏请搞立宪。慈禧也觉察到立宪已成满弓上的箭，不射不行了，是大势所趋，就颁布上谕："大权统于朝廷，庶政公诸舆论。"颁布开始预备立宪。

可这种预备立宪似牛似马，又像四不像，总而言之一句话，慈禧玩了一招高智商的金蝉脱壳，忽悠了一把。张謇他们也不是傻子，预备立宪又叫预备仿行宪政，俗话说就是做了一件仿制品，只是摆那儿看的，没有真东西。那大家又知道，就算是仿制品，那真品什么时候摆上桌面呢？也就是时间问题，说到底就是立宪的进度时间表是啥？这个总该公布一下吧，要不还是一头雾水。这时慈禧又委婉地回答：预备立宪啥时候结束，要看"民智"开化的程度。也就是看看老百姓啥时候能跟上国际国内形势。明眼人一看就是朝廷没有立宪诚意。立宪派也想出了对策：成立"预备立宪公会"，利用实质性的公众力量来向朝廷施压。同年底，上海成立了预备立宪公会。张謇被选举为副会长，江浙一带的商界代表、开明绅士相继加入。这个公会主要干什么呢？就是"开民智"，教育国民跟上时代的浪潮。因为大多是商界精英，所以，就从熟悉的入手，很快就研写成一部"商法草案"，上呈朝廷，促其采纳。

阵势摆开之后，确实也起了作用，朝廷宣布设立资政院，类似于外国的议院，各省筹设咨议局，并且筹设州、县议事会。

事是展开了，但行动起来就像蜗牛一样，半天不见动静，也就是雷声大雨点小，在张謇看来事情遥遥无期，他们必须率先行动起来，促成召开国会。面对这样的形势，张謇他们觉得一定得拿出一个行动方案来。那就是全国组织起来，给朝廷施加压力，让国会加速召开，一句话，越快越好。为这件事，张謇没少动脑子，几次联名请愿要求后，朝廷颁布了《咨议局章程》《咨议局议员选举章程》。同年，又一道上谕宣布：九年之后颁布宪法，召开国会。张謇和众志同道合者一商议，感觉召开国会的时间太长了。这样拖下去变数太大，社会动荡不安，老百姓生活在困苦焦虑之中，一天不立宪，不开明政体，不学习西方和日本，就无安稳之日。所以，还得继续努力。同年秋天，上面指示张謇奉旨承办江苏省咨议局，张謇的心里多少有点安慰。

这年立宪派迎来了转机。光绪帝和慈禧太后相继去世，朝廷内部失去了强有力的核心，有点自顾不暇。这时候不得不做出顺乎民意的许多举措，以防外部压力使朝廷内部坍塌。革命党人也因为慈禧的死亡，减少了起义活动的次数，静观朝廷的政策走向。在过去，几乎每天都发生枪杀和爆炸案，大多是革命党人做出的动静。他们要做的是暴力推翻清王朝，要革他们的命，他们从骨子里认为革命就要流血、就要牺牲。而张謇想的是革命党人虽有些极端，但至少有一点立宪派和革命派是一致的，那就是长痛不如短痛，要做就立马去做。在这样的节骨眼上，张謇他们不想坐失良机，首先是江苏咨议局行动起来，正式选举张謇为咨议长，蒋炳章为副咨议长。开会、开会，再开会，最后新规：本省所制定的法律，必须交咨议局议决，才能呈请公布生效。也就是从此以后，江苏咨议局就能行使立法权了。

接下来，张謇踌躇满志地组织请愿活动，就是要求朝廷立即召开国会，组织责任内阁。其实他们的想法就是组织一帮人，当然最好是国民选出来的，或者是各省推荐的，组成一个行使权力的部门，也就是代皇帝承担内政、外交活动。那皇家咋想呢？把内政、外交都交给责任内阁，那他皇家不就是一张空头支票吗？除了吃喝拉撒睡没多少事了，这不是要挖当权者的心头肉嘛，皇家心里肯定不愿意。其实，皇家也有内阁，在大清朝叫军机处，这帮人实际决定着国家重大事件，虽然是为皇家办事，但却手握大权。张謇要弄责任内阁，那这部分人首先站出来否定，而这部分人是很不好惹的，最终会让立宪活动夭折。今天来看，军机处的人"于公于私"都不会答应，"于公"不能把皇权弄丢了，因为他们是为"公家"办事的，"于私"不能把自己手中的权力弄残废了。张謇一颗红心，是否想到这部分人的感受。也就是说这个请愿，不但皇帝不高兴，大多权臣也不高兴，也就是所说的"民智"未开化，这个也许是激发张謇办教育的根本原因。

张謇组织的请愿活动共有三次，第一次，并没引起多大浪花，虽说请愿是正儿八经的大型活动，但朝廷从本质上的看法不一样，出发点也不一样，张謇他们抱有必胜的信心和决心，也踌躇满志，但上层根本就没有立即召开国会的影儿。他们的国会召开还在云彩影里，所以，一顿夸奖后就流产了，成了虎头蛇尾，不了了之。可这件事，在立宪派的眼里是民族之大计，福荫当代和子孙，不会这么快就灰心丧志，就有了第二次行动，这一次，他们成熟了很多，多管齐下，一方面把请愿书上呈各省督抚，请他们呈奏。督抚都是地方手握军政大权的实权派，在分量上大大胜出这些社会名流，这样声势上起码高出一筹。另一方面，加大理论宣传。这些人，在金钱上都是有一定实力的，他们就自己开办报馆，印刷报纸，大搞社会舆论，也叫唤醒国民，"开化民智"。同时，也沿用了原来的方法，组成代表团去北京请愿。这一次，还真激起了浪花，让摄政王载沣很是头疼，传出严肃的话来："惟兹事体大，宜有秩序，宣谕甚明，毋得再渎请。"也就是为了国家秩序，不能再这样干了，再这样干国家就被搞乱了，我只能出手做些不得已的事了，那意思就是要抓人了。

这件事，到了这种地步，不能因为摄政王的一句话就完事了。张謇知道不达目的，那相当于瞎子点灯白费蜡。反正是和平请愿，而且没有做出暴力行为，你载沣不能睁眼说瞎话吧。张謇提出了解决方案，那就是一直请愿到召开国会为止，不能半途而废。请愿者们行动起来，到处游说王公大臣，还真的起了作用，资政院正式通过了速开国会的决议。各省督抚也联名上书，朝廷真的不能再无视这股力量，不得已，宣布预备立宪期缩短为五年，到时候开设议院、组织内阁。对于张謇来说，这是他在政治上不小的胜利。

但是，一个运动，发动起来很难，让它停下来可能更难，更多地会导致流血和牺牲，请愿团的人并没有就此罢手，而是继续请求立即召开国会。载沣真的出手了，派出军队驱逐了请愿代表，并且逮捕了天津学界同志会会长温世霖，因为温世霖表现得特别激进，又是一领导者，来了个杀一儆百。就这样，三次请愿活动销声匿迹了，张謇的立宪理想成了乌托邦。

四

"弟妹呀，你听说过鉴湖女侠的事吗？"徐姮和徐端一块做女红，提起自己刚了解到的一个女子。

"略有耳闻，她是不是叫秋瑾啊？"徐端并没有停下手中的针线活。

"对，就是她。她倡导女子解放，出来像男人一样做事。"

"其实，季直也一直鼓励我出来做事，他很尊重女权，并没有觉得我只是一个妻子，而是把我当成志同道合者。"

"我知道，我是想我们是否到学校里任职？"

"我正有此意，想捐资创办女子师范学校，不如我们一块干成此事。"徐端眨着眼睛，露出俏皮的模样。

徐姮没想到徐端这个年纪了，还有如此心态，在自己面前露出小女人的样子，这种暴露是天然的，没有一点斧凿之气，才知道四弟的宠妻不是无缘由的。自己虽是徐端的三嫂，但年龄比徐端小得多，这种心态却不常有，即使有时冒出尖来，也被压抑了。

"你真有此意？"

"当然不是说说玩的。看看通州师范的规模，我想女子师范学校用不了五千两，节约点就看怎么选址了。如果像通州师范现成的房屋那会更省。"

"这事得给他兄弟俩商量，先选址再说。可眼下有一件事，我俩可以参与。"

"你说的是三哥主政的总商会筹资设立商业初等小学的事吧？"

"正是此事。"

"总商会的头头脑脑最有钱的就数储老爷，除了大片的良田，就白花花的银子足以开钱庄了，他的三房太太中三姨太最受宠，我们就从她下手。只要她同意，储老爷不会不捐。"

"是啊，年前三姨太刚生了个胖小子，储老爷高兴的，那真是捧在手里怕摔了、含在嘴里怕化了，就差把她供起来了。"

"再说，女人有些话好说。更重要的是三姨太读过几年私塾，一定会看重办学堂的。"

其实，关于捐款的事宜，徐端已不是第一次了，她曾经为了通州师范募捐组织过妇女劝集资助团，为张謇解燃眉之急。这次因为是总商会的内部事务，她想各个击破，让大户拿大头。

通州的早晨，星子刚刚隐去，雾气还没散尽，大街小巷一切都在朦胧中，树梢之上的天际近在眼前，一群接一群的麻雀飞起又落下，一代一代的人大都知道，通州最多的是麻雀，多到让人眩晕。不过最显眼的还属红嘴相思鸟，叫声委婉动听，高低分明，不用看就知道是雄鸟。

孝若早早起来，在院子里跑来跑去，吴夫人捉住他说："快快温书，免得爹爹生气。"

徐端走出房门，见道愔追逐孝若，就喊住她，让她慢跑，以防伤了身子，转过身又喊道："孝若这边来，娘有话说。"

孝若见徐端叫他，就乖乖地跑过来，站那儿不动。在这个家里，他最怕徐端，不是徐端管他严，而是徐端说到做到，没有周旋。

"若儿，娘叫你就停下，你腿脚利索着呢，可别把娘跑倒了。"

孝若站那儿不敢吭声。徐端又说："要把书温好，像爹爹一样有大学问才行。学校一建好了，就入学读书，好吗？"

"好，我一定听娘的话。"

"去吧，温会儿书就开饭。"

看着孝若跑开的身影，徐端摇了摇头，嘟囔道："这孩子，毛毛糙糙，一点都不像季直。"

早饭后，徐妲约了徐姮乘马车来到储府。三姨太王巧儿迎出门外，眉目生情地说："正在念叨二位姐姐呢，昨晚我屋里的灯花亮得出奇，今早喜鹊在院子里蹽来蹽去，不用说就是贵客临门，果不然二位姐姐就到了。"

"妹妹就是排场，就那灯花和喜鹊也为你报信。"

三人有说有笑走进储府大门，穿过一道月亮门，进了西厢房。西厢房是个独院，幽静别致。

"二位姐姐不是第一次来了，可这次来意义不同吧？"

"哦，何以见得？莫不是妹妹先知先觉，或是能掐会算？"

"这大清早的前来，首先不是路过；再者，我可听说两位姐姐挺忙的，无事不会来我这儿闲聊吧？"

"哈，人家都说储老爷的三姨太鬼灵鬼灵的，是狼山里跑出来的白狼呢。我就不信了，那你猜猜我俩来干啥了？"

"这还用问嘛，我们家啥也缺，就是不缺钱和地。"

"哈哈哈！妹妹真是知性女人，那咱就打开窗户说亮话，就事论事。"

"说吧，要钱还是要地。只要我做得了主的全给。"

王巧儿的豪范儿惊了徐姮一下，心里却犯嘀咕：到底王巧儿是否能做主？因为她和徐端看中了一处闲置的宅院，是办学的理想所在，正是储老爷早年买下的，听人说院子里经常闹鬼，所以一直无人打理。

徐端可不这样想，她发现王巧儿很有现代范儿，骨子里不惧怕男权，就问："妹妹可喜欢新学？"

王巧儿像是触动了伤心事，一下子蹙起了眉头，陷入了回忆：

一个没落的官宦家庭，男人在县衙做典史，膝下四个女儿，为了传承香火，天天盼生儿子。女人为了能怀上儿子，每个月都去寺庙跪拜添香油，又五年过去了，终于怀上了第五胎，十一个月才分娩，又是一个丫头，男人觉得这是上天在惩罚他，晚月生很不吉祥，就把这个女孩捐给了寺庙。

女孩慢慢长大，方丈见她聪明伶俐，并没有让她皈依佛门，而是把她送进了私塾读书，为了方便起见，女孩女扮男装，说也奇怪，女孩很有男孩特质，经常在山里跑来跑去，甚是顽皮。直到有一天，遇上了一位富商，捐了寺庙一千两纹银，把女孩带走了。

徐端和徐姮都大吃一惊，才明白王巧儿为何如此豪爽，原来她一直都在男人的世界里生存。

徐姮感到好奇，她不明白四邻八庄有得是俊俏姑娘，储老爷怎么会跑到寺院里领回一个娘家不认的女孩，就问："巧儿妹妹，你是怎么迷倒储老爷的？"

"姐姐这可小瞧巧儿了，可是他死缠硬磨把我用轿抬回来的。"

"我就不信了，难道储老爷被佛感化了，觉得你是他的活菩萨不成？"

"三嫂，你就不要不依不饶了，凡事都有个姻缘，肯定是巧儿的过人之处俘获了储老爷的心。"

"哈哈，姐姐说到我心坎里了，没有三斧子半，不上瓦岗寨。其实，是我吟诵一首小诗吸引了他。"

王巧儿回忆道：那天，一队商人路过狼山广教禅寺，原本只是参拜大势至菩萨，顺便为他的道场捐些香油钱，感谢他的一路护佑，偏偏巧的是储老爷就登上了狼山东南坡的望江亭，而我正在望江亭俯瞰浩荡长江，禁不住吟诗一首：

古台摇落后，秋日望乡心。
野寺人来少，云峰水隔深。
夕阳依旧垒，寒磬满空林。
惆怅南朝事，长江独至今。

"这不是唐朝刘长卿的《秋日登吴公台上寺远眺》吗？"

"是呀，可储老爷惊为天人，以为这诗就是写给他的，找到智幻方丈询问究竟，无论如何要把我带走。后来，方丈也觉得我到了嫁人的年龄，又觉得这是一个不错的良缘，再后来就被大轿抬这儿了。"

"妹妹阴差阳错结成良缘，我和三嫂真的惊着了，好像佛前早就姻缘注定，三生石上已刻好了你二人的名字。惊叹之余还得求妹妹一件事。"

"姐姐只管说来，我听着呢。"

"狼山脚下有一处别院，一直荒废，是你们储家的财产，我们想用这宅子办女子师范学校，不知……"

徐姮这次是来化缘帮助张謇主政的总商会筹资设立商业初等小学的，没想到徐端跨度有点大，直接接上了办女子师范学校的目标，不过这样也好，既然王巧儿能做主，一步到位更好。

"这个——让我考虑考虑。"

"难道妹妹难处很多？"

"二位姐姐，实不相瞒，我嫁过来之后，就想住进这个别院，因为我在狼山住惯了，喜欢那儿的清新空气，这处别院就在狼山脚下，又是闲置家产，很合我意。但老爷一直不答应，说是宅子阴气太重，实在不放心。其实，我从小就在山里跑来跑去，本不信这个，但也没拗过老爷。"

徐端和徐姮都心里有了底，看来这个别院对储家并不那么重要，交换了一下眼神，徐端道："妹妹，这个你放心，住在那儿的都是阳气足足的年轻人，一切阴气都会退去。这样一来就不会再有鬼怪之说。如果你愿意，可以开出个偏院，由你居住，既打消了储老爷的疑虑，也满足你的心愿。"

"是这样啊，那我答应了，回头给老爷说。"

三个女人一台戏，这戏越唱越精彩，最后商定三人一起办学。

第十三章　家　事

修身、齐家、治国、平天下。

一

春天的夜晚一下子刮起了西北风，这在春天是不常见的，很明显有冷空气南下。没过多久下起了冰雹，劈头盖脸地砸在张謇的身上，他已没有疼痛，但心却在被刀割，因为徐端病危，他正急急赶回家，顾不得其他。

张家这宅子还是徐端主动督办建造的，一砖一瓦都有她的影子，张謇一脚迈进，就满是她的气息，奔到门口就听到徐端在唤他的名字，张謇跌跌撞撞地来到床前，泪水已模糊了眼睛。双手捧起徐端的右手，贴在自己的脸上，徐端吃力地睁开眼睛说："您抱抱我。"

张謇深情地抱她，但徐端已坐不起来，只能躺在张謇的怀里，她拉住张謇的手，微弱而动情地说："你待我不错，我也待你不错……"张謇问她更有何语。一生恩爱就此诀别，千言万语从何说起，徐端声音细若游丝地说："叫我如何说，我现在已说不来。"两眼只是深情地看着张謇，神色凄惨，欲哭无泪，最后带着无限的眷恋惨叫："我要去了！"似此几次三番挣扎，最后撒手死于张謇怀里。张謇痛彻心扉，哀呼："呜呼痛哉！三十五年贫贱夫妻，常将辛苦分磨蝎；几千百变忧危身世，甚矣摧伤况老鳏。"

对徐端的葬礼，张謇"不稍苟建"，十分周到、隆重。为徐端建墓，他把自己的名字也刻上墓碑，曰"州民张季子夫妇之墓"，外面用白铁皮包起来，题曰："张徐夫人之墓"，墓门上题联："二人同心利断金，百岁之后归其室。"表达了生前同心，死后同穴的生死恋情。张謇给她取字"倩宜"，意即秀外慧中，处事得体。

徐端死后多年，张謇每年祭祀不断并写有许多诗文倾诉他对妻子的深深怀念。他又在花竹平安馆内辟一"倩影室"，置徐端生前影照，自己常独坐静对，以寄无限哀思。

徐端在张家的种种好，一幕一幕，所听所见：

这年，徐端年方二十，嫁入张家，张謇不可能在家坐吃山空，他要出外谋职，家自然就全部委托给徐端。徐端拉着丈夫的手说："您只管做您的事业，家中之事尽管放心。"这些天来，徐端持家的能力，张謇亲眼所见。

夏天提前了一个月，南风吹了一阵子，空气特别的潮湿，金氏原本有风湿病，两个膝关节疼痛得不能走路。徐端到处打听有没有医治的良方。

海门一亲戚来串门，徐端谈起婆婆的风湿病，问海门可有这样的良医。这位亲戚说："表嫂这件事可是问对人了，海门还真有一位治疗风湿病的神医，效果很是神奇，不妨带大姨试试。"徐端一下子记在心里，说："下午，我就跟着表弟一块去，也好知道神医的住处，免得大费周章。"

尽管金氏嫌远，但禁不住徐端的一再劝说，雇了辆独轮车，就去了海门。表弟邀请先去家里歇歇脚，但徐端还是急着让神医瞧病，让车夫直接去药铺。

这家药铺并不大，坐北朝南的两间街屋，屋内北墙竖起两米多高的中药匣子，药匣子顶上也摆满了大包小包的中药。有时候需踩着凳子取药。药铺后一院落，并不幽深，恰恰相反，整个院落光光秃秃的，连根杂草都没有，五间大北屋很是显眼。

药铺里就一个伙计，见有人进来，赶忙起身招呼，看金氏那行动就知道是就医的，抓药的患者一般不会来。招呼停当，就去院里喊大夫，不一会儿，一老者捋着山羊胡三步两步地走进来，才发现是个瘸子。

老者让金氏把裤腿挽起，按了按有点变形的膝盖问："疼吗？"

"像针扎一样，有点钻心。"

"还好，这儿呢？"

一连按了七八个地方，每个地方都让金氏疼得抖一下。

"这个治疗需要一个过程，方便吗？"

徐端赶紧说："方便，只要能治好，每天来都可以。"

金氏接着问："得多长时间？我们住得有点远。"

老者捋了一下胡须，用眼神瞟着徐端问："这位是？"

金氏笑了笑说："这是我儿媳妇。"

"啊，孝顺呀！"

"那可不，自家闺女都比不上。"

这时一旁的表弟搭话："大姨可以在我家住下，一边治病，一边也好陪我母亲唠唠嗑。"

徐端笑着说："正好，我给二姨准备了一袋子白面，下次给带来，也算是季直孝顺二姨。"

老者看出了门道，这个儿媳可不一般，头脑灵光得很，说话实在不失大体，让人舒坦，就笑了笑说："这样吧，这位看来是你的表亲，离这儿想来也不远，我就义务出诊，只收药费。"

看着有些瘸的老者，徐端不好意思地说："大夫，您这腿——"

"哦，不碍事，我已习惯了，有时候还出诊走山路呢。"

妹妹看着姐姐家送来的白面满心的羡慕，姐姐生了五个儿子，除小儿子早年夭折，老大、老二单独立了门户，老三、老四都混得风生水起，特别是老四读书读出了名堂，姐姐以后享福的命，看看这白面就晓得了。再看看四儿媳妇，不仅漂亮，行事就男人也不及，利索得体。虽然是姊妹俩，想想姐姐能在她家住下，是瞧得起她，更是欢喜。

虽是住在二姨家，徐端三天两头的往那跑，按照大夫的要求，炒好盐用袋子装了，再用粗布包了给婆婆上热敷，孝顺之心让二姨那个羡慕，一见徐端来就握住她的手不放，比自己的闺女还亲。每每想留下徐端通腿，徐端挂念公公，都没有住下，尽管来回路上辛苦得很。

这天下了场雨，虽然雨量不大，但足以让道路泥泞，徐端是坐独轮车来的，她不想让车夫为难，就劝车夫一块住下，免得路上吃累。车夫有些为难，本来车资就不多，再耽搁几天，赚头就少了很多，徐端豪爽地说："你也不必作难，吃睡我都听着，你也就耗费些时间。再说，这样的泥路，你也没啥生意可做。"

"夫人有所不知，在下也有老母需要照顾，白天还好说，可她有夜盲症，又下雨路滑怕她摔倒。平常出远门都是喊邻村的姐姐前来照应，这次没想到会下雨。"

徐端见车夫眼含精光，眼神躲躲闪闪，心下明白了许多，就笑着说："这样吧，你放下车走回去吧，这样会轻松些，不至于路上抠泥巴。来回的脚力我都付给你银两，也不枉你一番孝心。"

车夫心下欢喜，但嘴上却说："夫人这样有些过了，我怎么会无缘无故地收钱呢！"

"好了，就这样定了，权当我为你母亲买斤点心打打牙祭。"

车夫乐颠颠地回去了。

二姨有些不乐意了，嘟囔着："这人也真是的，没有驮人怎么就收钱，真是的……"

徐端拉住二姨的手说："二姨啊，这个车夫可是个好人，就凭他孝敬老娘，多给点钱，咱也心甘情愿。再说，他也确实多跑了不少路。"

说归说，二姨更看重徐端了。就对徐端说："牡丹啊，你一直来回跑太辛苦，正值梅雨季节也不方便。这样吧，我手脚还算灵光，给你婆婆上热敷的事，我包了，你尽管忙你的，腿好了我就找人送回家，放心好了。"

二姨也看出来了，徐端处事果敢，心存善良，帮助弱小。而自家虽能吃饱饭，但到如今儿子还没娶亲，和张家比起来有天壤之别，张家有人，就这老三、老四，很快就把家经营得风生水起，自己这样做不但尽了姊妹之情，还能让张家充满感激，将来张家发达了也好帮自家一把。

徐端想来想去，自己来回跑也确实不方便，就道："二姨，我也不客套了，本来您姊妹两向来就很亲近。这样也好，我也会孝敬二姨的。"

正好三哥在家，知道娘在外治病的事，就想第二天赶往海门，没想到徐端回家了，就和三哥商量二姨的事，觉得报答应在当下，考虑到二姨的家境，就封了二十两纹银，由张謇骑马送了过去。虽然张彭年已把家里的事完全交给张謇处理，但知道徐端的决定后还是满心欢喜，对儿媳的为人更加赞赏。

二姨看着这么多银子，老泪纵横。这么多年了，自从嫁进这个门，就没见过如此多的银两，拉住张謇的手，一句话也说不出，张謇告诉她，这是弟妹徐端的意思。

二

张淑的夭折对于张謇夫妇是个巨大的打击，但打击最大的还是母亲金氏。张謇常年在外和徐端的孝顺操劳，让金氏对四儿子的后代极其看重，没想到结婚三年刚刚有了个孩子就夭折了，再加上年岁已高，就一病不起，有时昏迷有时清醒。

自从金氏生病，徐端就把铺盖搬进了金氏卧房，日夜伺候。早晨早早起来，用温湿毛巾为金氏擦脸、整理头发，做好早饭后，端过来一小勺一小勺喂下，又熬好中药，一小勺一小勺喂下，稍作休息，再用拳头敲打全身，舒活筋骨。中午、晚上，如是般的重复，每每夜间惊醒，都查看一番，生怕金氏悄然逝去。

金氏一有清醒，就握住徐端的手，唉声叹气，只为无后。徐端只能以泪洗面，久而久之，就给张謇送信，想过继三哥一个孩子于膝下，了却婆婆的遗憾。张謇没想到徐端还不到二十五岁就产生此想法，知道纯为孝顺，就写信给三哥说明缘由，三哥立马答应，过继女儿张娴于四弟名下。

虽然，张娴不是亲生，但有女儿承欢膝下，金氏内心也稍有安慰。病情似乎有些好转，清醒的时间多昏迷的时间少了。

这天，金氏精神头好得很，看着日夜操劳睡眠不足而消瘦的徐端，内心疼爱不已，就把张詧和张謇叫到床前说："你父亲大人，为乡邻做尽好事，不图回报。捐助豫、晋赈灾，让张詧得奖县丞，分发江西，是朝廷的恩赐。但张謇不然，你生性耿直，不宜为官。慎记慎记！"没想到说完就撒手西去，再无生命迹象。

其实，后来张謇热衷于公益，骨子里深受其父张彭年的影响。

张彭年一生对公益事业极其上心：

张彭年居住在濒河，河上要建桥，他慷慨捐赠，便利了当地交通。有一年，当地饥荒，张彭年抵押了自己的房子，购进粮食，按原价赊给当地乡亲，帮助他们度过饥荒，收留那些无家可归的流浪者，抚养友人的后代，周济孤寡老人。道光年间，正当张彭年和他父亲在西亭遭遇衰败的时候，张彭年贷资乘船至上海，辗转去宁波做生意，途中遇见一海门妇人，被人掠来转卖去宁波，值二十金。张彭年竟花钱买下，带这妇人返回家乡，还给她丈夫。其亲戚族人集资归还他钱时，张彭年说啥也不要。在冒籍案首尾三年，家里已无钱可支出，负千金之债的情况下，张謇与乡里诸友商办下沙赈灾，张彭年竟典当衣服资助，并倡捐建长乐市石桥。

张彭年六十后，把家事全部交给张詧操持，每天专为乡里调解纠纷，白天黑夜乐此不疲。家中天天坐满人，遇到吃饭的时候就请人在家里就餐。一点一滴地为人梳理事情的本末，辨别是非曲直，直到两家和解为止，没办法的时候就自己拿钱解决，这导致找他解决问题的人越来越多。一家人实在苦不堪言，张彭年却说："不然。穷人有委屈埋在心里，很想告诉能为他解释的人，感觉自己没本事又怕被人骂，害怕大家说他又不敢说出来，不能解决只能回到家中，一家人垂头丧气，你祖父一生就处于这种境况。现在我还没有衰老，以口舌保乡里和平，也是安心之事啊。"张彭年六十岁的时候，张謇还在做幕僚，张詧则还是一介平民，张彭年当然还不够"老太爷"的资格，但他对自己的"保乡里和平"的乡绅角色的认同却已十分明确。

金氏走后，无后的事依旧像一块石头压在徐端心上，虽然有了张淑分散了一些惆怅，但徐端的心里还是像长了茅草，不能抚平。屋漏偏逢连阴雨，就在张淑四岁的时候，一朵黄花枯萎了，悲愤中的徐端起了为张謇纳妾的心思。

这年春节即将来临，张謇随吴长庆平定了朝鲜的内忧外患班师回国，被吴长庆批准回家省亲。见到父亲，父亲拿着异样的眼光瞅着张謇，让张謇莫名其妙，禁不住问："父亲，是不是有事要告诉我？"

张彭年问："四儿，你是不是在外面立了大功啊？"

张謇一听原来是平乱的事，就一五一十地讲述给父亲听，父亲听得惊心动魄，只是不住地点头，没插一句话。张彭年又问："四儿，班师回朝后，朝廷没奖励？"

张謇有点愣神，摇了摇头。张彭年见张謇真的不知道奖励的事，也不再卖关子了，俗话说无功不受禄，如今儿子立了这么大的功，朝廷奖励也是在意料之内的事。就说："四儿，我也不瞒你了。"

大凡古往今来能成就一番事业的人，机会很重要，但更重要的是量才使用，发挥其长处，方能显出人的真实才能。就像吴长庆赏识重用张謇，而张謇推荐袁世凯，都是这个理。用人不疑疑人不用，吴长庆就是一位很好的统帅，他对张謇的信任和重用，让张謇的才能发挥得淋漓尽致。平乱事件进行得非常顺利，官兵不过死伤几十人，捉到了叛兵二百多人。国王李熙宴待了张謇和袁世凯，礼节很隆重，还送了张謇一套三品冠服。当时，主持机要的还有薛福成和何嗣焜二人。事后，吴长庆论功行赏，要专折特保张謇等三人，三人都竭力辞谢不受，最后，吴长庆没让三人知道，直接向每人家中寄去一千两白银。

如今，张謇回到家听父亲说起，才知道吴统领的安排，更加信服吴长庆。

张謇在外面混得成功更加剧了徐端焦虑四房传接香火的问题，她知道这是她做妻子的责任。徐端早就嘱咐娘家人物色人选，起初娘家人很抵触，这毕竟是鸠占鹊巢的事，将来一旦有了孩子对徐端很是不利，母随子贵的事比比皆是，难道就不会发生在徐端身上。徐端深信张謇的人品，但如果张謇无后，徐端也无脸在这个家中立足。娘家人无奈，只得应允下来，问徐端对女方有啥要求。徐端也没多想回答道："只要模样周正有德就行。"正好离徐家不远有一姓陈的人家，有女待嫁，多方考察，品貌端正。而对方家庭对张謇早有耳闻，是远近闻名的才子，很是欢喜，毫不犹豫答应了。

陈氏祖籍浙江鄞县，被常州陈姓人家抱养，陈家乔迁海门务农。陈氏嫁到张家九年，体弱多病，最终也未生下一男半女。但是她为人谨慎有礼，文静温柔，深得徐端信赖，在家里上下老少中颇有人缘。张謇对她很有情义，评价也颇高："自陈氏来归，于今九年，虽未有所出，而谨慎无过，能主中馈，内子甚赖之。既卒，家人咸惜焉。"陈氏病卒，张謇厚葬她，亲自撰写《亡妾陈氏墓志》，并命人勒石，以告慰她的亡灵。

"不孝有三，无后为大"的儒家礼教长期煎熬着张謇夫妇。

徐端于陈氏进门八年正月又为张謇纳妾管氏。哪料管氏嫁来两年亦无生育。徐端急得不得了，觉得非下狠招不能解决后代问题，于是决定索性一下子纳进两妾。张謇坚辞，徐端搬出公公张彭年对他施加孝道压力。张謇是个大孝子，只得同意甲午年赴京赶考，并定聘如皋双甸普通农家姑娘吴道愔、梁曼容为妾。为什么聘普通农家女？徐夫人认为村姑比小姐健壮，腰圆臀肥能生孩子。张謇考中状元，丁父忧回家，三年孝满，徐端催着将吴、梁二妾迎娶回家。

徐夫人女中丈夫，对姬妾们不但无妒意，而且爱护有加，只盼她们为张家生下子息。可姬妾之间却免不掉有些争宠。先是陈氏长期未生，自觉脸上无光，又见纳了管氏，内心更加失落，抑郁而死。管氏进门多年亦未有生养，而张謇又一下子纳了吴、梁二妾，吴氏更是第二年就喜得贵子。

管氏不仅是膝下无子的冷清，更是闺房冷清，便吃素念佛以求精神寄托，谁知愈修愈信，愈信愈深，最后竟投到大悲庵出家去了。多年后，因反对袁世凯复辟帝制，张謇辞官回家，听说管氏已出家多时，想到这几年忙于在外做官办厂，徐端又离世，自己对管氏关爱太少。他有些动情，有些自责，便亲自到大悲庵去劝管氏回家。管氏对张謇也是有情义的，她见张謇来劝，泪如泉涌。但她想到自己最终没有生育，人生四大皆空，出家之念心如铁坚，遂用沉默表示自己已了断尘缘。张謇开明，十分理解她的心境，人各有志，不能相强，他见管氏苦劝不回，只好尊重她自己选择的人生归宿。

　　吴氏于婚后第二年生子张孝若，母以子贵，她在家中地位渐升至徐端之后。徐端去世，张謇因她秉性忠厚，便委为内当家，不久扶为正室。梁氏在结婚之初，也常被张謇带到任上。吴氏被扶正，梁氏心有不适，她又不像吴氏老实，就在家里弄出些口舌来。张謇听到后不为所动，梁氏自觉没趣，带信向张謇请假，说是回娘家奉母。这一"奉"字可不是短期伺候，即奉养天年，有长期陪伴老母的意思。张謇何等聪明之人，懂得梁氏要长期离开他的心思，但他不霸道，准了梁氏的假，并写了两封信劝导她：一封讲的是妇道家规；一封讲的是做人要慈善为怀。梁氏回了娘家，仍然喋喋不休，讲别人坏话。张謇"恶其诬也"，又写了两封信给她，都是些教训她的事实和道理，口气较上次重多了。梁氏负气，从此两人关系恶化，张府也不再出现梁氏身影。

第十四章 乱 世

从不听乱世的耳语，只看自己想看的风景。

一

诚感人心心乃归，君民末世自乖离。

岂知人感天方感，泪洒香山讽喻诗。

张之洞写下这首绝笔诗两年后的一个晚上，张謇下榻在万和楼。张謇之所以下榻这儿，是因为朋友推荐万和楼的牛肉炒粉做得一流，这个炒粉非常讲究，烹调方法有着严格的限制：一锅最多只能炒两盘中盘炒粉，或三盘小盘炒粉，牛肉必须是内腰肉或外腰肉。

就在白天，张謇和湖北巡抚签订了棉纱的大单，由大生独家供应湖北官方棉纱和布匹，心里非常兴奋，就点了两中盘牛肉炒粉，还有一壶老天成糟坊汉汾酒，正想喝一杯助助兴，刚喝了一口，吧嗒了一下嘴，新军里就有人送信来，说是武昌要封城，有仗打了，如果现在不离开武昌，可能一时半会儿就走不了了。张謇大吃一惊。他对新军非常熟悉，这些都是张之洞的旧部，自己又是张之洞的座上宾，所以消息一定可靠。

张謇放下筷子，又呷了一口酒，就赶紧结了账，叫了辆马车，喊上生茂奔向江边，刚刚登上客轮，就听见枪声乍起，不一会儿，远远的武昌城一片火海，张謇惊起了一身冷汗，垂头丧气地说："没想到，香帅才走了不到两年，他一手训练的新军就造反了。嗨，这下签的大单也泡汤了。整个湖北要陷入战火之中了。"

张之洞于光绪三十三年调进京城，任军机大臣。而此时的清王朝已经举步维艰，外患日棘，民穷财尽。而这次一起与他入军机的还有袁世凯，但二人几乎没有深交。尽人皆知，袁世凯的后台是首席军机大臣庆亲王奕劻，是他保荐袁世凯的，而慈禧却属意张之洞，因此，张之洞为了避免与袁世凯发生冲突，只能采取明拉暗打的策略。但要想处理好与袁的关系难上加难。

几年前，二人之间就尴尬过一回。那年冬，袁世凯在河南项城办完母亲丧事，返回北京时，特意绕道南京，拜望署理两江总督的张之洞。宴席间，袁世凯试探张之洞，说了一句："尽天下英雄，为香帅与世凯耳！"因为这时李鸿章已死，袁世凯自认为自己说了句实话。而张之洞未接话茬，好像没听懂，没多时竟然打起了鼾声。袁世凯自觉无趣，怏怏离去。

来到江边登上兵船，命令立即开船，而兵船管带说："没有香帅的命令不敢开船。"

袁世凯大怒道："你以为北洋大臣不能杀南洋水师的管带吗？"

管带见袁世凯不好惹，只得开船。

张之洞赶至江边时，船已离岸，袁世凯在船上略一拱手道："香帅请回，容日后相见！"

次年五月，张之洞入京路过保定，袁世凯率百人迎接，并为其设宴洗尘。结果席间，张之洞又一次倚案垂首，鼾声阵阵，袁世凯非常不满。

现如今同为军机大臣，因袁世凯一直在京为官，就在自己宅邸隔壁为张之洞安排了一处寓所，以示友好。张之洞内心一百个不愿意，但碍于脸面还是住进去了。并亲拟一副对联：

朝廷有道青春好
门馆无私白日闲

找来工匠用上好檀木镌刻，悬于门上。没过几天，联旁出现了两行小字：

优游武汉青春贱
冠盖京华白眼多

张之洞读罢大怒，让仆人把对联烧了，搬进了什刹海附近寓所。

当然，张之洞和张謇一样，是极力主张立宪的，特别是推崇开设民选议院。与之不同的是袁世凯，他和奕劻等人企图以设立内阁制来控制朝政。这样两派就开始了明争暗斗，为了更有胜算，张之洞着手联络当时隐居上海的岑春煊，他曾任两广总督，在丁未政潮中虽然遭受沉重打击，但退隐后仍不改初衷，与在野立宪派交往密切，张之洞对一时失势的岑春煊颇为关切，岑极为感激，愿意携手推动立宪。但奕劻和袁世凯先手反戈一击，再次让岑退隐。

时隔一年，光绪驾崩，年仅三岁的宣统继位，宣统父亲醇亲王载沣成了监国摄政王，满族亲贵趁机揽权敛财，一直到了让人无法忍视的地步。载沣任命弟弟载洵为海军大臣，载涛为军咨大臣，清朝军政大权把持在三兄弟手中。张之洞实在看不过眼了，就在载沣面前据理而争："此乃国家重政，应从全国督、抚大员中选知兵者任其事。载洵、载涛年幼无知，怎么可以把军国大事当儿戏呢？"载沣不听劝告，张之洞继续力争，最后载沣一跺脚脸色大变道："不关你的事！"张之洞感愤致疾，一病不起，最后无奈叹道："国运尽矣！"

如今，张之洞亲手训练的新军打响了推翻清王朝的第一枪。

这么大的动静，清政府竟然没有立即作出反应，而是五天后，令陆军大臣荫昌带兵前往镇压，荫昌没有立即开拔，而是让清廷先拨兵饷。这时邮政大臣盛宣怀拜会荫昌，开门见山地说："荫大人，保护好汉阳铁厂，奖十万大洋！"离开荫府仍不放心地说："荫大人别忘了所托之事啊！"荫昌满面含笑地说："盛大人准备好银子就是了。"

可荫昌迟迟没有开拔军队，因为荫昌知道北洋军谁是当家的，他是想让朝廷重新起用袁世凯。清廷没办法，只好让袁世凯重新执掌兵权。

袁世凯掌兵权后，没有贸然出兵。因为他知道，一旦南北打起来，即使自己侥幸胜利，元气也会大伤，清廷也会收拾自己，不如在南方、清廷和自己之间达成妥协，寻求最大利益。这时的袁世凯野心已经暴露，他想先榨干清廷，所以逼迫隆裕太后拿出私房钱充当军饷。掏空了清廷之后，袁世凯开始和南方政府展开了拉锯战。

二

张謇登上江轮赶紧离开武昌，内心彷徨至极，他的实业正欣欣向荣，可激烈的社会动荡，将严重影响自己实业的发展。一旦战火在全国蔓延，国家就会分崩离析，那将出现一个可怕的现实：外人乘机生衅。列强将在混战中撕裂中国。

张謇虽无一兵一卒，但他也不会坐以待毙。

十月中旬的天气已经趋凉，这天下着小雨，东风将雨线吹在人脸上，立刻融在皮肤上，湿漉漉的难受。张謇起了个早，他要前往江宁拜见江宁将军铁良和两江总督张人俊。

铁良原本是军机大臣，执掌兵权，因鼓动隆裕太后训政来限制摄政王载沣的权力，被排挤下放到江宁，是铁打的保皇派。两江总督张人俊也是一个忠君爱国的老臣。张謇先去找二人，是心中早已盘算好的，以二人对大清朝的忠心，不会坐视武昌战乱不管，一定有所作为。

总督府，张謇深鞠一躬道："二位大人，如今武昌兵变，战火向周边蔓延过来，武昌乃湖北重镇，香帅曾多年经营，可以说兵马强壮，装备精良啊。如不及时出兵扑灭，很快就会祸及江宁。"

"四先生有所不知，就江宁的兵马，进攻是杯水车薪的，现在只能加强戒备，以防守为主。"铁良悻悻地说。

"将军为何这样想？江宁可是屯兵最多的重地，怎么说也是两江督抚所在地。"

"哎，四先生有所不知，铁将军说的也是实情，两江虽然富庶，但摄政王忌惮地方屯兵，大大削减了军队数量和军饷。能上阵杀敌的也只有张勋部下，其他的已没有战斗力。"张人俊打圆场道。

其实，铁良和张人俊也是为了保存实力，武昌虽然离江宁比较近，但朝廷到现在还没有派兵，哪能轮得到自己触这个霉头。张謇见说不动铁、张二人就又跑到苏州，与江苏巡抚程德全商议这件事。这时的张謇虽然只隔两日，想法却有了转变，他想以武昌革命为筹码，逼迫清廷立刻实行宪政。

刚到苏州，张謇落脚在松鹤楼，这店已有百年的历史了，可张謇对着面前的招牌菜：樱桃肉、响油鳝糊、松鼠鳜鱼、红烧狮子头，一点食欲都没有，满脑子都是武昌革命。他在旅馆里踱来踱去，看着窗外稀疏的星斗，忽然想与程德全商议之前先拟一份奏章，也好把想要做的事理清楚。他一边构思一边研墨，等墨研好了，腹稿也打好了，挥毫写就《鲁府孙宝琦、苏府程德全奏请改组内阁宣布立宪疏》。奏章里写道：目前革命起义已止无可止，防不胜防。那有什么解决方案吗？那就是治本之法，不外国民好恶，实行宪政。张謇的做法，无疑是借革命之势，倒逼清廷实行君主立宪、开国会。

几天过后，立宪的风越刮越小，小的如一石子扔入大海，被革命的浪潮卷得无踪无影。张謇的好朋友汤寿潜、程德全原本支持立宪，但在大势所趋的形势下，联络手下的官兵，兵不血刃地做成了一件事：脱离清廷，宣布独立。二人也顺理成章当上了浙江、江苏的都督。而张謇一直看好的保皇派铁良和张人俊看着江宁城外的革命者一副燎原之势的画面，做好了逃跑的准备。他两先是派出使者议和投降，半夜里用箩筐吊到城外，匆匆登上日本轮船，逃亡而去。

在十字路口徘徊的张謇，敏锐地觉察到，革命的形势发展迅猛，容不得他细细琢磨，在短短一个月的时间里，全国就有十四个省份宣布独立。

当然，张謇放弃立宪支持共和有一个痛苦的过程，他是清朝的状元，一旦共和了，这状元头衔也就变得毫无意义。但是，战火就要烧到家门口了，他的事业将会在战火中变成废墟，形势不等人，既然革命已经席卷全国，那就必须抽身支持共和，他立马动身前往上海，说服革命者对通州搞一个和平光复，张謇早已和三哥张詧说明去上海的意图，就是说服沪军都督搞一个和平演变。当许宏恩带领沪军来到通州时，张謇还没离开上海。但张詧早已在张謇的授意下，带领当地士绅以及各界有头有脸的人物，加上一大批学生，在江岸列队迎接，借机成立通州军政府，张詧被推举为总司令，大生在通州一切产业免遭战火，照常运转。

通州稳定了，张謇也没闲下来，他既然认准了革命，就要倾尽全力促成民主共和。铁、张二人的逃跑也与张謇有扯不断的关系。

张謇首先想到的是袁世凯，大清朝的军队主要掌握在他手里，经过多年的培植和渗透，北洋军可以说除袁世凯外无人能指挥得动。说干就干，他立马给袁世凯发了一封电报，主要是劝袁世凯正视国内现实，尊重国人趋于共和的选择。张謇的意思很明确，如果袁世凯不支持共和，那么，南北就会发生大规模战争，战火还是燃遍全国，不知要死多少人，毁掉多少实业。而袁世凯要是共和了，清廷也就没什么指望了，也就跟着共和了。

其实，这时候江宁还没有革命，因为驻守江宁的江南提督张勋是个彻头彻尾的保皇派，打死他也不会支持共和。江浙革命军哪能容得下他，程德全亲自督师前线，向张勋部发起了猛烈攻击，不灭张勋誓不罢休。

这仗打得异常艰辛，张謇为了鼓舞革命军的士气，迅速做出决定，以江苏省议会的名义劳军，给前线送去牛、酒、白面、布匹，还有银圆，犒劳攻城的革命军。革命军士气正旺，经过一番苦战，程德全的江浙联军驻进了江宁城，江宁光复成功。

在这场战役后，南方已彻底革命了，形成了南北两大阵营，这时候的张謇考虑什么呢？他想的是武力和和平之间怎么平衡？想来想去，张謇认为可以在民主共和的旗帜下实现南北统一。

张謇自然找到好友程德全，程德全又找来章炳麟和赵凤昌，四人聚在一起就讨论起来。

"各位兄台，如今南方已经革命成功，拥护共和已成气候。可北方还把持在袁世凯的手中，清廷虽无反击能力，但它依旧存在，那些遗老遗少仍有煽动性，这就形成了南北对峙局面。我们应该怎么办？"张謇先开口道。

章炳麟紧跟道："袁世凯既然受命于清廷，不会轻易言和。此人一直拥兵自重，有独裁的野心。"

赵凤昌捋了下胡须说："此人阴险狡诈，说服革命的可能性比较小，我们不如趁机挥师北上，直入京城，解除他的兵权。"

"北洋军战力不可小瞧，袁世凯多年经营，装备要比我们强得多，贸然进军攻打北京，倒显得我们势单力薄。"程德全不无疑虑地说。

张謇胸有成竹地说："袁世凯虽听命于清廷，但他不会看不清形势，全国大多省份已经革命，拥护共和，他也不会逆潮流而上，只要他支持共和，就有和谈的希望。我想我们当下，应学习欧美，组织新党，名字我已想好了，就叫统一党。"

就在大家口水多，行动少的时候，袁世凯却派出了自己的代表唐绍仪，来上海进行南北统一的谈判。因为袁世凯对张謇的一举一动看在眼里，知道张謇等人正急着统一全国，他正好利用这个心理，为自己争取这个最高权力，他之所以没有对清廷下手，是因为清廷已成了他的一个谈判筹码。

三

西北风不紧不慢地刮着，气温在阴转多云的情况下，骤然下降到零下。这是不寻常的一天，这场革命的领导者孙中山悄然回国，他先是下榻于上海法租界的一所行馆里。他虽然一直逃亡海外，但并没有阻隔他对这场革命的领导，他的指示总是准确及时地传达到革命者的耳朵里，他的归来，无异于拨开乌云见太阳，让革命者有了主心骨和方向感。

张謇敏锐地嗅到了政治方向，立马从通州赶来上海，急切地与孙中山会面，虽然孙中山正忙着中华民国临时政府的筹建工作，但还是很热情地接见了张謇，两人相谈甚欢，张謇也欣然答应在未来的新政府中任职。

张謇回到通州后异常兴奋，马上召开董事会。

张謇扫了一眼董事们，伤感一下子冲上脑门，一开始就随自己创办大生的就剩刘桂馨了。拿出手帕擦去流到腮上的两行浊泪，他又想起了今年刚刚去世的沈敬夫。旁边的刘桂馨心有所感地问："季直兄啊，您是不是又想起故人了？"

"我又想起夑均兄了，州敢云实业开幕之先，方其作始，将伯助予，沥胆相助之老友。"沈敬夫的特殊地位让张謇产生念念不忘之情。

不过张謇很快调整了心态，毕竟眼前有一大喜事，中华民国要成立了，终究要有一个统一的局面，也可放开自己的心思搞实业了。但他不会不参与新政府的筹建，并且发挥他应有的能量。

"各位董事，一个新的政府要成立，它最需要什么？"

"生于乱世，最需要枪炮。"

"养活军队，最需要粮食。"

……

大家议论纷纷，表达自己的意思。时间一点点过去，张謇摆了摆手说："大家说得都对，但都必须有一样东西垫底，那就是银子。没有银子一切都是空谈，而这正是我们的长处，那么就在我们之间发动募捐。"

"四先生，这得需要多少钱啊？"

"我也没数，但江浙一带有钱人比比皆是，要让他们拥护新政府，愿意为新政府捐款。"

就这样，张謇带着一颗真诚的心，应黄兴邀请，参加了临时政府的成立仪式。这个仪式，在他一手设计建造的江苏咨议局的大会议室里举行。孙中山就职演说后，当场宣布了各部门的领导人选，张謇任实业总长。

上任的第一天，张謇发现政府几乎无法运转，因为新政府还没有一套正常运转的机制，也就是说经费还没有来源。这时，孙中山就找到张謇商议："四先生，你看现在这情形，我们急需要银子，否则，这政府只是一个空架子，一切血肉都需要银子来填充。我想安排你暂时放下手头工作，重心放在筹钱上，毕竟，以你的威望，是最能胜任这个工作的。"

张謇一下子明白过来，这是让他这个实业总长充当筹款部长啊。张謇并没多言，放下身架，在宁、沪、通三地积极筹钱。筹来筹去，张謇发现这个临时政府就是个无底洞，正在张謇积极运作的时候，政府传出了一个消息，就是抵押汉冶萍公司 50% 股权，通过盛宣怀向日本正金财团贷款。

张謇立刻警觉起来，连夜给孙中山拍去电报，不能这样做。他了解盛宣怀，此人毫无底线可言，而日本人一定狼子野心。收到电报后，孙中山也知道个中利害，所以留了一手，还有一半的股权在自己手里。那么张謇为什么这么忌惮出让汉冶萍公司股权呢？事实上，辛亥革命前夕，该公司员工 7000 多人，年产钢近 7 万吨、铁矿 50 万吨、煤 60 万吨，占清政府全年钢产量 90% 以上。由于汉冶萍公司是清政府唯一的新式钢铁联合企业，控制该公司实际上等于控制了清政府的重工业。现在民国了，股权收归国有，这也是张謇忌惮的原因。

骨气是可以有的，但银子从哪儿来？你张謇的募捐杯水车薪啊。孙中山迫不得已，派自己的秘书跟张謇沟通。张謇是干啥的？是商人，是实业家。他从深层次知道，像这样的关系国家前途命运的公司，一旦掌握在日本人手里，其后果不可想象，再说，政府这波操作，不可能一次贷款就完事，还有第二波、第三波，日本人的真实目的就会昭然若揭，到那时后悔已经晚了。

其结果是张謇咋说也不同意这波操作，这让孙中山很是为难，这儿等着米下锅呢，你横在那儿也不是个事啊。张謇看到无法阻止这件事，对临时政府产生了不信任和失望，辞去了实业总长的官位。

正当张謇在失望和观望的节骨眼上，北方传来了一个重磅消息：袁世凯逼迫隆裕太后颁布诏书，宣布清帝退位，从明面上彻底支持共和。袁世凯抓住了孙中山就职演说时的一个诺言：谁能使清帝退位，我就把这个总统职位拱手相让。这件事使南方革命党人处于尴尬地位，不让出总统位置吧，说出去的话泼出去的水，覆水难收。让出去吧，革命的果实就拱手给了一个不可靠的清朝官吏。袁世凯也知道革命党人热血偾张，趁热打铁送上了一句：共和为最良国体，亦民国无穷之幸福，从此努力进行，务令达到圆满地位，永不使君主政体再行于中国。这看上去很体面的一句话，令革命党人找不到合适的驳斥话语，就这样袁世凯坐上了临时大总统的位置。但是，孙中山知道袁世凯是清朝大员，很容易走上独裁之路，所以，也给新总统就职埋下个雷，那就是必须到南京就职，定都南京。让袁世凯离开他苦心经营的北方。

北京城袁府内："杨先生，孙中山这是给我设了个套啊！你怎么看这件事？"

杨度捻了捻胡须道："总统的疑虑是对的，一旦去南京就职，也就失去了手握重兵的优势，主动权也就掌握在南方革命党手里，万万去不得。"

"先生说到我心坎里了。必须破了这个困局。"

"那就得找一个不去南京就职的理由，还不能让他们产生怀疑。"

袁世凯沉思了一会儿说："这个就得在北京城稳定上做做文章，一方面，我们四处放风拥护共和；另一方面，找一部分人，在北京城里制造些混乱。"

"对呀，这样一来，南方革命党人就认定总统不能离开北京城，一旦离开就会发生暴乱，这正打到他们急于和平的七寸上。总统真是高招啊！"

袁世凯笑而不语，杨度也知道该干什么了。拱手走出袁府，实施袁世凯的计划去了。

张謇府上："三哥，现在的形势很危险啊！"

张謇不解地问："四儿啊，国家趋于统一，你怎么会发此感慨啊？"

"三哥，越是这时候越容易出现危机。您想啊，孙中山已辞去临时大总统，袁世凯还没到南京就职，双方都不肯让步，南方士绅大多已脱离南京政府，这时候一旦外部列强伸出黑手，全国就会进入混乱状态。和平统一的局面就被破坏了。"

"那你想怎样？我们有什么能力左右这种局面？"

"既然袁世凯已是铁定的临时大总统人选，长痛不如短痛，我们尽快调停双方达成意愿，快速让袁世凯就职，实现全国和平统一。"

四

袁世凯如愿以偿地登上总统宝座，可这并不是袁世凯的最终追求，一个从君主制大员脱胎而来的共和制总统，脑子里对于专制有着特殊的感情，他向往那种翻手为云覆手为雨的特权，他找来幕僚梁士诒、杨士琦商量此事。

二人都是清朝不被待见的人物，深感袁世凯的知遇之恩，可以说唯袁世凯马首是瞻。梁士诒参加朝廷新开的经济特科进士考试，中了状元。可惜慈禧看梁士诒不太顺眼，就是说他的名字有问题："梁头康尾"，梁启超的梁，康有为名为祖诒，慈禧骨子里讨厌梁启超和康有为，于是把他的功名给去掉了。榜眼的杨度也受到了牵连，一块丢了功名，仅仅因为杨度曾经听过梁启超讲课。别人不敢用梁士诒，怕得罪慈禧，不过袁世凯听说梁士诒的经济才能后，请他来督办铁路，梁士诒由此发挥专长，后来又办了交通银行，当时，西方列强的财团，民间资本只愿意跟梁士诒的交通银行合作，梁士诒基本成了袁世凯的钱袋子，人送"梁大财神"。后来袁世凯把他放到了一个更加合适他的位置——秘书长，行政和金融一把抓。

杨士琦更是足智多谋，深不可测，是袁世凯的参谋班子里最纯正的幕僚。杨士琦当了十几年的试用道台，一直没有转正，没少被人排挤，所以他掌握了相当的阴谋诡计和权谋手段。他始终站在袁世凯这边，为袁世凯逢山开路，遇水搭桥。

"请二位来，我有一事总是放心不下。"袁世凯慢悠悠地说道。

杨士琦眨了眨眼睛，看向梁士诒。

梁士诒欠了欠身子说："如今天下一统，百废待兴，民心归一，总统还有啥放不下心的？"

杨士琦见袁世凯沉默不语，心里一凉问："总统是关心这大好河山最终归属吧？"

"知我者，士琦也。"

梁士诒吓了一跳，心里想：这是要复辟呀！

"总统思虑高远，可这事——"

"哎，梁秘书的意思暂且放一下，既然总统提起这事，想来是思虑已久，我们想的应该是怎样促成这事才对。"

"不瞒二位，这江山得来不易，说明我祖上就有皇族血脉，只是到了我这儿顺理成章就是了。得而复失犹如更朝换代之痛，痛入骨髓啊！"

"总统先生，这件事得从长计议，首先得消灭革命党中的障碍人物，否则，很难促成。"杨士琦心有余悸地说。

"孙中山、黄兴、宋教仁，这些人必须清除，否则，大好河山永无宁日。"袁世凯面无表情地说。

梁士诒虽然铁杆地支持袁世凯，但他对革命还是有情怀的，惊得无话可说。杨士琦知道既然袁世凯铁定走这条路了，就得跟袁世凯走下去，开始密谋刺杀行动。

对于袁世凯一步紧跟一步的独裁行径，出乎张謇的意料。首先是下令追缴国民党议员的证书，紧接着又下令解散国民党。这些消息，让张謇感到不寒而栗，让他这个有着高度政治敏感的人产生了不祥的预感：这是要产生政治地震啊。

张謇开始纠结，他想试探一下袁世凯。

觐见袁世凯，张謇也没拐弯抹角，直言道："总统先生，我建议不要解散国会，这是民主的最低限度了。"

袁世凯也不想明面上得罪张謇，笑着说："不是我想解散国会，是他们太不让我省心了，国民党竟然一家独大，把持国会，率性所为，这不是要架空总统吗？"

张謇心里有数了，这是要非独裁不可呀！知道自己无法改变现状，这个结论也在意料之中，只能默默退出。

这时候，张謇还没想到袁世凯想当皇帝，只是想他在专权，无非是权力集中。自己是去是留得好好琢磨琢磨。就在这节骨眼里，内阁中许多同僚纷纷辞职，包括总理熊希龄。张謇没有走，他虽然厌于这样的政治旋涡，但却异常坚定地留下来。

熊希龄不理解，临行前问张謇："四先生向来清明，不畏权势，这次怎么会选择留下来。难道别有隐情？"

"熊先生，我们当官是为了什么？"

"四先生怎么想的我不知道，但我是为了实现自己的政治抱负，既然有人想独裁，我怎么能与之同流合污？"

"熊先生想过没有，国家是个政治平台，是实现政治抱负的基础，如果你离开了，还有什么抱负可言？"

"四先生的意思是——"

"我和熊先生一样，也是为了实现政治抱负。我要振兴经济、发展实业、发展教育，我要好好利用国家这个平台，颁布振兴的各种法律法规。还有刚刚启动的导淮工程不能丢下，治理好淮河，是我年轻时就有的梦想。"

是的，张謇经过多方努力，刚刚同美国公使签订了治淮借款条约，现在辞职，借款也会终止，淮河泛滥还会持续不断。而这时的袁世凯，见张謇一门心思治理淮河，顺水推舟，于人于己都有利，就把导淮总局升格成国家水利局，任命张謇兼任总裁。正当张謇带着荷兰水利工程师勘察淮河河道、水情的时候，一件大事发生了——第一次世界大战爆发。一切借款全部终止，西方国家已无暇顾及淮河借款的事。

夏天来了，淮河两岸一片汪洋，大水冲毁了家园，张謇把全部希望寄托在国家身上，一次次向袁世凯进言，但袁世凯这时只忙碌着黄袍加身，其他一律无视。杨度他们组建的筹安会，让整个京城闹剧不断。让张謇彻底与袁世凯决裂的是丧权辱国的"二十一条"，虽然袁世凯肚子里明白日本人的野心，除据理力争外，别无动静，这时袁世凯很怕失去当皇帝的机会，不敢与日本人硬刚。

张謇这时候已经忍无可忍，不但无法行使自己的理想，更让人顶着与卖国政府同流合污的帽子。张謇在这样的背景下，立马提出辞职。

张謇这么多年经历的政治风涛无数，用他的脚指头想想都能看出这是一场不折不扣的政治闹剧，一定有反袁的暴风雨骤然袭来，势头比反清更加高涨。

第十五章 机 遇

第一次世界大战爆发，1914—1918 年中国民族工商业迎来黄金时期。

一

张謇辞去所有官职，并不代表他不再关心政治，相反，他更铁了心地推动地方自治。没想到在张謇惆怅不已的时候，江导岷递给他一封辞职信，信中之意委婉如下：垦事一有余年，远离桑梓，家乡之事多置不理，谨请辞职，以息仔肩。张謇知道，江导岷请辞绝不是因为此，而是另有隐情。

通海垦牧公司正式成立以来，因公司用地为滨海荒滩，常受狂风巨潮侵袭，特别是第五年上遭遇特大风暴潮，刚刚建成的堤坝均被冲毁，牧场羊群几乎全被冲散，几年的努力前功尽弃。但受此重大挫折后张謇毫不气馁，下定决心加大对基础设施的投入。次年张謇聘请了荷兰水利专家奈克、特莱克父子，不惜成本赴上海采购优质水泥、钢材，建成了一个个坚固的直立式钢筋水泥桩柱，内加水泥板后即成一条威力巨大降服海潮的挡浪墙。后又雇工将原来修筑的捍海大堤进一步培修牢固，加长加宽，并加建石驳，从而有效地捍御了海潮的侵袭，使已经开垦的良田不至重新坍入海中，有力地保障了垦牧事业的不断发展。直到是年，已成规模，收益颇丰。江导岷一直追随张謇步伐，逐步实施自治的村落主义，但各股东各怀心事，不能同心，让江导岷非常失望。张謇知道垦牧是江导岷心血缩成，不能前功尽弃，就回信道：为人做事，辛苦如此，著效如此，而当不为人所谅，拂袖引去，亦固其宜。就今日股东会现状，论主张分地之人，志在速获厚利，不知获利之前后左右犹有事。股东中大有斥自治之事不当办者。也就是江导岷不为人所谅，信而见疑，忠而获谤，确实太委屈了。股东主张分地，志在速获厚利，使江导岷对为股东再尽责十分灰心。还有，江导岷对股东反对在垦牧公司实现自治大失所望。这次辞职被张謇劝阻道：以垦事论，尚有未竟之工、未堤之地，方期吾弟于二三年内，为吾终成之。谈到自治，张謇说：鄙人守此志，当愿吾弟为吾终之也。江导岷敬奉师命，忍辱负重，又继续挑起了重担。

江导岷按照张謇的意思召开董事会，在会上他言婉意深地说："各位董事，现在有两种声音，一种是愿意垦牧公司建成模范村落，另一种是仅保一己产业。四先生的理想是无论如何做成模范村落，这是本。希望大家不要舍本逐末，顾私而废公。"

董事们议论纷纷，各抒己见，但有个声音是一致的就是土地差异太大，有生有熟，很难分配。江导岷见有转机，就以守为攻道："如若分地，我自明年始，解除职权，解职之后得以安居海滨，耕百亩之田，治一家之事，宽闲岁月，自在优游。"大多董事对以后的土地管理，以及是否分到可耕之地，多有疑虑。最后达成一致，就是等三年后看情形再做决定。又以百分之百的选票推举江导岷为董事长。接着江导岷又提出：即使分了地，要对公产的收入支出有所规定，要妥为保藏图册案卷。提前为各位股东打了预防针。

张謇听了江导岷对垦牧的汇报，很是赞扬。为了平息不同的声音，减轻江导岷的压力，次年召开的第三次股东会议上决定将四万多亩土地分给股东。

这些年张謇一直在外忙碌，很少回家。回到海门，吴夫人非常心疼，嘟囔道："先生常年奔波，挣得偌大产业，我却不能随时照顾，能不能在南通建一别宅，也好全家相聚，为您分担一些。”

"夫人想得周到，这些年来离多聚少，都是我思虑不周，早该在南通置一处别业，常常见到你和儿子。"

吴夫人非常高兴，就道："先生忙碌，选好宅址后，我可督办此事，不用先生操心。"

"是啊，想当初牡丹在世，这些事自然交给她。唉！"

"先生又思念姐姐了。姐姐已离开接近七个年头，我也时时想她的好，但人死不能复生，还希望先生多多保重啊。"

张謇叹了口气道："如今要建一住处，从选址到竣工是相当周密的事，我怕你久居家中，少有社会活动，这样的担子会很辛苦啊。"

"现今，欧风渐盛，很多妇女都在外工作，我虽没读过书，但在先生身边多年，耳濡目染，也懂得一些礼数及营生，很想为先生分担一些。"

"也好，宅子我们住，建造得让你称心，由你监造也是应该的。我只有一个要求，就是建一别院，辟一倩影室，安排牡丹生前的物件，也好让我静静心。"

"先生对姐姐的情谊刻骨铭心，我一定用心安排。"

"这样吧，房屋的设计，就找孙支厦吧，他是南通师范培养的最优秀的设计师，设计的房屋很有格调。"

"好，学生得好好培养，我一定让他放手去做。放心吧。"

天空牵着几丝云，点缀着瓦蓝，树叶在微风中略有晃动，好像玉唇吹动少女的留海。吴夫人找来孙支厦，说明了张謇的意思。孙支厦说："以先生的地位，早就应该有所别院，而且应该融有现代元素，彰显先生的开放包容。濠南通州博物苑附近还有块地皮，很合适建造宅院。"

"今天天气很好，你带我去看看，如果合适就定下来。"

日子一天天过去，一座欧式的宅院就落成了，大门旁两棵紫藤格外扎眼，四层砖木结构楼房，坐北朝南。红色铁皮屋面，南北两侧共有五扇西式老虎窗，东西共有四个细高的烟道伸出屋面，整个屋顶呈现出西方巴洛克建筑风格。这让张謇也眼前一亮，内心深处对吴夫人更敬一分。也对自己的学生孙支厦设计的内涵惊讶不已，感叹他不仅有技能还有思想。

南通的地方自治虽已有了一定的规模和成效，而张謇却除了海门的住所外，在南通并没有自己的住宅，不是住在博物苑就是住在大生纱厂，别业落成，张謇的朋友和学生都来祝贺，其中，江谦撰写的贺联最为抢眼：

有庇人广厦万间，最后乃营五亩。
非举国蒸民饱食，先生何暇安居？

其实，这副对联不仅写的是恩师，更是自己内心所向。恩师张謇以大生纱厂所得息酬供给校用，以实业、教育、慈善相互灌输为宗旨，以"坚苦自立，忠实不欺"为校训，故南通师范声誉远闻，山西、甘肃皆由省费选派诸生来学，江谦亦动员自己家乡的学生来通师学习。由于一些学生家境贫寒，生活拮据，江谦总是拿出自己的薪水来资助他们，造成家用不给，而江谦夫人汪含章则利用织巾收入，补贴家用。这师生二人真是只为梦想，很少想到自己。

是时苏皖两省教育当局争相延聘江谦，清政府国语统一局欲聘江谦主其事，江谦以与张謇师生之谊，婉谢各方延请。江谦还将张謇当年创办通师时写给王晋藩、马锡吾、江谦等人的手札编印成《张殿撰教育手牒》刊行于世，同年被任命为江苏省教育司司长；在张謇的极力举荐下，江谦成为南京高等师范学校首任校长。江谦是张謇的得意弟子，此前负责着通州师范学校的校务，积有一定的办学经验。张謇的举荐，显然是希望自己的教育思想能借此得以更为广泛地推行。

江谦担任校长期间，不负众望，躬身下问，他倡导训育、智育、体育，三育并举。与张謇的国家思想、实业知识、武备精神的教育方针不谋而合。江谦以为训育的目的是要养成国民的模范人格，与张謇教育应为诸生养成人格，他日为良教师，成我一国国民之资格的理想追求同样是一脉相承的。江谦以诚为校训，勉励师生为师、为学、为人都要以诚为训，培养学生以知、仁、勇为目标，携手奋进，形成尊师爱生风气。

今见恩师终于住进了自己的洋房，心下感慨万分，也万分欣慰，也为自己的学生孙支厦感到自豪，设计出如此精致的宅院，在南通还是第一家。

二

"忙活了几天了，七十大寿也过了。您在想什么呢？"徐姐问张謇。

张謇并没有立刻回答，而是一直在那儿愣神。他猛然感觉到像梦一样存在，八年前，四弟六十大寿的场面仍在眼前，那时张謇任北洋政府农商总长兼全国水利总长，祝寿的各路官员熙熙攘攘。那年四弟建立大聪电话公司，创办南通城乡邮政和电话业务，自此让南通快速连接了全国各地。所收贺金五千两，四弟分文未取，全部用于建成第一养老院，养老院每年花销从自己的薪金中扣除。今年，自己七十大寿，几乎没有官员到场，就工商界的朋友居多，却收礼金两万两还多，可见大生这八年名声上涨了多少。

"心里想什么呢？愣这么长时间了。"徐姐有些不安地问。

"我在想四弟办的养老院。"

"是啊，老有所养是四弟的一个梦想。可天下那么多老人，有多少养老院能够收容呢？"

"可至少南通的孤寡老人有去处，所以，应该再建第二养老院。"

"先生的意思是——"

"效仿四弟，用贺礼再建一所养老院，一切费用我们来出。"

"这样的事，四弟做的不止是一处，民国四年，以他任两淮盐政使的俸金，在台城南门口河南创办了泰属贫民工厂一所，建房八十余间，占地三十亩，雇工进行毛巾、藤器、缝纫等的生产。民国五年，建立第一所民办气象台……"

"你还不明白我的意思，很多事四弟是借助于大生和社会力量办成的，但有些事全靠他个人。"张詧又陷入了沉思。

光绪二十年，张謇考中状元，弃官还乡，从事实业教育救国。光绪二十七年，大生正厂日趋兴旺，正筹划大生副厂、大生二厂。通海垦牧公司成立，大规模围垦在即。通州师范学校即将开学……事业扩拓，人才奇缺。张謇急需一名真心实意得心应手的助手支撑。想到干才三兄，通晓官场、善理难事，办事干练，如若回乡发力助业，那将事半功倍。光绪二十八年七月，张謇乘江西巡抚李勉林调广东升任粤督之机，促成张詧引退回乡获允。从此，张謇主外，张詧主内，如虎添翼。

"三哥，您要挑重担了，我打算放手大生，让您全权执掌。"张謇望着窗外的紫藤，语气坚定地说。

"四弟，你又有新的想法？大生正在蒸蒸日上呢。"

"三哥，大生这盘棋之所以盘活，离不开上海公所。虽然印章没有得到官府的认同，其他方面的要求都得到批准了。涉及物资的采购和转运、成品的销售、银两的汇兑、与上海道和江海关的沟通等都由上海公所承办。这些事务的办理，均在上海，突出了上海对于大生纱厂的重要作用。"张謇仍没收回紫藤上的目光，而是更加深入地看向紫藤，上海公所就是一棵紫藤，大生是紫藤上开出的花朵，无论花朵多么艳丽，都离不开藤的滋养。

"四弟是想腾出身来坐镇上海公所操控全局？"

"是啊，上海公所看似无足轻重，只是大生驻上海的办事机构，为大生筹集资金、发放股息、添购物料、接待来人等。其实，许多大生的股东，由于地理原因，甚至没有见过所投资的大生纱厂，他们与大生的联系，仅仅通过沪所发生，因此沪所成为大生企业的代表和脸面。我要把它做大做强！"

"四弟目光远大，瞅准上海，放眼世界。三哥支持你。"

光绪二十三年，大生上海公所迁出暂寓的广丰洋行，搬入天主堂街，并改称沪账房，一直到光绪三十五年。这时期是大生纱厂筹建的关键阶段，一纸蓝图终于变为现实，通过大生沪账房，来自上海或者通过上海转运的物料源源不断地运往南通，资金和技术也由上海注入南通，大生沪账房成为大生纱厂启动的重要引擎。光绪三十三年大生纱厂召开第一次股东大会，决议将大生沪账房改名为驻沪事务所，并取得与会计、考工、营业、庶务等四所同等的地位。入驻南通大厦是大生驻沪事务所的高光时间，也是大生企业鼎盛的标志。

"三哥，在生意上您也应有自己的产业，不要光拘泥在大生上。"张詧一直觉得三哥跟在身后做公益，挣得的薪金和分红所剩无几，心下有些过不去。

"四弟啊，兄弟齐心，其利断金。我们的目标必须保持一致，我若有所分心岂不害了大生。"张詧言语之间，坚定而无悔。

"三哥，辛苦您了！我的理想是把南通建成一所现代城，一所模范样板城，在全国推而广之。"张謇的眼眸里射出梦一样的光芒。

"四弟心中装着大华夏，为民富国强呕心沥血，我看在眼里，记在心里。你放心，我会无怨无悔地协助你。"

"三哥……"

光绪三十年，张詧全力协助推进南通大生纱厂各项事业，在崇明久隆镇创办大生二厂，资本 100 万两，纱锭 2.6 万枚。

宣统元年，江苏巡抚瑞澄委任张詧为江苏农工商局总办，复兴面粉公司成立，张詧任总理，日产面粉 1300 余袋。1914 年，张詧招集商股，一手筹办大生三厂，亲任总理，并负责建造与之配套的会云闸、大中公行、大储四栈等。1915 年，大生织物公司在南通唐闸河东建成，占地 10 亩，张詧任总理。1920 年，大生分厂改称大生第二纺织公司，经股东会推举，张謇首任总理，张詧负责协助，两年后改由张詧任总理。

在整个工商实业推进上，张詧可谓践行了张謇的实业报国思想，不遗余力，肝胆相照，从无二心。

天空瓦蓝，没有一丝云彩，闷热跑得没有一点踪影。

张謇站在海边，眺望着无边无际的大海，感慨道："想当初，盐垦业只有朝廷能做，盐道是个人人都知道的肥缺，牵连着多少黎民百姓和达官贵人。"

张詧道："四弟为何发此感想？"

张謇收回目光，看向张詧道："三哥，我一直想致力于盐垦事业，但朝廷一直不放手这块肥肉，如今清王朝已经成为过去，盐垦也允许私人操办，眼下正是盐垦的好机会。"

"现在，我们大生盈余颇多，名望节节攀升，成立盐垦公司费不了多大劲，只要四弟由此规划，我立马着手去做。"

"三余镇地跨余东、余中和余西，是天然的盐场，三哥就着手干吧，不要有啥顾虑。"

张詧心情激荡，他知道盐道是怎么回事，这块生意会和大生纱厂成掎角之势，补充大生的单一局面。

接下来，历时五年，张詧一口气创建了大有晋盐垦公司，地跨余东、余中和余西三场，占地27.6万亩，共12区及1盐场，张詧任总办。大赉盐垦公司，地处南通、泰州交界处，张詧任总理，总面积20万亩，内分9区，资本总额80万元。在掘港创办大豫盐垦公司，总面积48万亩。张謇与张詧在东台县新丰集草埝场联合创办大丰盐垦公司，占地112万亩，是淮南最大的公司，公司最初集资200万元，后增到400万元。

张謇的盐垦事业蒸蒸日上，虽然离不开张謇的运筹帷幄，但更离不开张詧的兢兢业业、亲力亲为。

张謇的主要目光还是聚焦在教育上。

"先生，四弟在实业和教育两者上是否权衡过？"徐姮有些疑虑地问。

"我也开始担心这事，大大小小已建立370多所学校，让他的母体大生承受着太大的压力，应该好好合计合计了。不过，办学校是四弟的一个重要梦想，当然也是我的梦想。"

"就您办的学校也不少：总商会筹资设立商业初等小学校。私资创立通州公立女子师范学校，后又于城北珠媚园增生扩校。兄弟俩还一次捐银5000两筹建通海五属公立中学。兄弟合资，借南通城南籍仙观建南通医科专门学校。您和姐姐在常乐建造了张邵高级小学。兄弟俩捐资创办通州第一公共体育场。还有您出资在东台建了母里师范。这还不算您资助过的担任校长、校董的南通河工学校、南通纺织专门学校、甲种商业学校、通州劝学所等。"

"夫人真的好记性，如数家珍啊！"

"这有什么？你每次从家里拿钱又不背着我，我能不知道您干了啥？商业初等小学校和通州公立女子师范学校，我和徐端没少忙活。虽然您成了校长，我俩的功劳也不小。"

"我牢牢记在心里的是以私资创立通州公立女子师范学校和借南通城南籍仙观建南通医科专门学校，它真的让我记一辈子。"

光绪三十二年，是自然灾害严重的一年，两江地带水患不断，饥民从四面涌向通州，女子买卖盛行。粮食成了紧缺物资，女童更是惨遭歧视，一斗米就能换一女童。更有甚者，父母讨得来的一碗薄粥，全部供给男孩，女孩被活活饿死。

触目惊心的现实让张謇心情沉重，他决定去江宁找总督周馥理论一番，请求朝廷赈灾。

总督府："江督，灾情如此严重，就通州城外，灾民几万人，饿死者每天十几人。如此下去，恐有灾民造反，酿成大祸。"张謇直言道。

"季直啊，如此境况，我已知悉，也上报朝廷。只能等待救灾粮，别无他法。"周馥满脸愁容。

"江督眼下不能坐以待毙啊！"

"你有良策？"

"有三点是我们能做的：一是取消弛禁，严禁粮食外流，特别是流向海外；二是打通四川、两湖、江西等地的粮食供应渠道，让粮道公平畅通；三是严厉打击恶意囤粮。像唯亭镇沈某，所开米行，私行囤积至两万四千石，拒不投向市场，官府应介入。"

"好，季直的建议对缓解粮荒是当务之急，我这就命令下去。"

"江督，还有一事，我想办几所女子学校，眼下没有女教师，所以，想先开一所女子师范学校，让女人也能出来工作，开欧美之风。"

"这个？只是经费问题——"

"这个请江督放心，全部私资，不用官府投入一文钱，只是江督批准就行。"

"开化民风，岂有不批准之理？你就大胆办就是了。"

"我替全天下的女子谢江督成全！"

这样女子师范学校才顺理成章。

借南通城南籍仙观建南通医科专门学校，后迁入由昭武院旧址改建新校舍，更是一波三折。

连续一周了，雨淅淅沥沥不停地下。张謇和张詧走进通州的一家面馆，点了两碗面，好久没有吃面了。海碗居的炸酱面劲道好吃，特别是配料丰富，酱汁配得足，咸淡自己调制。

刚刚坐定，就听见旁边一个男孩和一个女孩喘气像拉风箱一样，声音特大。

"面来喽，客官您的面。"

"小二，这两个孩子是谁家的？"

"客官，是不是影响您吃饭了，我这就让他们走。"

"不，孩子是怎么了？怎么喘气这么粗？"

"客官，这是我的两个孩子，前几年闹饥荒的时候害了痨病。"

"没给他们治疗？"

"听说上海能治，可也带他俩去过，人家说治晚了，很难恢复了，我们还得忙于生计，要钱没钱、要时间没时间，来来回回耗不起啊！"

张謇一时陷于沉思，多年来就想开办一家医院，解除通州人的病痛，一直苦于没有医生，招洋医太费钱，也不是长久之策。张謇一下子拿定主意，没有医生就自己培养，开办一所医科专门学校还是行得通的，再依附学校办一所医院，一下子心情激动起来。

这件事因为种种原因一直拖延，直到民国元年，张謇觉得不能再拖，大生已初具规模，没有一处像样的医院，是很大的缺憾。

"三哥，开办医院的事不能再拖了，这也是实现地方自治的重要一环。"

其实这件事，张詧一直上心，心里也有了眉目。

"四弟，我早已考察过了，籍仙观是当地最大的道观，建于宋朝，清朝以来就荒废了，修葺一番，先把医科学校办起来，再做谋划。"

"是啊，我怎么没想到？您这一说，我忽然想起来昭武院也闲置，似乎更适合办学校。"

"选昭武院的话需要大修，而籍仙观是现成的。我们先在籍仙观把学校办起来，等昭武院改造好再迁过去。"

"那就辛苦三哥了，钱的事我来想办法。"

"四弟，这些年我也有些积蓄，不如我兄弟俩共同出资办成此事。"

"三哥，这么多年，您捐助办学和办公益的钱不少了，怎么能再让您破费呢！"

"四弟这就见外了，南通建成现代城不只是你的梦想，也是我的梦想。"

张詧还陷在回忆中，游离的眼神透露出些许的满足。自己在其他方面也紧跟张謇的步伐，建商会谋公益，哪一出他都冲在前面，不遗余力地为张謇现代城建设呕心沥血。

光绪三十年八月，张謇禀请在通州城成立通崇海花布总商会获准，下设三县分会，由张詧任总商会总理。光绪三十二年冬改为通崇海商务总会，张詧续任总理。其职责：协助管理工商业户，负责调解商人之间纠纷，为工商企业代办开业、登记、领照及变更、歇业等手续，兴办商业教育及公共事业，代为地方当局收捐税款。光绪三十三年五月，张詧及张謇捐资赞助成立商品陈列所。同年，通崇海商务总会奉饬办农会，张詧被选为会长。农会择地城南建造会所，在所南购地 30 余亩增辟农场，并督促下属各区组建农务分所。宣统二年七月，扩展为通崇海泰（泰兴、泰县）五县总商会，公举张詧为会长，办理潮灾救济会及保坍会。

民国五年，张謇和张詧捐资，在通州城西门外建立栖流所，收留乞丐并培养其习艺能力，学成后分遣各地谋生。另辟专室收容精神病患者，使其不扰碍社会。今年，自己要用七十寿辰所得亲友馈赠，在常乐镇南创办了养老院，也是支持和效仿四弟。

徐姮看着一直陷于沉思的张詧，悄悄地给他沏了一壶桂花茶。

三

"四弟，不知你注意到了没有，市面上的洋纱在逐渐减少。"

"我早已发觉，这几天我去海关查阅《海关贸易手册》，看看到底是啥情况，以防误判。"

"这正是一个加大产量的好机会。应该立即召开股东大会，加大投入。"

"我一直在考虑这件事，是否延迟分红，用更多的资金用于购进棉花。"

张謇沉思了一会儿问："盛宣怀那边有啥动静？"

"盛宣怀自从再次出任汉冶萍公司董事长，重新掌握汉冶萍公司大权后，着手兴建大冶铁厂，扩大公司生产规模。为解决基建资金，与日本制铁所、横滨正金银行签订 5 个合同。并聘请日本人担任最高工程顾问和最高会计顾问。这些合同使日本制铁所将汉冶萍公司的经营管理权完全控制在手中。一副铁铁的卖国嘴脸。"

"不过，他也为我们说了句公道话，夸赞了江南士绅赈灾募捐做得好。"

"也是，但我们还得提防着点，他是只老狐狸了。"

"走，我们现在就去海关。以防失去先机。"张謇一下子兴致很高，觉得要有大事情发生。

路上刚刚下过雨，一洼一洼的积水反射着阳光，似乎加强了光线的强度。

张謇和张詧一块坐了马车前往海关，马儿在清新的空气里格外劲爽。

　　来到海关，才发现这儿一片混乱，原来是刚刚被海盗袭击，死伤数人。长江口一带，长期以来都是海盗会聚之地。辛亥革命后，军阀混战，社会动荡，长江口一带海盗活动达到顶峰。海盗不仅劫掠过往船只，还公然挑衅海关各分卡。这个分卡孤悬外海，始终处于海盗威胁的巨大阴影之下。

　　张詧找到有关人员，说明来意。关卡人员听说前来查阅《海关贸易手册》的是大名鼎鼎的张謇，很是活泛，但海关司司长，却爱答不理的。

　　"三先生看不出现在的火候，都死人了你知道吗？哪有心思招待外人。"

　　张詧看出了门道，取了一锭银子，塞到他手里说："这情形我们不该添乱，只是想行个方便。"司长斜着三角眼，撇了撇嘴道："知道就好，这便宜我就不贪了。"但嘴上说是说了，手攥着银子没松开。张詧笑呵呵地说："我明白，明白。"又塞了一锭银子。司长的眉眼间挂上了笑，吩咐司员搬出近几年的《海关贸易手册》，任张謇查阅。

　　这一查让张謇异常激动，除美国棉纱依旧出口到中国，其他列强出口量少之又少，而且从 2013 年开始逐年递减。张謇断定列强忙于战争，已无暇顾及对华生意。只有这时的美国还没参战，大发战争财。不过，张謇断定美国很快参战，因为如不参战，战后就无法与战胜国一起瓜分世界，获得利益。

　　张謇前脚离开海关司，后脚司长就去盛宣怀那里报信邀功。盛宣怀问清张謇去海关司的目的后，紧锁眉头。吩咐人盯紧大生纱厂，看这张謇要闹啥幺蛾子。可就在这年四月份，盛宣怀驾鹤西去，最终也没弄明白张謇的意图。盛宣怀的去世张謇反而有些伤感，一个自己最大的竞争对手，就这样谢幕了，一下子失去了许多上进的动力。

　　"三哥，这些年连年战争，而纱厂多集中在上海、厦门等沿海地带。像四川、江西等内陆省份一定会发生衣荒。"

　　"四弟的意思是——"

　　"这些年的商场积累，让我明白了一个道理，就是不能掺和战争。我们做生意，哪方诸侯都不能得罪。谁主政我们就把纱布卖给谁。"

"我这就想办法联系四川、江西的督军。"

"四川军政很不稳固，说不定哪天就改换门面。利用他们急切需要棉纱布，一定先付钱再发货。或者当面鼓对面锣，一手交钱一手交货。山西的情况，当权者更像走马灯，换得更快。更不能有赊欠的想法。"

不久，蔡锷护国军入川。张謇和张詧商量："三哥，蔡锷的护国军入川作战，是为了抵制袁世凯复辟，我们应该支持一把，现在两军最缺的是军服和粮饷。"

张詧捋了捋胡须，有些担忧地说："护国军和北洋军力量悬殊，四川可是北洋军的主力，一旦护国军失利，我们可是血本无归啊。"

"我决定去前线了解一下。顺便慰问护国军。"

"那我准备一些布匹和粮肉，和你一块前往。"

"不，三哥留下来坐镇大生，要不我放心不下。"

几天后，张謇带着慰问品来到前线。蔡锷非常高兴，亲自迎接出一里多路。并仔细向张謇分析了战况：护国军在大洲驿休整数日，士气复振后，对敌做了反攻。3月16日，右翼赵又新梯团自白节滩经双合场进攻纳溪侧背，为主攻；中路顾品珍梯团一部由渠坝驿沿叙永河向纳溪正面佯攻，朱德、张煦两支队从侧翼向兰田坝迂回前进，阻击泸州援纳之敌，刘存厚师进攻牛滚场，威胁江安守敌，掩护主力攻纳。17日，几路部队同时向敌发起进攻，连战皆捷，朱德一路甚至挺进到距泸州仅几公里的地方。敌人退到纳溪外围组织环形防御。经此一战，敌主力第七师将校伤亡殆尽，士兵损失过半，已无再战能力。

张謇见护国军士气正旺，但粮饷、军械都严重短缺。张謇断定护国军必胜，就和蔡锷敲定了大批军服布匹生意，第一次把布匹赊出去。

护国军以弱于敌人的兵力，在饷弹两缺，后方接济时断的情况下，与号称精锐的北洋军奋战数月，虽没有夺占泸州，却牵制住了敌军主力，阻止了敌军的推进，有力地配合了其他方向军队的行动，推动了全国反帝制运动的发展壮大。1916 年 3 月 22 日，袁世凯被迫宣布取消帝制。泸州前线总司令张敬尧，见胜利无望，也在 1916 年 3 月 31 日与蔡锷达成停战协议。

袁世凯死后，黎元洪继任为民国大总统，1916 年 7 月 6 日任命蔡锷为四川督军兼省长。

再后来，一大批纱布刚刚和川督尹昌衡交易完，还没走出四川，熊克武就主政四川，顺理成章地成了新川督……

在江西纱布生意中，也是险象环生。

1917 年 7 月，张謇去了江西，由于运输不够畅通，江西紧缺布匹，张謇和督军李纯签了笔大生意，但路上抢匪横行，运输是个大难题。最终商定，李纯派部队保护，张謇拿出一成红利作为补偿。可刚进入江西地界，军士来报，李纯调任江苏，陈光远走马上任。张謇害怕生意黄了，就租了一匹快马，事先赶到督军府，陈明情况。最终，张謇又让了半成红利，总算谈成生意。

"分红了——分红了！"董事们兴奋起来。五年了，五年没有分红了。

股东大会上，张謇直接对张詧说："不用给我说了，直接公布就行了。"

张詧神情激动地说："自从 1914 年，我们的纱厂迎来'黄金时代'。从 1917 年开始，洋纱进口锐减，国产纱布畅销得很，特别是四川、江西两地更是给力，纱价由每箱 156 元涨到 230 元。我们把握时机，全力生产，五年间，大生纱厂获纯利 560 多万两。"

张謇兑现了自己的承诺，把大生推上了难以想象的高度。

四

"欧阳先生，您是南派的领袖，发展南通戏曲文化您有什么好的建议？"

"我来南通不止一次了，现在的南通点亮了整个中国，实业日盛，学校遍地开花，更有铁厂、电厂，真真的一个超前的城市，就实力来讲不差于欧美大城市。"

"欧阳先生，我想现在的南通比任何时候更需要文化的滋养啊。"

欧阳予倩陷入沉思，他决定留下来，他理解张謇，认定自己在南通会大有作为。

"四先生，我愿意留下来，帮助您开办南通伶工学社，培养戏剧人才。"

"太好了，欧阳先生如果留下来，我们不但开办伶工学社，还要建一剧场，规模远超上海大剧院。"张謇激动地说。

"那可是大功德，对发扬戏剧、挖掘戏剧人才，都是难得的事。"

"南欧北梅，欧阳先生与梅兰芳先生齐名，到时候请二位同台演出，不失为梨园美谈。"

"啊，我怎么能跟梅先生相提并论呢，那可是相去甚远啊。"

"我还要在剧院中开设梅欧阁，作为南北合作的重要见证。"

欧阳予倩也不再客套，并且提议剧场的名字叫更俗剧场，旨在推陈出新，多多推出新潮的话剧。扩大南通人的视野，改变当地的许多陋俗。

很快伶工学社就建成了，校舍就在南通南门外望仙桥北，桥南面是一大片竹林，典雅中透着幽静，黑漆的大门气势恢宏，一进大门就有几棵五圣殿留下的千年银杏树，新建的房舍干净明亮，被高高的围墙圈住。

张謇在欧阳予倩的陪同下，一路走来，几个少男少女在银杏树下练功，戏装和头饰在咿咿呀呀的唱腔中格外显眼，有的唱京剧、有的唱昆曲，还有的就是新剧——话剧。

一边走着，欧阳予倩一边介绍："四先生，我们伶工学社是中国第一所新型戏剧艺术学校，打破师傅带徒弟的框框，由老师给一批学生统一上课，做示范。完全按照您办新学的路子，学生不但学习功法，还要学习理论，培养有知识、有文化的演员，而非没文化素养的戏子，让人轻贱。"

张謇很兴奋，赞同地说："过去的伶人，都是生搬硬套，唱一辈子戏，还不识得戏词，完全是填鸭式教法。而您的想法培养的是有知识的一代新人，戏曲的熏陶会让他们走向艺术家的路上。戏剧改革就完全仰仗你这位早稻田大学的毕业生了。就从这里推向全国吧。"

"这完全依仗四先生的投入，才有这样的机会革新戏剧。走，去教室看看。"

教室里老师正在上课，张謇和欧阳予倩坐到了后排，没有打扰学员们。老师正在讲解《黛玉葬花》的戏曲词，见张謇和欧阳主任进来，停下来说："同学们，我们欢迎免费让我们入学的张董事长。"学生们的眼光随着起立齐刷刷地投向张謇。张謇和蔼地说："同学们，刚刚讲解的红楼戏《黛玉葬花》排练过吗？"

"排练过。"

"能不能现场为我演一出啊？"

几个学生稍做准备，把课桌移到墙边，套上水袖，边舞边唱。虽说稚嫩但也中规中矩，十分可爱。

张謇跟着节拍不停地晃动，身心一下子放松下来。这么多年了，在商场摸爬滚打，难得这样的场合。

"好，好，好啊！好好学习、练习，更俗剧场建成后，你们就登台演出，给全中国的人看，给世界上的人看。"

更俗剧场的设计，张謇还是交给了孙支厦，孙支厦想来想去，仿照上海新舞台设计，外观呈马蹄形，内设观众厅、舞台、演员宿舍和梅欧阁。舞台的图样由欧阳予倩亲自审定，欧阳予倩还亲手拟定剧场规则共 12 条，举凡旧时剧场的陈规陋习，都在革除之列，成为名副其实的"更俗"。

观众席上，1200 个座位无一虚席。灯光随人影而动，舞台上，梅兰芳和欧阳予倩正在合演一出《贵妃醉酒》：

> 海岛冰轮初转腾，见玉兔，玉兔又早东升。
>
> 那冰轮离海岛，乾坤分外明，皓月当空，恰便似嫦娥离月宫
>
> ……